U0927457

—————根据新企业会计准则编写—————

会计做账一点通

范纪珍◎著

国家一级出版社 中国纺织出版社 全国百佳图书出版单位

内 容 提 要

对于会计这门实用性极强的学科来说，最重要的是能够在实务中熟练做账编表，并能够准确及时地处理工作中可能遇到的各种会计问题。

《会计做账一点通》是财会畅销书《会计入门一点通》的姊妹篇，但两者的侧重点与定位各不相同。《会计做账一点通》模拟真实企业的会计环境，通过"真账操练"的方式，手把手地带领读者完成整个账务处理过程，即定位于指导会计新手快速学会做账编表，缩短会计理论与实际操作的距离，使其在工作中迅速达到应对自如、得心应手的境界。

本书承袭了《会计入门一点通》思路创新、作者权威、内容精彩、编校精良、版式优美的总体特色，是帮助会计新手迅速登堂入室的优秀参考书。

对于会计学习来说，看会还不够，干会才是会！

图书在版编目（CIP）数据

会计做账一点通：图解实例版 / 范纪珍著 . —3 版 . —北京：中国纺织出版社，2019. 10

ISBN 978-7-5180-3820-6

Ⅰ. ① 会… Ⅱ. ① 范… Ⅲ. ① 会计方法—基本知识 Ⅳ. ① F231.4

中国版本图书馆 CIP 数据核字（2017）第 172216 号

策划编辑：于磊岚　　特约编辑：魏丹丹
责任校对：寇晨晨　　责任印制：储志伟

中国纺织出版社出版发行
地址：北京市朝阳区百子湾东里A407号楼　邮政编码：100124
销售电话：010—87155894　传真：010—87155801
http://www.c-textilep.com
E-mail: faxing@c-textilep.com
中国纺织出版社天猫旗舰店
官方微博http://weibo.com/2119887771
三河市宏盛印务有限公司印刷　各地新华书店经销
2011年9月第1版　2019年10月第3版第1次印刷
开本：710×1000　1/16　印张：21.5
字数：313千字　定价：68.00元

序

对于会计这门实用性极强的学科来说，仅仅熟悉理论是不够的，最重要的是能够在实务中熟练做账编表，并能够准确及时地处理工作中可能遇到的各种会计问题。

《会计做账一点通》是财会畅销书《会计入门一点通》的姊妹篇，但两者的侧重点与定位各不相同。《会计入门一点通》侧重于系统讲解会计理论，定位于指导零基础的读者快速入门。《会计做账一点通》则侧重于会计实务，定位于指导会计新手快速学会做账编表，缩短会计理论与实际操作的距离，使其在工作中迅速达到应对自如、得心应手的境界。

为了使书中内容切合现实工作，笔者多次深入企业进行实地调研，精心设计，最后以模拟真实企业的方式，把会计工作中的整个账务处理过程清晰地展现给读者。具体来说，《会计做账一点通》以山西兴华电机有限责任公司 2016 年第一季度运营的会计账务处理为例，详细图示讲解了日常的货币资金业务、往来业务、资产业务、日常收入费用等各种业务的账务处理方法，每月月末财务成果核算的账务处理、各税种款的核算和税表填制、丁字账和记账凭证汇总表的编制、月份财务报表以及季末财务报表的编制。

在账务处理过程中，笔者穿插设计了报税和纳税等各种可能遇到的特殊情况并详细讲解处理方法，另外还设计了“知识背囊”“边学边做”和“答疑解惑”三个小栏目，对做账过程中涉及的知识点和应注意之处作出提示。

《会计做账一点通》与一般会计实务类书籍不同，不是通过大量描述性文字告诉读者应当如何、不应当如何，而是通过“真账操练”的方法，手把手地带领读者亲自完成整个账务处理过程。本书是作者从教三十年教学和实践经验的总结，承袭了《会计入门一点通》思路创新、内容精彩、编校精良、版式优美的总体特色，是帮助会计新手迅速登堂入室的优秀参考书。由于出版原因，本书按照 2016 年的会计规范编写，读者请参考最新规范灵活处理。

读者在使用本书过程中，如果发现问题，欢迎向我们提出中肯批评和建设性意见，以便在修订再版时予以完善。

范纪珍

2019 年 5 月 18 日

目　录

第一章　会计做账的法律规范 …… 1

1.1 《中华人民共和国会计法》 …… 1

1.2 企业会计准则 …… 1

1.2.1 企业会计准则体系构成 …… 1

1.2.2 基本准则的主要内容 …… 3

1.3 小企业会计准则综述 …… 11

1.3.1 小企业会计准则的法律依据 …… 11

1.3.2 小企业会计准则的适用范围 …… 12

1.3.3 小、微企业的划分标准 …… 13

1.3.4 小企业会计科目 …… 14

1.3.5 小企业财务报表构成 …… 15

1.3.6 小企业账务处理主要变化 …… 23

第二章　会计做账的基础知识 …… 27

2.1 会计做账的方法 …… 27

2.2 会计做账的一般流程 …… 31

2.2.1 原始凭证的填制及审核 …… 31

2.2.2 记账凭证的填制及审核 …… 33

2.2.3 登记会计账簿 …… 34

2.2.4 编制财务报告 …… 35

2.3 会计做账的技术规范 …… 40

2.3.1 会计账簿的登记规则 …… 40

2.3.2 错账更正的方法 …… 41

第三章　模拟企业概况…………43

3.1　山西兴华电机有限责任公司概况…………43
3.2　企业财务核算制度…………44
3.2.1　流动资产…………44
3.2.2　长期资产…………45
3.2.3　税费核算…………46
3.2.4　企业会计账务处理形式…………47
3.3　企业期初财务状况…………47

第四章　2016年1月份经济业务的账务处理…………53

4.1　会计凭证的填制…………53
4.1.1　企业往来业务的账务处理…………53
4.1.2　企业资产业务的账务处理…………79
4.1.3　企业日常其他业务的账务处理…………92
4.1.4　企业月末流转税的核算及纳税申报…………109
4.1.5　企业月末损益结转的账务处理…………114
4.2　会计账簿的登记…………119
4.2.1　日记账簿的登记…………120
4.2.2　明细分类账的登记…………121
4.2.3　总分类账的登记…………125
4.3　财务报表的编制…………131
4.3.1　编表前的准备工作…………131
4.3.2　财务报表的编制…………133

第五章　2016年2月份经济业务的账务处理…………139

5.1　会计凭证的填制…………139
5.1.1　企业日常基本业务的账务处理…………139
5.1.2　企业产品成本核算的账务处理…………171
5.1.3　企业月末流转税的核算及纳税申报…………197
5.1.4　企业月末损益结转的账务处理…………203

5.2 会计账簿的登记 …… 207
5.2.1 日记账簿的登记 …… 208
5.2.2 明细分类账的登记 …… 209
5.2.3 总分类账的登记 …… 209
5.3 财务报表的编制 …… 211
5.3.1 编表前的准备工作 …… 211
5.3.2 财务报表的编制 …… 213

第六章 2016年3月份经济业务的账务处理 …… 217

6.1 会计凭证的编制 …… 217
6.1.1 企业往来业务的账务处理 …… 217
6.1.2 企业费用业务的账务处理 …… 250
6.1.3 企业月末流转税的核算及纳税申报 …… 285
6.1.4 企业月末损益结转的账务处理 …… 290
6.1.5 企业季末结算的账务处理 …… 294
6.2 会计账簿的登记 …… 300
6.2.1 日记账簿的登记 …… 300
6.2.2 明细分类账的登记 …… 302
6.2.3 总分类账的登记 …… 306
6.3 财务报表的编制 …… 320
6.3.1 编表前的准备工作 …… 320
6.3.2 财务报表的编制 …… 324

参考文献 …… 331

第一章　会计做账的法律规范

1.1　《中华人民共和国会计法》

《中华人民共和国会计法》（下文简称《会计法》）是调整我国经济活动中会计关系的法律总规范，是会计法律规范体系的最高层次，是制定其他会计法规的基本依据，也是指导会计工作的最高准则。《会计法》由全国人大常委会制定发布，相当于规范会计工作的“宪法”。《会计法》中明确规定了其作用、适用范围、会计人员行使职权的保障措施和会计工作的管理体制等，明确规定了会计信息的内容和要求及企业会计核算、监督的原则，会计机构的设置、会计人员的配备以及相关人员的法律责任。

中华人民共和国成立后的第一部《会计法》于1985年1月21日在第六届全国人民代表大会常务委员会第九次会议通过，从1985年5月1日开始施行。为适应社会主义市场经济发展的需要，1993年12月29日，第八届全国人民代表大会常务委员会第五次会议通过了《关于修改〈中华人民共和国会计法〉的决定》，并以中华人民共和国主席令的形式予以公布，自公布之日起施行。1999年10月31日，《会计法》又一次修订，并于2000年7月1日起施行。

修改后的《会计法》由第一章“总则”、第二章“会计核算”、第三章“公司、上市公司会计核算的特别规定”、第四章“会计监督”、第五章“会计机构和会计人员”、第六章“法律责任”和第七章“附则”组成。其中《会计法》最主要的变化是强调“单位负责人对本单位会计工作和会计资料的真实性、完整性负责”。

1.2　企业会计准则

1.2.1　企业会计准则体系构成

企业会计准则是有关财务会计核算的规范，是企业会计部门对经济业务进行确认、计量、记录和报告等会计活动所应遵循的标准。我国现行企业会计准则分为基本会计准则、具体会计准则、会计准则应用指南和解释公告等。

（1）基本会计准则

我国的基本会计准则于 1992 年 11 月 30 日发布，并于 1993 年 7 月 1 日施行。2006 年 2 月 15 日，财政部公布了修订后的《企业会计准则——基本准则》，并于 2007 年 1 月 1 日起施行。2014 年 7 月 23 日财政部修订发布了《企业会计准则——基本准则》并从当日起施行。

基本会计准则的主要内容包括：财务会计的目标、会计核算的基本前提、会计核算的一般原则以及会计要素。虽然基本会计准则不具备实务操作性，但它是制定和指导具体会计准则的前提条件，为具体会计准则以及各企业会计制度的制定提供了基本框架，在会计准则体系中起着统驭作用。

（2）具体会计准则

具体会计准则是根据基本会计准则的要求而制定的。具体会计准则就经济业务的会计处理以及报表披露等方面作出了具体规定。财政部于 2006 年 3 月发布了 38 项具体会计准则，全面规范了企业的财务会计活动。2014 年财政部对会计准则作了大幅修订同时新增了第 39 号、第 40 号和第 41 号三条具体准则。具体准则具体规范如下三类经济业务或会计事项的处理。

A．一般业务处理准则。主要规范各类企业普遍适用的一般经济业务的确认与计量。如存货核算、长期股权投资、固定资产、无形资产、投资性房地产、职工薪酬、收入、建造合同、所得税、股份支付、政府补助、外币折算、借款费用、资产减值、每股收益、企业合并、企业年金基金、财务报表列报、现金流量表、中期财务报告、分部报告、资产负债表日后事项、会计政策、会计估计变更和前期差错更正等。

B．特殊行业会计准则。主要规范特殊行业的会计业务或事项的处理，如生物资产、石油天然气开采等。

C．特定业务准则。主要规范特定业务的确认与计量，如债务重组、非货币性资产交换、租赁、或有事项、金融工具确认与计量、金融资产转移、金融工具列报、套期保值、原保险合同、再保险合同等。

（3）会计准则应用指南和解释公告

财政部于 2006 年 11 月发布了《企业会计准则——应用指南》。应用指南是对具体准则相关条款的细化和有关重点难点问题提供的操作性指南。

解释公告是随着企业会计准则的贯彻实施，就实务中出现的问题、具体准则条款规定不清楚或者尚未规定的问题作出补充说明。

2011 年 10 月 18 日，财政部发布了《小企业会计准则》，自 2013 年 1 月 1 日起在所有适用的小企业范围内施行。

1.2.2 基本准则的主要内容

企业会计准则是一个完整的、庞大的体系，是会计人员从事会计工作、编制财务报表必须遵循的规范和标准。为了顺利完成账务处理的全过程，这里只将会计工作者必须熟知的基本准则的主要内容汇总如下。

(1) 一个报告目标

《企业会计准则——基本准则》中是这样表述的："财务会计报告的目标是向财务会计报告使用者提供与企业财务状况、经营成果和现金流量等有关的会计信息，反映企业管理层受托责任履行情况，有助于财务会计报告使用者作出经济决策。"其中所指的财务会计报告使用者包括投资者、债权人、政府及其有关部门和社会公众等。

(2) 四个基本前提

企业会计人员在会计信息处理中要遵循一定的会计原则，而会计原则又建立在一些基本的会计假设基础上。一般认为，会计假设是指会计机构和会计人员对那些未经确认或者无法正面论证的经济业务或者会计事项，根据客观的正常情况或者变化趋势所作出的合乎情理的判断，又称为会计前提。它们分别是——会计主体、持续经营、会计分期、货币计量。

前提之一：空间限制——会计主体

会计主体也称会计实体，是指会计工作为之服务的特定单位或组织。会计主体的界定可以将特定的会计主体的经济活动与其他会计主体的经济活动相区别，从而明确会计核算的空间范围。

《企业会计准则——基本准则》中规定："企业应当对其本身发生的交易或者事项进行会计确认、计量和报告。"这一规定意味着，企业只对其"自身"发生的交易或事项加以确认、计量和报告，不包括该企业之外的其他任何组织和个人（包括会计主体的所有者）发生的交易与事项。只有这样，该企业所提供的财务会计报告，才是对企业财务状况、经营成果和现金流量等方面的恰当表达。

会计主体的假设在财务报表中具体体现为报表表头的编制单位，如"×××股份有限公司"的名称。

前提之二：经营状况要求——持续经营

《企业会计准则——基本准则》中规定："企业会计确认、计量和报告应当以持续经营为前提。"持续经营假设的基本含义是会计主体的生产经营活动在可以预见的未来，将会持续地、正常地进行下去，企业不会因进行清算、解散、倒闭而不复存在。持续经营假设一方面是会计核算所采用的一系列会计处理方法的基础，另一方面也是使得会计核算所收集的经济数据和所运用的各种会计程序、方法能够保持一定的稳定性和可靠性的重要保证。

前提之三：周期划分——会计分期

会计分期指的是把企业持续不断的生产经营过程，划分为较短的等距会计期间，以便分期结算账目，按期编制会计报表。会计分期界定了会计核算和报告的时间范围。《企业会计准则——基本准则》中规定："企业应当划分会计期间，分期结算账目和编制财务会计报告。会计期间分为年度和中期。中期是指短于一个完整的会计年度的报告期间。"在会计工作中，会计期间通常是一年，称为会计年度。我国企业的会计年度统一为公历1月1日至12月31日。

会计分期的划分对会计核算有着重要的影响和意义，只有正确地划分会计期间，才能准确地提供目标企业经营成果和财务状况的资料；只有相同会计期间的数据才具有可比性。

会计分期的假设在财务报表中具体体现为报表表头的编制时间，如"××××年××月××日"。

前提之四：计价手段——货币计量

货币计量指的是会计主体在会计核算中以货币作为统一计量单位记录和反映会计主体的经营情况。《企业会计准则——基本准则》中规定"企业会计应当以货币计量"。这个规定意味着，我国企业会计核算中的基本计量手段是人民币。企业日常核算可以采用人民币以外的其他某种货币，但是，财务会计报告中的计量单位应该是人民币。货币计量假设使得各项资产费用及不同企业经营业绩之间比较时有了一个统一的标准。在我国，会计核算一般以人民币作为记账本位币，企业发生的生产经营活动均应使用人民币进行核算和反映。

货币计量的假设在财务报表中具体体现为报表表头的计量"单位：元"。

(3) 五种计量属性

会计计量属性也称为计量基础，是指在账户记录和财务报表中确认、计量有关财务报表要素，按什么标准、什么角度来计量，是从不同会计角度反映会计要素金额的过程，它主要用来解决记录多少的问题。《企业会计准则——基本准则》中规定的会计计量属性包括历史成本、重置成本、可变现净值、现值以及公允价值。

①历史成本

历史成本是指资产的价值按照购置该项资产支付的现金或现金等价物的金额计量，或者按照购置资产时所付出对价的公允价值计量。负债按照因承担现时义务而实际收到的款项或资产的金额，或者承担现时义务的合同金额，或者按照日常活动中为偿还负债预期需要支付的现金或者现金等价物的金额计量。

历史成本计量属性的优点是可靠、简便、容易采集数据、符合会计核算真实性等。缺点是在经济环境发生变化、物价波动剧烈的情况下，不能真实反映会计要素的真实价值，可能使会计信息使用者作出错误的判断。

②重置成本

重置成本又称现行成本，是指资产按照现在购买相同或者相似资产所需支付的现金或现金等价物的金额计量。负债按照现在偿付该项债务所需支付的现金或现金等价物的金额计量。

重置成本计量属性的优点是可以反映现在形成某一会计要素应付出的代价，从而避免物价上涨蓄积利润；是现时的财务信息，能将现行收入与现行成本配比，增强了信息有用性；便于评价企业业绩。但是这种计量属性的缺点是含义不明确、确定较为困难，在计算上缺乏足够可信的依据，影响会计信息的可靠性。

③可变现净值

可变现净值又称预期脱手价值，是指资产按照其正常对外销售所能收到现金或现金等价物的金额扣减该资产至完工时估计将要发生的成本、估计的销售费用以及相关税费后的金额计量。

可变现净值计量属性的优点是可以真实反映资产的价值，但在操作上有一定难度且仅用于计划将来销售的资产或未来清偿既定的负债，无法用于企业全部资产。

④现值

现值是指资产按照预计从其持续使用和最终处置中所产生的未来净现金流入量的折现金额计量。负债按照预计期限内需要偿还的未来净现金流出量的折现金额计量。

现值计量属性的优点是可以反映资产所带来的经济利益的金额，与偿还债务相关经济利益流出的金额，但受主观因素的影响较多。

⑤公允价值

公允价值是指市场参与者在计量日发生的有序交易中，出售一项资产所能收到或者转移一项负债所需支付的价格。

公允价值计量属性的优点是可以真实地反映资产、负债的价值，但由于公允价值要求市场必须是成熟的，具有不易操作的问题。

目前公允价值的计量属性在关于非货币性资产交换、债务重组、投资性房地产、生物资产、股份支付、金融工具确认和计量等具体准则中得到了具体的运用。企业在对会计要素进行计量时，一般应当采用历史成本。如果采用重置成本、可变现净值、现值、公允价值计量，应当保证所确定的会计要素金额能够取得并可靠计量。

(4) 六大会计要素

《企业会计准则——基本准则》中指出："企业应当按照交易或者事项的经济特征确定会计要素。会计要素包括资产、负债、所有者权益、收入、费用和利润。"这六个要素中的前三个要素形成资产负债表，后三个要素形成利润表。

①资产

资产是一个企业从事生产经营活动必须拥有一定的物质资源。资产指企业过去的交易或事项形成的，由企业拥有或者控制的、预期会给企业带来经济利益流入的资源。

资产具有以下几个方面的特征：一是资产预期会给企业带来经济利益，二是资产应为企业拥有或者控制的资源，三是资产是由企业过去的交易或者事项形成的。

企业要将一项资源确认为资产，不仅要符合资产的定义，还需要同时满足以下两个条件：一是与该资源有关的经济利益很可能流入企业，二是该资源的成本或价值能够可靠地计量。上述两个条件缺一不可，只有在同时满足的情况下，才能将其确认为一项资产。

②负债

企业从事正常生产经营活动必须有一定的资金流入。但是往往投资者并不能一下拿出所有的所需资金，这就需要进行融资。最常见的方式就是向利益相关者借入，那么借入的资金就形成了企业的负债。给出一个准确定义就是负债是指企业过去的交易或者事项形成的，预期会导致经济利益流出企业的现时义务。

负债具有以下几个方面的特征：一是负债必须是企业承担的现时义务，它是负债的一个基本特征；二是负债预期会导致经济利益流出企业；三是负债是由企业过去的交易或者事项形成的。

企业将一项现时义务确认为负债，不仅要符合负债的定义，还需要同时满足以下两个条件：一是与该义务有关的经济利益很可能流出企业，二是未来流出的经济利益的金额能够可靠地计量。

③所有者权益

所有者权益是指企业资产扣除负债后，由所有者享有的剩余权益。股份公司的所有者权益又称为股东权益。所有者权益既可反映所有者投入资本的保值增值情况，又体现了保护债权人权益的理念。

所有者权益具有以下几方面的特征：一是所有者权益虽然也是一种义务，但不像负债那样需要偿还，除非发生减资、清算或分派现金股利；二是企业清算时，只有在清偿所有的负债后，剩余部分才返还给所有者；三是所有者凭借所有权益能够参与企业利润的分配；四是所有者权益不能单独计量，金额的计量是通过资产和负债的计量间接进行的。

所有者权益的来源包括所有者投入的资本、直接计入所有者权益的利得和损失、留存收益等，通常由股本（或实收资本）、资本公积（含股本溢价或资本溢价、其他资本公积）、盈余公积和未分配利润构成。商业银行等金融企业在税后利润中提取的一般风险准备，也构成所有者权益。

④收入

收入是指企业在日常活动中形成的、会导致所有者权益增加的、与所有者投入资本无关的经济利益的总流入。

收入按企业从事日常活动的性质不同，分为销售商品收入、提供劳务收入和让渡资产使用权收入；收入按企业经营业务的主次不同，分为主营业务收入和其他业务收入。

收入具有以下几方面的特征：一是收入是企业在日常活动中形成的，二是收入是与所有者投入资本无关的经济利益的总流入，三是收入会导致所有者权益的增加。

企业收入的来源渠道多种多样，不同收入来源的特征有所不同，其收入确认条件也往往存在差别，如销售商品、提供劳务、让渡资产使用权等。一般而言，收入的确认至少应当符合以下条件：一是与收入相关的经济利益很可能流入企业，二是经济利益流入企业的结果会导致企业资产的增加或者负债的减少，三是经济利益的流入额能够可靠地计量。

⑤费用

费用是指企业在日常活动中发生的、会导致所有者权益减少的、与向所有者分配利润无关的经济利益的总流出。

根据费用的定义，费用具有以下几方面的特征：一是费用是企业在日常活动中形成的，二是费用是与向所有者分配利润无关的经济利益的总流出，三是费用会导致所有者权益的减少。

费用的确认除了应当符合定义外，也应当满足严格的条件，因此，费用的确认至少应当符合以下条件：一是与费用相关的经济利益应当很可能流出企业，二是经济利益流出企业的结果会导致资产的减少或者负债的增加，三是经济利益的流出额能够可靠计量。

费用按其是否计入产品成本，可以分为生产费用和期间费用，其中生产费用包括直接材料费、直接人工费和制造费用，期间费用包括管理费用、销售费用和财务费用。

⑥利润

利润是指企业在一定会计期间的经营成果。利润往往是评价企业管理层业绩的一项重要指标，也是投资者等财务报告使用者进行决策时的重要参考。

利润包括收入减去费用后的净额、直接计入当期利润的利得和损失等。利润按其形成情况不同，可分为营业利润、利润总额和净利润。营业利润是企业利润的主要来源，具体指营业收入减去营业成本、税金及附加、销售费用、管理费用、财务费用和资产减值损失，加公允价值变动收益和投资收益后的金额。利润总额是营业利润加上营业外收入，减去营业外支出后的金额。净利润是指利润总额减去所得税费用后的金额。

利润反映的是收入减去费用和利得减去损失后的净额。因此，利润的确认主要依赖于收入和费用以及利得和损失的确认，其金额的确定也主要取决于收入、费用、利得和损失金额的计量。

如上所述，收入、费用、利润之间的关系可以表示为：

$$利润=收入-费用$$

⑦六个要素的关系

上述会计六大要素之间是各自单独存在的，还是彼此联系、相互制约的呢？根据常识，我们都知道任何一门学科的理论基础都是具有其科学性的，那么此处我们也就不难得出正确的结论——六大要素之间是相互联系的。会计六大要素的设定也正是根据它们之间的关系进行区分的。具体来说，它们之间的关系表现为反映财务状况的会计要素有三个，分别是资产、负债和所有者权益，共同反映在资产负债表中；反映企业经营成果的会计要素也有三个，分别是收入、费用和利润，共同反映在利润表中。会计要素在数量上形成两个等式：

$$资产=负债+所有者权益 \quad (1)$$

$$利润=收入-费用 \quad (2)$$

对上述等式（1）我们可以这样理解，任何企业要从事生产经营活动，都必须拥有一定数额的经济资源，即资产，并且这些资产的来源不外乎两个部分：一部分是投资者投入的（即所有者权益），另一部分是从债权人处取得的（即负债）。换句话说，资产归根结底是由负债和所有者权益共同形成的，因此这三大要素之间在客观上存在着必然的联系。等式（2）来源于这样的理论基础，即企业的目标是从生产经营活动中获取收入，实现盈利，而企业在取得收入的同时，必然发生相应的费用。通过收入与费用的对比，就可以得出企业一定期间的盈利水平。

（5）八个质量原则

会计核算的一般原则指的是会计核算中会计信息的质量要求。根据我国的《企业会计准则——基本准则》的规定，对会计信息的质量要求有如下八大原则。

①真实性原则

《企业会计准则——基本准则》对真实性原则的表述是："企业应当以实际发生的交易或事项为依据进行会计确认、计量和报告，如实反映符合确认、计量要求的各项会计要素及其他相关信息，保证会计信息真实可靠，内容完整。"真实性原则是对会计信息质量要求的基本原则，因为只有真实可靠的会计信息，才值得报表使用者信赖。不真实、不可靠的会计信息，不仅对报表使用者无益，而且还可能误导其经济决策。

②相关性原则

《企业会计准则——基本准则》对相关性原则的表述是："企业提供的会计信息应当与财务会计报告使用者的经济决策需要相关，有助于会计信息使用者对企业过去、现在或者未来的情况作出评价或者预测。"会计信息的相关性原则是会计信息的生命力所在，服务于财务会计报告者的经济决策，是提供会计信息的最基本、最重要的目标。相关的会计信息能够帮助财务会计报告使用者评价过去的决策，证实或者修正过去的预测。如果会计信息虽然能客观真实地反映企业经营情况，但与经济决策不相关联，则是毫无价值的。

③明晰性原则

《企业会计准则——基本准则》对明晰性原则的表述是："企业提供的会计信息应当清晰明了，便于财务会计报告使用者理解和使用。"明晰性原则是由会计核算的目的决定的，如果会计信息不能清晰完整地反映企业经济活动的来龙去脉，就不能被财务会计报告使用者所理解，即使符合上述可靠性和相关性原则的要求，也是徒然无用的。

④可比性原则

《企业会计准则——基本准则》对可比性原则的表述是："企业提供的会计信息应当具有可比性。同一企业不同时期发生的相同或者相似的交易或者事项，应当采用一致的会计政策，不得随意变更。确需变更的，应当在附注中说明。不同企业发生的相同或者相似的交易或者事项，应当采用规定的会计政策，确保会计信息计算口径一致，相互可比。"可比性原则使企业连续几个会计期间的会计信息对经济决策有使用价值。不仅可以对不同会计期间的财务报表和会计信息进行纵向比较和分析，还可以对不同企业，特别是同一行业内部的不同企业之间进行对比分析，使会计信息的比较质量大大提高。

⑤实质重于形式原则

《企业会计准则——基本准则》对实质重于形式原则的表述是："企业应当按照交易或事项的经济实质进行会计确认、计量和报告，不应仅以交易或事项的法律形式为依据。"该原则体现了对经济实质的尊重，能够保证会计核算信息与客观事实相符。对那些经济实质与法律形式不符合的交易或者事项，可以按照经济实质进行处理。如对融资租入的固定资产，承租方在租赁期内，应将被租赁的固定资产视同自己的固定资产进行处理。

⑥重要性原则

《企业会计准则——基本准则》对重要性原则的表述是："企业提供的会计信息应当反映企业的财务状况、经营成果和现金流量等有关的所有重要交易或者事项。"重要性原则是指企业要向财务会计报告使用者提供重要的会计信息，对于非重要事项，可以采取一些简易、灵活的会计处理方法。各种交易或者事项是否重要，其判断标准是由这些交易或者事项所产生的会计信息，会对财务会计报告使用者的经济决策产生重要影响的，就应当予以披露。

⑦谨慎性原则

《企业会计准则——基本准则》对谨慎性原则的表述是："企业对交易或者事项进行会计确认、计量和报告应当保持应有的谨慎态度，不应高估资产或者收益，低估负债或者费用。"谨慎性原则是现代财务会计的一个重要原则。遵循这一原则，可以使财务报告揭示的经营成果和财务状况不至于过于乐观，从而有助于财务报告使用者谨慎地理解企业的经营成果和财务状况。

⑧及时性原则

《企业会计准则——基本准则》对及时性原则的表述是："企业对于已经发生的交易或事项，应当及时进行会计确认、计量和报告，不得提前或者延后。"

根据及时性原则，企业应做到以下几点：一是在经济业务发生后，应及时取得有关原始凭据；二是对会计数据及时进行处理，即及时记账、及时编制财务报告；三是及时传递会计信息，即在国家统一规定的时限内，及时将编制出的财务会计报告提供给有关方面。如果不能及时提供，即使是相关、可靠的信息，对于财务会计报告使用者而言也没有意义，甚至会误导财务会计报告使用者的经济决策。

（6）一个记账基础

我国《企业会计准则——基本准则》中规定："企业应当以权责发生制为基础进行会计确认、计量和报告。"具体讲，权责发生制又称应收应付制，是指企业的会计核算应当以经济利益和经济责任的发生为标准来确定收入和费用的归属期。也就是说凡是本期已经实现的收入和已经发生的或应当负担的费用，不论款项是否已经实际收付，都应作为本期的收入和费用入账。反之，凡是不属于本期已经实现的收入和已经发生的或应当负担的费用，即使款项已在本期实际收付，也不应当作为本期的收入和费用入账。

遵循权责发生制的目的，是使财务会计报告确认与计量的结果能够比较恰当地反映企业一定期间经营努力的成果，从而有助于企业业绩评价，也有助于分析预测。但是其主要问题是导致了收益与现金流的不一致，增加了企业财务管理的难度。

1.3　小企业会计准则综述

为了规范小企业会计确认、计量和报告行为，促进小企业可持续发展，发挥小企业在国民经济和社会发展中的重要作用，2011 年 10 月 18 日财政部根据《中华人民共和国会计法》及其他有关法律和法规，公布了《小企业会计准则》，并自 2013 年 1 月 1 日起在小企业范围内施行，鼓励小企业提前执行。同时废止了 2004 年 4 月 27 日公布的《小企业会计制度》。

1.3.1　小企业会计准则的法律依据

《小企业会计准则》制定的法律依据主要有以下四个法规。

（1）《中华人民共和国会计法》

《中华人民共和国会计法》中规定："国家实行统一的会计制度。国家统一的会计制度由国务院财政部门根据本法制定并公布。"《小企业会计准则》作为国家统一的会计制度的重要组成部分，制定时必然要依据会计法。

(2)《中华人民共和国企业所得税法》

小企业虽然是我国国民经济和社会发展的重要力量，但是小企业在企业规模、管理方式、管理要求和承担的社会受托责任等诸多方面都与大中型企业和上市公司不同。小企业会计信息的外部使用者主要是税务机关和提供贷款的商业银行，而不是投资者。为此，《小企业会计准则》制定就依据了《中华人民共和国企业所得税法》以及相关法规。

(3)《中华人民共和国公司法》

据有关资料统计，目前小企业的数量占到我国法人经营单位的97.11%。但是其组织形式多种多样，既有国有、集体、民营外商投资的小企业，又有公司制企业、非公司制的小企业等。由于公司制是现代企业制度的主要形式，所以，财政部门在制定《小企业会计准则》时遵循了公司法的要求。

(4)《企业会计准则——基本准则》

按照我国会计准则体系总体框架的要求，《小企业会计准则》作为小企业会计确认、计量和报告行为的规范，必然应当遵循《企业会计准则——基本准则》。但是，考虑到小企业会计的特点，在遵循《企业会计准则——基本准则》的前提下，进行了适当简化，从而能较好地实现既维护基本准则在整个企业会计体系中的统御地位，又能兼顾小企业实际情况。

1.3.2 小企业会计准则的适用范围

(1)《小企业会计准则》的适用范围

《小企业会计准则》中规定："适用于在中华人民共和国境内依法设立的、符合《中小企业划型标准规定》所规定的小型企业标准的企业。"

(2)《小企业会计准则》适用范围的特殊规定

《小企业会计准则》中规定，下列三类小企业除外：一是股票或债券在市场上公开交易的小企业，二是金融机构或其他具有金融性质的小企业，三是企业集团内的母公司和子公司。

(3)执行《小企业会计准则》应注意的问题

A．执行本准则的小企业，发生的交易或者事项本准则未作规范的，可以参照《企业会计准则》中的相关规定进行处理。

B．执行《企业会计准则》的小企业，不得在执行《企业会计准则》的同时，选择执行本准则的相关规定。

C．执行本准则的小企业公开发行股票或债券的，应当转为执行《企业会计准则》；因经营规模或企业性质变化而成为大中型企业或金融企业的，应当从次年 1 月 1 日起转为执行《企业会计准则》。

D. 已执行《企业会计准则》的上市公司、大中型企业和小企业，不得转为执行本准则。

1.3.3　小、微企业的划分标准

中小型企业划分标准是依照工信部联企业〔2011〕300 号文件中以企业从业人员、营业收入、资产总额等指标并结合各个行业特点规定的农、林、牧、渔以及工业、建筑业等十六个行业的中型企业、小型企业和微型企业的划型标准。具体标准见表 1-1。

表1-1　小、微企业的划分标准

项号	行业（小企业）	人数（人）	营业收入（万元）	资产总额（万元）
1	农、林、牧、渔业		50（含）～500	
2	工业*	20（含）～300	300（含）～2 000	
3	建筑业		300（含）～6 000	300（含）～5 000
4	批发业	5（含）～20	1 000（含）～5 000	
5	零售业	10（含）～50	100（含）～500	
6	交通运输业*	20（含）～300	200（含）～3 000	
7	仓储业	20（含）～100	100（含）～1 000	
8	邮政业	20（含）～300	100（含）～2 000	
9	住宿业	10（含）～1 000	100（含）～2 000	
10	餐饮业	10（含）～100	100（含）～2 000	
11	信息传输业*	10（含）～100	100（含）～1 000	
12	软件和信息技术服务业	10（含）～100	50（含）～1 000	
13	房地产开发经营		100（含）～1 000	2 000（含）～5 000
14	物业管理	100（含）～300	500（含）～1 000	
15	租赁和商务服务业	10（含）～100		100（含）～8 000
16	其他未列明行业	10（含）～100		

注　低于下限的为微型企业，高于上限的（含上限）的归入大中型企业。

1.3.4 小企业会计科目

《小企业会计准则》规定了能涵盖各类小企业的交易或者事项的会计科目，共分为五类 66 个科目。同时还指出小企业在不违反会计准则中确认、计量和报告规定的前提下，可以根据本单位的实际情况自行增设、分拆、合并会计科目。对于小企业不存在的交易或者事项，可不设置相关会计科目。对于明细科目，小企业可以比照附录中的规定自行设置，还可以结合实际情况自行确定会计科目编号。小企业会计科目表见表 1–2。

表1–2 小企业会计科目表

序号	编号	会计科目名称	序号	编号	会计科目名称
（一）资产类			18	1411	周转材料
1	1001	库存现金	19	1421	消耗性生物资产
2	1002	银行存款	20	1501	长期债券投资
3	1012	其他货币资金	21	1511	长期股权投资
4	1101	短期投资	22	1601	固定资产
5	1121	应收票据	23	1602	累计折旧
6	1122	应收账款	24	1601	在建工程
7	1123	预付账款	25	1605	工程物资
8	1131	应收股利	26	1606	固定资产清理
9	1132	应收利息	27	1621	生产性生物资产
10	1221	其他应收款	28	1622	生产性生物资产累计折旧
11	1401	材料采购	29	1701	无形资产
12	1402	在途物资	30	1702	累计摊销
13	1403	原材料	31	1801	长期待摊费用
14	1404	材料成本差异	32	1901	待处理财产损溢
15	1405	库存商品	（二）负债类		
16	1407	商品进销差价	33	2001	短期借款
17	1408	委托加工物资	34	2201	应付票据

续表

序号	编号	会计科目名称	序号	编号	会计科目名称
35	2202	应付账款	51	4101	制造费用
36	2203	预收账款	52	4301	研发支出
37	2211	应付职工薪酬	53	4401	工程施工
38	2221	应交税费	54	4403	机械作业
39	2231	应付利息	（五）损益类		
40	2232	应付利润	55	5001	主营业务收入
41	2241	其他应付款	56	5051	其他业务收入
42	2401	递延收益	57	5111	投资收益
43	2501	长期借款	58	5301	营业外收入
44	2701	长期应付款	59	5401	主营业务成本
（三）所有者权益类			60	5402	其他业务成本
45	3001	实收资本	61	5403	税金及附加
46	3002	资本公积	62	5601	销售费用
47	3101	盈余公积	63	5602	管理费用
48	3103	本年利润	64	5603	财务费用
49	3104	利润分配	65	5711	营业外支出
（四）成本类			66	5801	所得税费用
50	4001	生产成本			

1.3.5　小企业财务报表构成

财务报表是指对小企业财务状况、经营成果和现金流量的结构性表述。《小企业会计准则》规定了小企业财务报表包括资产负债表、利润表、现金流量表和报表附注。

(1) 资产负债表

资产负债表是反映小企业在某一特定日期的财务状况的报表。小企业在某一特定时点的财务状况通常是通过资产、负债和所有者权益及其相互的关系来反映的。表中资产和负债项目应当按照流动资产和非流动资产、流动负债和非流动负债进行列示。具体列示时应先列报流动性强的资产和负债，再列报流动性弱的资产和负债。流动性通常按资产的变现或耗用时间长短或者负债的偿还时间长短来确定。

小企业资产负债表统一格式和内容见表1–3。

表1–3 资产负债表

会小企01表

编制单位： ______年___月___日 单位：元

资　产	期末余额	年初余额	负债和所有者权益	期末余额	年初余额
流动资产：			流动负债：		
货币资金			短期借款		
短期投资			应付票据		
应收票据			应付账款		
应收账款			预收账款		
预付账款			应付职工薪酬		
应收股利			应交税费		
应收利息			应付利息		
其他应收款			应付利润		
存货			其他应付款		
其中：原材料			其他流动负债		
在产品			流动负债合计		
库存商品			非流动负债：		
周转材料			长期借款		
其他流动资产			长期应付款		
流动资产合计			递延收益		
非流动资产：			其他非流动负债		
长期债券投资			非流动负债合计		
长期股权投资			负债合计		
固定资产原价			所有者权益（或股东权益）：		
减：累计折旧			实收资本（或股本）		
固定资产账面价值			资本公积		

续表

资　产	期末余额	年初余额	负债和所有者权益	期末余额	年初余额
在建工程			盈余公积		
工程物资			未分配利润		
固定资产清理			所有者权益（或股东权益）合计		
生产性生物资产					
无形资产					
开发支出					
长期待摊费用					
其他非流动资产					
非流动资产合计					
资产总计			负债和所有者权益（或股东权益）总计		

（2）利润表

利润表是反映小企业在某一特定会计期间的收入、费用、利润（或亏损）的金额和构成情况的报表。它可以帮助财务报表的外部使用者全面了解小企业的经营成果，分析小企业的获利能力及盈利增长趋势，从而为其作出经济决策提供依据。

在利润表中对费用按照功能分类，即按照费用在小企业所发挥的经济功能进行分类列报，分为营业成本、税金及附加、销售费用、管理费用和财务费用等。小企业利润表统一格式和内容见表1-4。

表1-4　利润表

会小企02表

编制单位：　　　　______年___月　　　　单位：元

项　　目	本年累计金额	本月金额
一、营业收入		
减：营业成本		
税金及附加		
其中：消费税		
城市维护建设税		
资源税		

续表

项　　目	本年累计金额	本月金额
土地增值税		
城镇土地使用税、房产税、车船税、印花税		
教育费附加、矿产资源补偿费、排污费		
销售费用		
其中：商品维修费		
广告费和业务宣传费		
管理费用：		
其中：开办费		
业务招待费		
研究费用		
财务费用		
其中：利息费用（收入以“–”号填列）		
加：投资收益（损失以“–”号填列）		
二、营业利润（亏损以“–”号填列）		
加：营业外收入		
其中：政府补助		
减：营业外支出		
其中：坏账损失		
无法收回的长期债券投资损失		
无法收回的长期股权投资损失		
自然灾害等不可抗力因素造成的损失		
税收滞纳金		
三、利润总额（亏损总额以“–”号填列）		
减：所得税费用		
四、净利润（净亏损以“–”号填列）		

（3）现金流量表

现金流量表是反映小企业在一定会计期间现金流入和流出情况的报表，是企业财务报表的重要组成部分。它是从收付实现制的角度来反映企业的盈利能力的，利润表是从权责发生制的角度来反映企业的盈利能力的。从企业长远发展来看，企业必须要重视现金管理，既要保持一定的存量，也要保持合理的流量，现金流量表可以发挥重要的不可替代的作用。企业财务报表的外部使用者应将利润表和现金流量表结合起来使用，从而更加科学合理地评价企业的盈利能力和发展潜力。

小企业现金流量表统一格式和内容见表 1–5。

表1-5　现金流量表

会小企03表

编制单位：　　　　　　　　　　______年___月　　　　　　　　　　单位：元

项　　目	本年累计金额	本月金额
一、经营活动产生的现金流量：		
销售产成品、商品、提供劳务收到的现金		
收到其他与经营活动有关的现金		
购买原材料、商品、接受劳务支付的现金		
支付的职工薪酬		
支付的税费		
支付其他与经营活动有关的现金		
经营活动产生的现金流量净额		
二、投资活动产生的现金流量：		
收回短期投资、长期债券投资和长期股权投资收到的现金		
取得投资收益收到的现金		
处置固定资产、无形资产和其他非流动资产收回的现金净额		
短期投资、长期债券投资和长期股权投资支付的现金		
购建固定资产、无形资产和其他非流动资产支付的现金		
投资活动产生的现金流量净额		
三、筹资活动产生的现金流量：		
取得借款收到的现金		
吸收投资者投资收到的现金		
偿还借款本金支付的现金		
偿还借款利息支付的现金		
分配利润支付的现金		
筹资活动产生的现金流量净额		
四、现金净增加额		
加：期初现金余额		
五、期末现金余额		

(4) 报表附注

报表附注是财务报表不可或缺的组成部分，是对资产负债表、利润表和现金流量表等报表中列示项目的文字描述或明细资料，以及对未能在这些报表中列示项目的说明等。

小企业应当按照《小企业会计准则》的规定披露附注信息，主要包括以下内容。

A．遵守《小企业会计准则》的声明。小企业应当声明编制的财务报表符合《小企业会计准则》的要求，真实、完整地反映了小企业的财务状况、经营成果和现金流量等有关信息，以此明确小企业编制财务报表所依据的制度基础。

B．短期投资、应收账款、存货、固定资产项目的说明。为简化小企业会计核算并尽可能减少纳税调整，《小企业会计准则》要求小企业的资产按照成本计量，不计提减值准备。同时，考虑到小企业资产的质量，尤其是可变现能力对债权人影响较大，因此，会计准则要求小企业应在附注中对几项重要资产的市场价格信息、持有时间的长短和新旧程度进行说明，以在一定程度上缓解对资产不计提减值准备可能产生的影响，有关项目的详细说明和给定的披露格式见表1–6 ~表1–9。

表1–6　短期投资的披露格式

项目	期末账面余额	期末市价	期末账面余额与市价的差额
1.股票			
2.债券			
3.基金			
4.其他			
合计			

表1–7　应收账款按账龄结构披露的格式

账龄结构	期末账面余额	年初账面余额
1年以内（含1年）		
1年至2年（含2年）		
2年至3年（含3年）		
3年以上		
合计		

表1-8　存货的披露格式

存货种类	期末账面余额	期末市价	期末账面余额与市价的差额
1.原材料			
2.在产品			
3.库存商品			
4.周转材料			
5.消耗性生物资产			
……			
合计			

表1-9　固定资产的披露格式

项目	原价	累计折旧	期末账面价值
1.房屋、建筑物			
2.机器			
3.机械			
4.运输工具			
5.设备			
6.器具			
7.工具			
……			
合计			

C．应付职工薪酬、应交税费项目的说明，见表1-10、表1-11。

表1-10　应付职工薪酬的披露格式

会小企01表附表1

编制单位：　　　　______年___月　　　　单位：元

项目	期末账面余额	年初账面余额
1.职工工资		
2.奖金、津贴和补贴		
3.职工福利费		
4.社会保险费		
5.住房公积金		

续表

项目	期末账面余额	年初账面余额
6.工会经费		
7.职工教育经费		
8.非货币性福利		
9.辞退福利		
10.其他		
合计		

表1-11　应交税费的披露格式

会小企01表附表2

编制单位：　　　　　　　　　　　　______年___月　　　　　　　　　　　　单位：元

项目	期末账面余额	年初账面余额
1.增值税		
2.消费税		
3.城市维护建设税		
4.企业所得税		
5.资源税		
6.土地增值税		
7.城镇土地使用税		
8.房产税		
9.车船税		
10.教育费附加		
11.矿产资源补偿费		
12.排污费		
13.代扣代缴的个人所得税		
……		
合计		

D．利润分配的说明，见表1-12。

表1-12　利润分配表

会小企01表附表3

编制单位：　　　　　　　　　　　　　　______年度　　　　　　　　　　　　　　单位：元

项目	行次	本年金额	上年金额
一、净利润	1		
加：年初未分配利润	2		
其他转入	3		
二、可供分配的利润	4		
减：提取法定盈余公积	5		
提取任意盈余公积	6		
提取职工奖励及福利基金	7		
提取储备基金	8		
提取企业发展基金	9		
利润归还投资	10		
三、可供投资者分配的利润	11		
减：应付利润	12		
四、未分配利润	13		

E．用于对外担保的资产名称、账面余额及形成的原因，未决诉讼、未决仲裁以及对外提供担保所涉及的金额。

F．发生严重亏损的，应当披露持续经营的计划、未来经营的方案。

G．对已在资产负债表和利润表中列示项目与企业所得税法规定存在差异的纳税调整过程。参见《中华人民共和国企业所得税年度纳税申报表》。

H．其他需要说明的事项。

1.3.6　小企业账务处理主要变化

《小企业会计准则》对小企业日常主要账务的规定的特征体现在：简化会计核算、会计计量属性采用历史成本、尽可能与税法保持一致、不计提减值准备等方面。下面详细分析其变化特征。

（1）资产方面

A．货币资金核算方面：在“其他货币资金”下面增设了备用金科目，用以反映监督企业备用金的领用和使用情况。

B．应收款项核算方面：对于应收及预付款项的坏账损失应当于实际发生时计入营业外支出，同时冲减应收及预付款项。已作坏账损失处理后又收回的应收款项，计入营业外收入。

C．金融资产核算：设置了“短期投资”“长期债券投资”“长期股权投资”会计科目，对债券投资和股权投资均采用成本法进行后续计量；利息的计提在约定付息日且按照票面利率计算，不采用实际利率法。债券投资、股票投资在持有期间应得的利息和现金股利确认为投资收益，出售或者处置时，将处置价款扣除其账面余额、相关税费后的净额，确认为投资收益，实际发生投资损失时计入营业外支出；债券的折价或溢价采用直线法摊销，股权投资采用成本法核算；金融资产不计提减值准备。

D．存货核算：小企业取得的存货按照实际成本计量，对于投资者投入的存货成本，应当按照评估价值确定；存货发生毁损，处置收入、可收回的责任人赔偿和保险赔款，扣除其成本、相关税费后的净额，应当计入营业外支出或营业外收入。

盘盈存货实现的收益应当计入营业外收入，盘亏存货发生的损失应当计入营业外支出。期末存货不计提跌价准备。

E．固定资产核算：固定资产应当按照成本计量，投资者投入固定资产的成本，应当按照评估价值和相关税费确定；固定资产的日常修理费，应当在发生时根据固定资产受益对象计入相关资产成本或者当期损益；固定资产折旧应考虑税法的规定，合理确定固定资产的使用寿命和预计净残值；固定资产的改建支出，应当计入固定资产的成本，但已提足折旧的固定资产和经营租入的固定资产发生的改建支出应当计入长期待摊费用；固定资产盘盈盘亏按净值计入“待处理财产损溢”，查明原因后转入“其他应收款”“营业外支出”等；会计期末不计提减值准备。

F．无形资产核算：无形资产的摊销期自其可供使用时开始至停止使用或出售时止。有关法律规定或合同约定了使用年限的，可以按照规定或约定的使用年限分期摊销。小企业不能可靠估计无形资产使用寿命的，摊销期不得低于10年。

(2) 负债方面

A．小企业各项流动负债应当按照其实际发生额入账。确实无法偿付的应付款项，应当计入营业外收入。

B．应付职工薪酬核算的内容，明确规定了八个二级项目，并根据职工提供服务的受益对象，分别不同情况进行会计处理。

C．长期借款应当按照借款本金和借款合同利率在应付利息日计提利息费用，计入相关资产成本或财务费用。

(3) 所有者权益方面

小企业资本公积核算内容基本上仅限于资本溢价，是指小企业收到的投资者出资额超过其在注册资本或股本中所占份额的部分资本公积。

(4) 收入方面

小企业收入确认方面，应当在发出商品且收到货款或取得收款权利时，确认销售商品收入，减少关于风险报酬转移的职业判断，同时就几种常见的销售方式明确规定了收入确认的时点。

(5) 费用方面

A. 小企业的费用包括：营业成本、税金及附加、销售费用、管理费用、财务费用等。在税金及附加的核算范围有所扩大，包含了部分传统上在管理费用中核算的税金。税金及附加具体是指小企业开展日常生产经营活动应负担的消费税、城市维护建设税、资源税、土地增值税、城镇土地使用税、房产税、车船税、印花税、教育费附加、矿产资源补偿费、排污费等。

B. 小企业（批发业、零售业）在购买商品过程中发生的费用（包括：运输费、装卸费、包装费、保险费、运输途中的合理损耗和入库前的挑选整理费等）也构成销售费用。

C. 财务费用是指小企业为筹集生产经营所需资金发生的筹资费用。包括：利息费用（减利息收入）、汇兑损失、银行相关手续费、小企业给予的现金折扣（减享受的现金折扣）等费用。汇兑收益计入营业外收入。

(6) 利润方面

A. 营业利润：小企业营业利润 = 营业收入 − 营业成本 − 税金及附加 − 销售费用 − 管理费用 − 财务费用 + 投资收益（或减去投资损失）。

B. 营业外收入的内容有所扩大：将原计入资本公积的政府补助、捐赠收益、确实无法支付的应付账款计入营业外收入；将原计入财务费用的汇兑收益计入营业外收入；将原调整坏账准备的已作坏账损失处理后又收回的应收款项计入营业外收入；将原冲减所得税的所得税退税以及未予规范的其他所有退税（不含出口退税），均计入营业外收入。

小企业的营业外收入包括：非流动资产处置净收益，政府补助，捐赠收益，盘盈收益，汇兑收益，出租包装物和商品的租金收入，逾期未退包装物押金收益，确实无法偿付的应付款项，已作坏账损失处理后又收回的应收款项，违约金收益等。

C．小企业收到与资产相关的政府补助，应当确认为递延收益，并在相关资产的使用寿命内平均分配，计入营业外收入。收到的其他政府补助，用于补偿本企业以后期间的相关费用或亏损的，确认为递延收益，并在确认相关费用或发生亏损的期间，计入营业外收入；用于补偿本企业已发生的相关费用或亏损的，直接计入营业外收入。

D．营业外支出的内容有所扩大，将原计入管理费用的坏账损失计入营业外支出；将原未规范的无法收回的长期债券投资损失和无法收回的长期股权投资损失计入营业外支出；将原未规范的捐赠支出和赞助支出计入营业外支出。

小企业的营业外支出包括：存货的盘亏、毁损、报废损失，非流动资产处置净损失，坏账损失，无法收回的长期债券投资损失，无法收回的长期股权投资损失，自然灾害等不可抗力因素造成的损失，税收滞纳金，罚金，罚款，被没收财物的损失，捐赠支出，赞助支出等。

E．所得税费用：小企业所得税费用采用应付税款法，不采用纳税影响会计法。

应纳税所得额 = 收入总额 − 不征税收入 − 免税收入 − 扣除额 − 允许弥补的以前年度亏损

或：

应纳税所得额 = 利润总额 + 纳税调整增加额 − 纳税调整减少额 − 弥补以前年度亏损

所得税费用 = 应交所得税 = 应纳税所得额 × 所得税税率

第二章　会计做账的基础知识

2.1　会计做账的方法

会计记账采用复式记账法，其基本原理是对企业日常发生的每项经济业务，都要在相互联系的两个或两个以上的有关账户中同时登记，以便完整地反映经济业务的全貌，揭示资金运动的来龙去脉。

复式记账法通常就是指借贷记账法，是世界各国普遍采用的一种记账方法。它以“资产＝负债＋所有者权益”为理论依据，以“借”和“贷”为记账符号，以“有借必有贷，借贷必相等”为记账规则，并通过试算平衡对企业的日常经济业务进行核算和处理。下面简要介绍借贷记账法的基本知识。

> 知识背囊
>
> **借贷记账法的起源**
>
> 借贷记账法起源于13—14世纪的意大利。借贷记账法中的“借”“贷”两字，最初是以其资本含义记账的，反映的是“债权”和“债务”的关系。随着商品经济的发展，借贷记账法也在不断发展和完善，“借”“贷”两字逐渐失去其本来含义，变成了纯粹的记账符号。1494年，意大利数学家卢卡·帕乔利的《算术、几何、比与比例概要》一书问世，标志着借贷记账法正式成为大家公认的复式记账法，同时，也标志着近代会计的开始。卢卡·帕乔利被称为“近代会计之父”。

(1) 账户结构

借贷记账法下，每一个账户都分为“借方”和“贷方”，用来表示增加额和减少额，究竟哪个账户的哪一方用来登记增加额，哪一方登记减少额，取决于账户反映的经济内容和账户的性质。不同性质的账户，其结构是不同的。

在资产类账户和成本费用类账户中，“借”表示增加，“贷”表示减少，期末余额在“借”方；在负债类、所有者权益类和收入类账户中，“借”表示减少，“贷”表示增加，期末余额在“贷”方。

以上两大类中，借贷意思正好相反，一定要记清，千万不要搞混！为了便于读者记忆，予以归纳见表2-1。

表2-1 各类账户结构借贷方向

账户类型	借方	贷方	余额方向
资产类	增加	减少	余额在借方
负债类	减少	增加	余额在贷方
所有者权益类	减少	增加	余额在贷方
收入类	减少	增加	一般无余额
费用类	增加	减少	一般无余额

（2）记账规则

借贷记账法的记账规则是“有借必有贷，借贷必相等”。“有借必有贷”是指记入账户时，一个记在借方，另一个必然记在贷方；“借贷必相等”是指对于任何一笔经济业务，都必须以相等的金额同时记入两个或者两个以上的相互联系的账户中去。

例如，从银行取得短期借款50 000元，存入银行。这笔业务表示企业的银行存款增加，短期借款也增加，银行存款是资产类账户，增加应该记入该账户的借方；短期借款是负债类账户，增加应该记入该账户的贷方，登记在借方的金额和登记在贷方的金额是相等的，如下图所示。

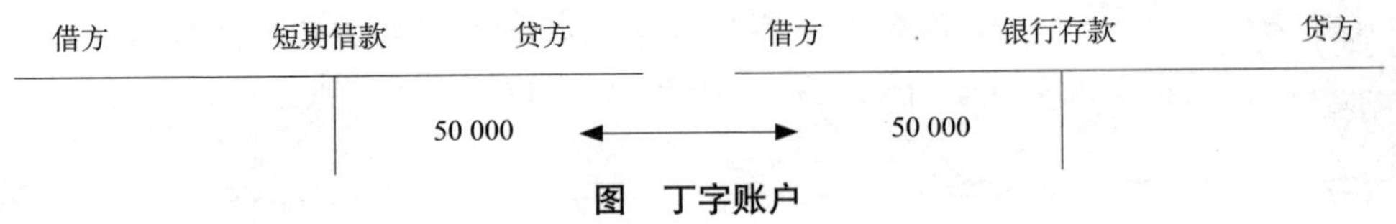

图 丁字账户

（3）会计分录

经济业务发生后，会计人员应该根据经济业务的内容和涉及的账户性质，采用借贷记账法编制会计分录，并据以填制记账凭证。

会计分录是指对某项经济业务标明其应借应贷账户及其金额的记录，简称分录。会计分录又分为简单会计分录和复合会计分录。简单会计分录是只有一借一贷的，复合会计分录是一借多贷或者多借一贷的，复合分录实际是由几个简单分录组合而成的。

下面通过某企业2016年1月份发生的几笔业务，说明账户结构、记账规则的具体运用和会计分录的编写。

【例2-1】1月10日，从银行提取现金5 000元备用。

该业务表示企业的银行存款减少，库存现金增加，两个账户都属于资产类账户，借方表示增加，贷方表示减少，所以此笔业务记在“库存现金”账户的借方和“银行存款”账户的贷方。编写会计分录为：

借：库存现金　　5 000

　贷：银行存款　　5 000

【例2-2】1月13日，从银行取得短期借款50 000元，存入银行。

该业务表示企业取得短期借款，增加了负债，负债增加应记入贷方，因此记入“短期借款”账户的贷方；同时，该经济业务引起资产增加，记入“银行存款”账户的借方。编写分录为：

借：银行存款　　50 000

　贷：短期借款　　50 000

【例2-3】1月18日，李东以价值100 000元的固定资产向企业投资。

以固定资产投资表示该企业资产和所有者权益同时增加。“固定资产”是资产类账户，“实收资本”是所有者权益类账户，资产类账户借方表示增加，所有者权益类账户贷方表示增加。编写分录为：

借：固定资产　　100 000

　贷：实收资本　　100 000

【例2-4】1月20日，企业销售产品，实现销售收入120 000元，存入银行。

该业务表示企业获得120 000元收入，记入“主营业务收入”账户，该账户是收入类账户，借方表示减少，贷方表示增加，所以此业务记入该账户的贷方。同时，实现的收入存入银行，使得该企业的银行存款增加，记入“银行存款”账户的借方。编写分录为：

借：银行存款　　120 000

　贷：主营业务收入　　120 000

【例2-5】1月22日，企业从银行取得短期借款10 000元，直接偿还所欠东方公司借款。

该业务使得该企业的“短期借款”增加，同时“应付账款”减少，这两个账户都是负债类的，负债类账户借方表示减少，贷方表示增加。因此编写分录为：

借：应付账款——东方公司　　10 000

　贷：短期借款　　10 000

【例 2-6】企业接受东方公司建议，以其欠东方公司的 20 000 元货款转为对本企业的投资。该经济业务使得本企业的负债减少，同时增加了一个投资方，即增加了所有者权益。负债的减少记借方，所有者权益的增加记贷方。编写分录为：

借：应付账款——东方公司　　20 000

　贷：实收资本　　20 000

从以上六笔业务可以看出，每笔业务的记录都是遵循了“有借必有贷，借贷必相等”的记账原则，并根据所涉及账户的性质和结构编写会计分录，说明应该记入账户的名称、方向和金额。掌握了会计分录能为制作会计凭证打下坚实基础。

（4）试算平衡

所谓试算平衡，就是根据“资产 = 负债 + 所有者权益”的平衡关系和复式记账原理，按照借贷记账法的记账规则要求，通过对一定时期经济业务的汇总计算和比较，以检查账户记录的正确性和完整性。其公式如下。

全部账户的借方期初余额合计 = 全部账户的贷方期初余额合计

全部账户的本期借方发生额合计 = 全部账户的本期贷方发生额合计

全部账户的借方期末余额合计 = 全部账户的贷方期末余额合计

试算平衡通常是通过编制总分类账户试算平衡表进行的。试算平衡表的格式见表 2-2。

表2-2　总分类账户本期发生额和余额试算平衡表

______年___月　　单位：元

账户名称	期初余额		本期发生额		期末余额	
	借方	贷方	借方	贷方	借方	贷方

续表

账户名称	期初余额		本期发生额		期末余额	
	借方	贷方	借方	贷方	借方	贷方
合计						

通过上述试算平衡表我们可以发现，编制试算平衡表首先必须保证所有经济业务全部记入有关账户中；根据试算平衡表的结果我们可以得出，如果借贷双方试算不平衡，我们就可以肯定账户的记录发生了错误。解决的办法是认真查找，直至实现试算平衡为止。这一点是比较容易理解的。那么，如果试算平衡表借贷双方平衡，就一定意味着账户记录是准确无误的吗？

试算平衡表的缺陷

借贷试算平衡并不能说明账户记录绝对正确。可能发生的情形有如下几种：一是某项经济业务发生漏记或重记，使得本期借贷双方的发生额同时减少或虚增，借贷仍平衡。二是某项经济业务记错有关账户，借贷仍平衡。三是某项经济业务颠倒了记账方向，借贷仍平衡。四是借方或贷方发生额中，偶然一多一少并相互抵销，借贷仍平衡。因此，当我们面对借贷平衡的试算平衡表时也不能放松警惕，力求做到会计记账工作的准确无误。

2.2　会计做账的一般流程

2.2.1　原始凭证的填制及审核

（1）原始凭证的填制

原始凭证的填制是会计日常工作的第一步，在经济业务发生以后，会计人员要根据经济业务的类型及时正确地填制各类原始凭证，诸如销货发票、转账支票、借款单、入库单等。填制时要遵守以下几方面的要求。

A．真实可靠，即如实填列经济业务内容，不弄虚作假，不涂改、挖补。

B．内容完整，即应该填写的项目要逐项填写，不可缺漏，尤其需要注意年、月、日要按照填制原始凭证的实际日期填写；名称要写全，不能简化；品名或用途要填写明确，不许含混不清；有关人员的签章必须齐全。

C．填制及时，即每当一项经济业务发生或完成，都要立即填制原始凭证，做到不积压、不误时、不事后补制。

D．顺序使用，即收付款项或实物的凭证要顺序或分类编号，在填制时按照编号的次序使用，跳号的凭证应加盖“作废”戳记，不得撕毁。

E．凭证书写清楚，即字迹端正、易于辨认，做到数字书写符合会计上的技术要求。

(2) 原始凭证的审核

会计是一项非常谨慎的工作，对于收到的原始凭证，还要认真检查，确保会计资料真实、正确和合法，会计上把这叫作审核。各种原始凭证除由经办业务部门审核以外，还要由会计部门进行审核。基本上是对以下几方面进行审核。

A．原始凭证所具有的要素是否齐备，包括日期、单位、数量、金额等。

B．原始凭证所填写的文字、数字是否清楚完整，更正方法是否符合规定。

C．原始凭证所办理的审批传递手续是否符合规定，有关人员是否全部正式签章，是否盖有财务公章或收讫付讫戳记。

D．自制原始凭证是否连续编号，其存根与所开具的凭证是否一致。

E．原始凭证中所反映的经济业务的发生是否符合相关的法规。

F．有无篡改、伪造、窃取、不如实填写原始凭证或利用废旧原始凭证来将个人所花的费用伪装为单位的日常开支的现象。

(3) 原始凭证审核结果的处理

A．完全符合要求的原始凭证，应及时编制记账凭证。

B．对于真实、合法、合理但内容不完整或计算不正确的原始凭证，应退回有关部门的经办人员，由其补充完整或更正错误后，再办理正式会计手续。

C．对于不真实且不合法的原始凭证，会计人员应拒绝受理；对违法的收支，应制止和纠正；制止和纠正无效时，应向单位有关领导报告并请求处理。

2.2.2 记账凭证的填制及审核

(1) 记账凭证的填制

会计人员应该根据审核无误的原始凭证，按经济业务的内容选择正确的会计科目，编制有关记账凭证。编制时要做到以下方面。

A. 审核无误，即在对原始凭证审核无误的基础上填制记账凭证。这是内部牵制制度的一个重要环节。

B. 内容完整，即记账凭证应该包括的内容都要具备。应该注意的是：以自制的原始凭证或者原始凭证汇总表代替记账凭证使用的，也必须具备记账凭证所应有的内容；记账凭证的日期，一般为编制记账凭证当天的日期，按权责发生制原则计算收益、分配费用、结转成本利润等调整分录和结账分录的记账凭证，应填写当月月末的日期，以便在当月的账内登记。

C. 分类正确，即根据经济业务的内容，正确区别不同类型的原始凭证，正确应用会计科目。在此基础上，记账凭证可以根据每一张原始凭证填制，或者根据若干张同类原始凭证汇总编制，也可以根据原始凭证汇总表填制；但不得将不同内容和类别的原始凭证汇总填制在一张记账凭证上。

D. 连续编号，即记账凭证应当连续编号。这有利于分清会计事项处理的先后顺序，便于记账凭证与会计账簿之间的核对，确保记账凭证的完整。

(2) 记账凭证的审核

记账人员将编制好的记账凭证交给会计主管人员，由主管人员进行审核。因为记账凭证是登记账簿的依据，为了保证账簿登记的正确性，记账凭证填制完毕必须进行审核。审核的内容如下。

A. 填制凭证的日期是否正确，收款凭证和付款凭证的填制日期是否是货币资金的实际收入日期、实际付出日期；转账凭证的填制日期是否是收到原始凭证的日期或者是编制记账凭证的日期。

B. 凭证是否编号，编号是否正确。

C. 经济业务摘要是否准确地反映了经济业务的基本内容。

D. 会计科目的使用是否正确，总账科目和明细科目是否填列齐全。

E. 记账凭证所列金额计算是否准确，书写是否清楚、符合要求。

F. 所附原始凭证的张数与记账凭证上填写的所附原始凭证的张数是否相符。

G. 填制凭证人员、稽核人员、记账人员、会计机构负责人、会计主管人员的签名或盖章是否齐全。

综上所述，在会计做账的过程中无论是原始凭证的处理还是记账凭证的处理都应遵循上述填制与审核规范，同时，只要在日常工作中严格执行上述操作规范，我们就可以放心地将会计凭证进行下一步的交接，从而最终完成凭证的处理程序这一重要环节。

2.2.3 登记会计账簿

账簿，也就是日常生活中经常说的账本、账册。它是由具有一定格式、相互联系的账页所组成，以会计凭证为依据，序时、分类、连续、系统、全面记录和反映企事业单位资金运动状况的簿籍。

设置和登记账簿是会计核算的重要环节，在经济管理中有很重要的作用。会计账簿能为企业日常经营管理提供分类的会计信息和定期编制会计报表的数据，从而为经济活动的分析、考核和审计提供依据。

知识背囊

账簿和账户的区别

会计账簿通俗来说就是账本、账册，它和会计账户是不同的。会计账户是根据会计科目开设的，具有特定结构的、是连续的记录经济业务的一种工具。会计账户的开设都要依附于会计账簿。在工作中，一般从外部购买或印制具有一定格式的账页，然后根据本单位的需要，选定好会计科目作为账户名称，填入这些账页中，这种规定好了户名的账页叫账户，这样每一个账户只表现为账册中的某张账页。

(1) 会计账簿的种类

账簿由具有一定格式、相互联系的若干账页组成，按照不同的标准可以对账簿进行不同的划分。会计账簿按用途可以分为日记账、分类账和备查账。按照账页格式可以分为三栏式账簿、多栏式账簿和数量金额式账簿。

(2) 会计账簿的设置、建立和启用

会计账簿的设置应该做到组织严密、层次分明、相互联系、相互制约，同时要防止复杂化和简单化。总之，应在遵守国家相关法规的基础上，以全面、清晰反映企业经济业务为原则。会计账簿的设置应遵循合法性原则、完整性原则及合理性原则。企业一般按以下步骤建账。

A．设置账簿。根据科目需要准备各种账簿、有关账页并装订成册。

B．启用账簿。在账簿启用表上填写单位名称、账簿名称、册数、编号、起止页数、启用日期、记账人员和会计主管人员的姓名。

C．建立总账账户。启用账簿后，就要开设账户，订本式账簿要开设总账账户，活页式的账簿一般登记的是二、三级的明细账户。

D．将活页账簿按顺序编号、编制账户目录、贴上账户标签。

(3) 总分类账户与明细分类账户的平行登记

平行登记是指在经济业务发生后根据会计凭证，一方面要登记有关的总分类账户，另一方面要登记该总分类账户所属的各有关明细分类账户。平行登记的规则如下。

A．双方登记。对于需要提供其详细指标的每一项经济业务，应根据审核无误的记账凭证，一方面记入有关的总分类账户，另一方面要记入同期总分类账户所属的各有关明细分类账户。

B．同向登记。登记总分类账户及其所属的明细分类账户的方向应当相同。

C．等额登记。记入总分类账户的金额与记入其所属的各明细分类账户的金额合计应当相等。

D．同期登记。总分类账户和其所属的明细分类账户对同一项经济业务的登记应当在同一会计期间内完成。

E．相同依据。登记总分类账户和明细分类账户依据的原始凭证和记账凭证应当相同。

2.2.4 编制财务报告

财务报告是指企业对外提供的反映企业某一特定日期财务状况和某一会计期间经营成果、现金流量的文件。财务报告包括财务报表和财务报表附注。财务报表是由资产负债表、利润表、现金流量表、所有者权益变动表和相关附表组成，它是财务报告的核心。

财务报表和财务报告一样吗？

财务报告包括财务报表、财务报表附注和财务情况说明书。其中，财务报表是财务报告的核心内容，包括资产负债表、利润表、现金流量表和所有者权益变动表等。财务报表附注是有助于报表使用者理解和分析财务报表需要说明的一些事项。财务情况说明书是对企业财务情况的说明，如对企业的生产经营基本情况、资金增减和周转情况等影响企业财务状况、经营成果和现金流量状况的重大事项作出的说明。

上述几张财务报表的结构分别是怎样的呢？每一张报表又该如何编制呢？下面我们来学习一下这几张重要的财务报表。

（1）资产负债表

资产负债表是反映企业在某一特定日期财务状况的财务报表。它是以会计等式“资产 = 负债 + 所有者权益”为基础的，反映企业在某一特定日期所拥有的经济资源（资产）、所承担的现时义务（负债）和对净资产的要求权（所有者权益），是企业的一张主要的静态报表。这张表能够为企业及其投资者提供如下财务信息：一是有助于评价企业的资产状况、资产的构成情况以及企业偿债能力；二是有助于衡量企业的财务风险和财务实力；三是有助于预测企业未来的财务趋势。

①资产负债表的结构

资产负债表是以会计等式“资产 = 负债 + 所有者权益”为编制基础的，因此，其结构也是按照资产、负债和所有者权益的排列形式不同划分的。目前国际上采用的资产负债表格式主要有账户式和报告式两种。我国企业的资产负债表一般采用账户式结构，账户式结构的资产负债表将资产列示在左边，将负债和所有者权益列示在右边，反映了资产、负债和所有者权益的内在关系，具体格式参见第一章表 1–3。

②资产负债表的编制方法

编制资产负债表首先要将报表名称、报表编号、编制单位、编制日期和计量单位填写清楚，这些要素组成了资产负债表的表首。资产负债表的正表就是其主表部分，年度报表按“年初余额”和“期末余额”填列，其中，“年初余额”栏的数字应根据上期资产负债表各项目的“期末余额”栏内所列的数字填列。资产负债表各项目的期末余额一般有如下几种填制方法。

A．根据总账科目的期末余额直接填列。根据总账科目的期末余额直接填列的项目主要有：“短期投资”“应收票据”“应收利息”“应收股利”“其他应收款”“长期债券投资”“长期股票投资”“固定资产”“累计折旧”“在建工程”“工程物资”“固定资产清理”“开发支出”“长期待摊费用”“短期借款”“应付票据”“应付职工薪酬”“应交税费”“应付利息”“应付利润”“其他应付款”“实收资本”“资本公积”“盈余公积”“未分配利润”等。

B．根据总账科目所属的明细分类账科目的期末余额计算填列。如“应收账款”和“预付账款”项目应该根据总账科目所属的明细科目期末借方余额填列，如有期末贷方余额应当在预收账款或应付账款项目中列示；“应付账款”和“预收账款”项目应该根据总账科目所属的明细科目期末贷方余额填列，如有期末借方余额应当在预付账款或应收账款项目中列示。

C．根据两个或两个以上总账科目的期末余额合计数填列。如货币资金项目，根据“库存现金”“银行存款”“其他货币资金”科目的期末余额的合计数填列；“存货”项目，应根据“材料采购”“在途物资”“原材料”“材料成本差异”“生产成本”“库存商品”“商品进销差价”“委托加工物资”“周转材料”等账户科目的期末余额合计数分析填列。

D．根据总账科目和明细分类账科目的期末余额分析计算填列。资产负债表上某些项目不能根据有关总账科目的期末余额直接填列，也不能根据有关账户所属相关明细账科目的期末余额填列，需要根据总账科目和明细账科目期末余额分析计算填列，如“长期借款”“长期应付款”等项目，应根据各总账科目期末余额扣除各总账所属明细账科目中一年内到期的长期负债部分分析计算填列。

E．根据有关资产科目与其备抵科目抵销后的净额填列。如：“无形资产”项目是根据“无形资产”总账科目的期末余额减去“累计摊销”科目的期末余额后的金额填列。

（2）利润表

利润表是反映企业一定期间生产经营成果的会计报表。利润表也叫损益表，是以“利润＝收入－费用”为基础编制的，是企业对外编报的主要报表之一，是动态报表。利润表不仅反映企业在一定经营期间内取得的全部收入和发生的全部费用，还反映企业全部收入与费用相抵计算出的一定期间内实现的利润总额、净利润以及每股收益。

利润表可以为企业的所有者及利益相关者提供的信息：一是反映企业的盈利水平，评价企业的盈利能力；二是可以预测企业在未来期间的发展趋势；三是可以分析企业利润形成的原因。

①利润表的结构

利润表由表首和正表构成。利润表的表首包括报表名称、报表编号、编制单位、编制日期和计量单位等。利润表的正表就是其主表部分，是按照利润形成的主要环节将各项收入与相关成本费用项目按不同性质归类，形成各种净收入，最后计算企业的净利润或净亏损数额。这种格式注重收入与成本费用配比的层次性，能够提供更为丰富的信息，有利于利润表的纵向和横向比较。具体格式参见第一章表1–4。

②利润表的编制方法

利润表各项目具体内容和填列方法如下。

“营业收入”项目的本期金额＝“主营业务收入”科目本期贷方发生额＋“其他业务收入”科目本期贷方发生额。

“营业成本”项目的本期金额＝“主营业务成本”科目本期借方发生额＋“其他业务成本”科目本期借方发生额。

“税金及附加”项目的本期金额应根据“税金及附加”科目的本期借方发生额分析填列。

“销售费用”项目的本期金额应根据“销售费用”科目的借方发生额填列。

“管理费用”项目的本期金额应根据“管理费用”科目的借方发生额填列。

“财务费用”项目的本期金额应根据“财务费用”科目的借方发生额填列。

“投资收益”项目的本期金额应根据“投资收益”科目的借方发生额和贷方发生额的差额分析填列；如为投资损失，以“–”号填列。

“营业利润”项目的本期金额应根据营业收入扣除营业成本、税金及附加、销售费用、管理费用和财务费用，加上投资收益后的金额填列。如为亏损，以“–”号填列。

“营业外收入”项目的本期金额应根据“营业外收入”科目的贷方发生额填列。

“营业外支出”项目的本期金额应根据“营业外支出”科目的借方发生额填列。

“利润总额”项目的本期金额根据营业利润加上营业外收入减去营业外支出后的金额填列。如为亏损总额，以“–”号填列。

“所得税费用”项目，是企业根据企业所得税法确定的应从当期利润总额中扣除的所得税费用，应根据“所得税费用”科目的借方发生额填列。

“净利润”项目的本期金额应根据利润总额扣除所得税费用后的金额填列。如为净亏损，以“-”号填列。

(3) **现金流量表**

现金流量表是反映企业一定会计期间现金流入与流出情况的报表，是动态的会计报表。

现金流量表的作用：一是有助于了解企业当期实际现金流入、流出相抵后的净额，分析利润表中本期净利润与现金流量之间的差异，从而正确评价企业的经营成果；二是有助于分析企业的收益质量及影响现金净流量因素；三是有助于评价企业的偿债能力、支付能力、周转能力、获取现金和对外筹资的能力；四是有助于潜在投资者分析预测企业产生未来的现金流量的能力，作出正确的投资决策。

①现金流量表的结构

现金流量表是以现金的流入和流出为基础编制的，我国小企业的现金流量表一般采用报告式结构，分类反映经营活动产生的现金流量、投资活动产生的现金流量、筹资活动产生的现金流量，最后汇总反映企业现金净增加额，易于理解。具体的格式参见第一章表1-5。

②现金流量表各项目的填列方法

A．经营活动产生的现金流量。

“销售产成品、商品、提供劳务收到的现金”项目，根据“库存现金”“银行存款”和“主营业务收入”科目的发生额分析填列。

“收到其他与经营活动有关的现金”项目，根据“库存现金”和“银行存款”科目的发生额分析填列。

“购买原材料、商品、接受劳务支付的现金”项目，根据“库存现金”“银行存款”“原材料”“库存商品”等科目的本期发生额分析填列。

“支付的职工薪酬”项目，根据“库存现金”“银行存款”“应付职工薪酬”项目的本期发生额填列。

“支付的税费”项目，根据“库存现金”“银行存款”“应付税费”项目的本期发生额填列。

“支付其他与经营活动有关的现金”项目，根据“库存现金”“银行存款”等科目发生额分析填列。

B．投资活动产生的现金流量。

“收回短期投资、长期债券投资和长期股权投资收到的现金”项目，根据

“库存现金”“银行存款”“短期投资”“长期股权投资”“长期债券投资”等科目的记录分析填列。

“取得投资收益收到的现金”项目，根据“库存现金”“银行存款”“投资收益”等科目的记录分析填列。

“处置固定资产和无形资产收回的现金净额”项目，根据“库存现金”“银行存款”“固定资产清理”等科目的记录分析填列。

“短期投资、长期债券投资和长期股权投资支付的现金”项目，根据“库存现金”“银行存款”“短期投资”“长期债券投资”“长期股权投资”等科目的记录分析填列。

“购建固定资产和无形资产支付的现金”项目，根据“库存现金”“银行存款”“固定资产”“在建工程”“无形资产”等科目的记录分析填列。

C．筹资活动产生的现金流量。

“取得借款收到的现金”项目，根据“库存现金”“银行存款”“短期借款”“长期借款”等科目的记录分析填列。

“吸收投资者投资收到的现金”项目，根据“库存现金”“银行存款”“实收资本”等科目的记录分析填列。

“偿还借款本金支付的现金”项目，根据“库存现金”“银行存款”“短期借款”“长期借款”“应付利息”等科目的记录分析填列。

“分配利润支付的现金”项目，根据“库存现金”“银行存款”“应付利润”等科目的记录分析填列。

2.3 会计做账的技术规范

“无规矩不成方圆”，会计做账是一种系统性、规范性很强的活动。因此，要想成为一名合格的会计人员，就必须熟练掌握会计记账的要求，并在日常的工作中严格地贯彻和执行。那么，记账到底有哪些必须掌握和遵循的规范呢，让我们一起来了解一下。

2.3.1 会计账簿的登记规则

不同的会计账簿有不同的登记方法，但是不论登记哪种会计账簿都应遵循以下登记原则。

A．记账依据。审核无误的会计凭证。

B．记账要素。会计凭证日期、编号、业务内容摘要、金额和其他有关资料，并做到数字准确、摘要清楚、登记及时、字迹工整。

C．数字登记。账簿中书写的文字和数字上面要留有适当的空格，不要写满格，一般应占格距的二分之一。这样做是为什么呢？这是因为担心一旦发生登记错误时，能够有足够的空间从而比较容易更正，大家想想是不是这个道理呢？另外，数字的填制还必须符合如下标准：金额数字一律填写到角、分，无角、分的，写“00”或符号“−”；有角无分的，分位写“0”，不得用符号“−”。

D．账页登记。按连续编号的账页逐页逐行填写，注意不要隔页跳行或在行上行下任意书写。

E．记账用笔。蓝色或黑色签字笔，同样要注意的是不能用铅笔或圆珠笔书写，更不能用红笔。在这里补充说明一下，红笔在我们会计做账的过程中是有专门用途的，那就是仅用于结账、改错冲销账簿记录。

F．账户余额。有余额的账户，结出余额，并在“借或贷”栏内注明“借”或“贷”字样，用来表示余额的方向；没有余额的账户：在“借或贷”栏内记“平”字，同时在余额栏内用“0”表示。

G．账页承接。每页账的第一行是承前页，最后一行是过次页。

H．登记检查。账簿登记完毕，应在记账凭证上盖章或签名，并在记账凭证的过账栏内注明账簿页数或“√”，表明记账完毕，这样做可以有效地防止重记、漏记等情况的发生。

I．账簿整体要求。账簿记录不得涂改挖补，改错应按规定的方法进行。

2.3.2　错账更正的方法

尽管会计准则和规范中对记账的规范做了很详细的规定，而且我们假设优秀的会计人员能够做到严格准确地执行，但是在账簿的登记过程中，由于各种原因难免发生记账错误。这个时候，记账人员就困惑了，记账规范中的整体要求明确说明账簿记录不得涂改挖补，那已发生的错误应该如何处理呢？下面就为大家介绍三种常见的错账更正方法：划线更正法、红字更正法、补充登记法，见表 2−3。

表2-3 错账更正方法

错账更正方法	错账出现场景	错账处理程序	错账更正示范
划线 更正法	结账前发现账簿记录有错误而记账凭证无错误，即过账时发生数字或文字上的笔误或数字计算有错误	先划后填——将原账簿记录上的错误数字用红线划掉，再用蓝黑字填上正确数字	例如：会计人员过账时，误将原材料金额3 850元在账簿中记为8 350。 更正： 借　原材料　贷 3 850 张辉 ~~8 350~~
红字 更正法	记账后发现据以登记的记账凭证应借应贷中有错误或借贷没有错误但金额发生了多记的情形	红字——特殊的冲销功能。一是用红字金额填一张与原错误记账凭证内容一样的凭证，用红字金额入账，再用蓝字填一张正确凭证入账。二是将多记金额用红字填一张凭证登记入账，冲销原账簿记录	例如：张某出借差旅费4 000元，贷记科目“库存现金”误为“银行存款”。 更正： A．借：其他应收款　4 000 　　贷：银行存款　4 000 B．借：其他应收款　4 000 　　贷：库存现金　4 000 例如：生产A产品领用原材料9 000元，误记为90 000元，而所记账户无错。 更正： 借：生产成本　81 000 　贷：原材料　81 000
补充 登记法	记账后，发现据以登记的记账凭证所记金额有错，且金额发生了少记的情形	蓝字——有效的补救方式。用蓝字填制一张与原凭证科目相同，但金额为少记部分的凭证并登记入账	例如：生产车间一般耗用原材料4 000元，误记为400元，而所记账户无错。 更正： 借：制造费用　3 600 　贷：原材料　3 600

掌握了上述记账的具体规范并知道如何处理已经出现的错账之后，相信大家就可以顺利地完成登记账簿这一环节了。刚入门的会计人员也可以参照上述规范检验一下自己登记的账簿中是否存在不合乎规范的地方，从而使自己的工作更加完善。

第三章　模拟企业概况

3.1　山西兴华电机有限责任公司概况

山西兴华电机有限责任公司成立于2004年3月，总体概况如下：

企业名称：山西兴华电机有限责任公司。

注册地址：山西省太原市并州北路001号。

电话：0351–1234567。

法人代表：马建平。

注册资金：人民币贰仟贰佰万元整。

企业类型：工业企业。

经营范围：电机研发、生产、组装、销售为一体的多元化公司。

纳税人登记号：125679123546123。

企业代码：23423456–8。

公司机构设置及人员：设有基本生产车间、机修车间、管理部、销售部、财务部、研发部以及两个仓库（1号和2号），拥有90余名员工，其中生产工人70余人，车间组长2人，机修车间10人，行政人员10人，公司经理5人，销售人员10人，财务人员6人。

产品生产流程：公司生产产品有YR250M、YR250S、YR280M、YR280S、YR320M、YR320S等十余种产品，产品生产周期为一个月左右。主要产品生产工艺流程为单步骤单件或批量生产，首先由生产车间根据生产计划领用产品生产所需各种材料，进入各个生产工段，机修车间为生产车间提供机修服务，所需水电直接外购，生产组装完工，经验收合格送交成品库对外销售。

公司客户遍布全国，经过几年的发展，已经拥有福建广源设备有限公司、西安华立设备有限公司、山东鑫利精密设备制造公司、山东金门集团等多家固定客户，主导产品250系列在全国市场有较好的占有率，280系列、320系列产品在山西省拥有较好的品牌优势。

3.2 企业财务核算制度

公司设有财务部，拥有6名财务人员，公司人员分工明确，各尽其职，其中出纳为赵芳，会计为李欣、王芳、张强，复核为张辉，主管为王晶。公司从2013年1月1日起执行《小企业会计准则》，采用公历年度为会计年度，即自公历1月1日起至12月31日止，以人民币为记账本位币。本公司的会计核算以权责发生制为基础，资产的计价遵循历史成本原则。企业会计制度是根据《会计法》《企业会计准则》《小企业会计准则》等相关财经法规制定的。公司部分财务会计制度如下。

3.2.1 流动资产

A. 库存现金最高限额为5 000元。

B. 银行存款开立账户为中国工商银行太原市二营盘支行，账号1234567891011121。

C. 存货日常采用永续盘存制及实际成本进行核算。发出材料和库存商品采用月末一次加权平均法核算。本月入库产成品的实际成本于月终根据"完工产品成本计算表"一次结转；本月发出产成品的实际单位成本采用加权平均法计算，本月发出产成品的实际总成本在月终根据"商品销售成本汇总表"一次结转。

D. 产品生产成本采用品种法核算，设有基本生产成本和辅助生产成本两个一级科目，在基本生产成本下按产品类别设有YR250M、YR250S、YR280M、YR280S、YR320M、YR320S六个二级科目，每种产品下设有原材料、直接人工、制造费用三项具体内容，在辅助生产成本下设有机修车间一个。

公司生产的产品均需要矽钢片、定子铜、转子铜、铸件、轴料、轴承、标准件及零配件、绝缘材料、铝板材、各类线材共十种材料，根据材料在产品成本构成中的比例大小（表3-1）将材料分为三类，第一类为原料及主要材料，包括矽钢片、定子铜、转子铜、铸件四种，在1号仓库存放；第二类为外购零配件，包括轴料、轴承、标准件及零配件，在2号仓库存放；第三类为辅助材料，包括绝缘材料、铝板材、各类线材，在2号仓库存放。

表3-1　250系列、280系列产品成本构成比例

型号	矽钢片	定子铜	转子铜	铸件	轴料	轴承	标准件及零配件	绝缘材料	铝板材	各类线材
250M	40%	20%	0	20%	4%	2%	5%	3%	4%	2%
250S	40%	20%	0	20%	4%	2%	5%	3%	4%	2%
280M	30%	15%	12%	15%	5%	4%	10%	5%	0	4%
280S	30%	10%	15%	15%	5%	4%	10%	6%	0	5%

领用原材料时，各种系列产品对原料及主要材料直接领用，对于外购零配件及辅助材料，250 系列产品直接领用，280 系列产品共同领用，而共同领用的部分采用实际耗用的原料及主要材料为标准在产品之间进行分配。

根据电机产品成本中原材料所占较大比重的特点，对于每月发生的人工费用及制造费用按原材料的实际发生耗用量予以分配。月末采用约当产量法分配在产品和完工产品成本。

E．低值易耗品分为工具量具等，在周转材料下核算。低值易耗品领用时根据领用金额的大小及使用情况分别采用一次摊销法或者五五摊销法核算。

F．包装物随产品一起销售不单独计价，在周转材料下核算。发出包装物时采用一次摊销法将包装物的成本计入当期损益。

3.2.2　长期资产

(1) 固定资产

固定资产是指同时具有下列特征的有形资产。

A．为生产商品、提供劳务、出租或经营管理而持有的。

B．使用寿命超过一个会计年度。使用寿命是指企业使用固定资产的预计期间，或者该固定资产所能生产产品或者提供劳务的数量。

固定资产确认的条件为：一是与该固定资产有关的经济利益很可能流入企业，二是该固定资产的成本能够可靠地计量。

企业将固定资产按照经济用途和使用情况综合分类为生产用固定资产、非生产用固定资产、不需用固定资产和未使用固定资产进行明细核算。

固定资产按取得时的成本入账。固定资产折旧采用平均年限法，在不考虑减值准备的情况下，按固定资产类别、预计使用年限和预计净残值率，确定折旧率，见表 3-2。

表3-2 固定资产的类别、折旧年限及月折旧率

固定资产类别	折旧年限（年）	月折旧率（%）
房屋、建筑物	20年	0.4%
机器设备	10年或5年	1.6%
管理用设备	5年	1.6%

(2) 无形资产

该公司期初拥有非专利技术一项，采用直线法按照 60 个月平均摊销，尚有 42 个月的摊销期。

(3) 研发费用

根据企业会计准则的规定，对于自行研发的无形资产在研发过程中的费用，如果是研究阶段的费用，计入当期损益；如果是开发阶段的费用，则计入无形资产的初始成本。

3.2.3 税费核算

A. 增值税。本公司为增值税一般纳税人，增值税率为 17%，支付的运输费按 7% 的扣除率计算进项税额准予扣除。

B. 城建税。本公司以实际缴纳的增值税税额为计税依据，税务部门核定税率为 7%。

C. 教育费附加。本公司以实际缴纳的增值税税额为计税依据，税务部门核定税率为 3%。

D. 公司所负担的房产税、车船使用税、城镇土地使用税、印花税等根据国家税法规定计提缴纳并代扣代缴个人所得税。

E. 公司根据当地劳动部门的规定为职工缴纳“四险一金”，具体计提比例：养老保险（企业负担 20%，个人负担 8%）、医疗保险（企业负担 10%，个人负担 2%）、失业保险（企业负担 2%，个人负担 1%）、住房公积金（企业和个人分别负担 5%）。

F. 公司计提的职工工会经费、职工教育经费和职工福利费分别为 2%、2%、1.5%。

G. 企业所得税率为 25%，采用分月按照实际数预缴申报交纳、年终汇算清缴的方式。

H．利润分配。税前利润弥补以前年度的亏损，经过五年未足额弥补的，未弥补亏损应用所得税后的利润弥补。

盈余公积提取比例为法定盈余公积 10%，任意盈余公积 5%。

应付给投资者的利润，按当年可供投资者分配利润的 20% 计算，分配依据为各方所持股份比例。

3.2.4　企业会计账务处理形式

会计根据企业的规模和业务情况，使用科目汇总表核算账务处理程序，设有总账、现金日记账、银行存款日记账、甲式明细账、乙式明细账，采用通用凭证进行业务核算。其账务处理程序如图 3–1 所示。

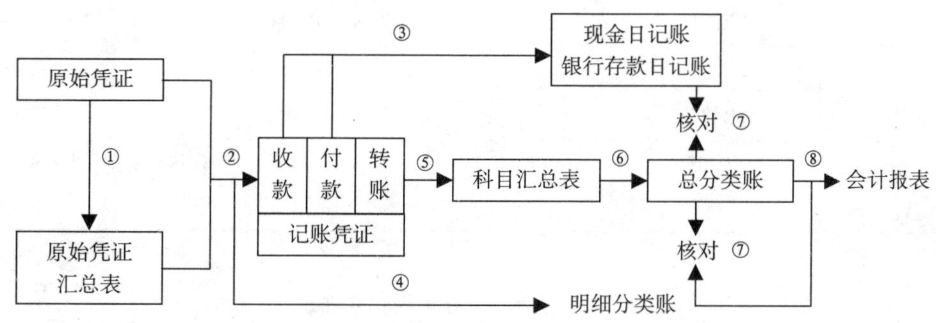

图3–1　账务处理程序

3.3　企业期初财务状况

在企业生产之前，我们先介绍一下本公司在 2015 年年末的财务状况，包括往来明细账户期末余额、存货中各明细账户期末余额、各个总账户期末余额以及供应商和客户详细情况。详见表 3–3 ～表 3–6。

表3–3　存货期末明细表

2015年12月31日　　　　金额单位：元

一级科目	二级科目	三级科目	数量	单价（元）	金额（元）
原材料	原料及主要材料	矽钢片	24 400千克	9.8	239 120
		定子铜	6 011千克	80	480 880
		铸件	10 000千克	6	60 000
	外购零配件	备品备件	250件	均200	50 000
		轴承	1 800套	100	180 000

续表

一级科目	二级科目	三级科目	数量	单价（元）	金额（元）
		标准件及零配件	1 750件	40	70 000
	辅助材料	绝缘材料	45 000米	6	270 000
		铝板材	5 000千克	15.5	77 500
		各类线材	15 000米	10	150 000
合计					1 577 500
在途物资	铸件		150 000千克	6.5	975 000
	矽钢片		100 000千克	10.2	1 020 000
合计					1 995 000
周转材料	低值易耗品	量具、器具	70件	均400	28 000
	包装物		2 000件	均15	30 000
合计					58 000
库存商品	YR320M		200台	4 000	800 000
	YR320S		80台	14 000	1 120 000
合计					1 920 000

表3-4　应收应付期末余额明细表

2015年12月31日

一级科目	二级明细	金额（元）
应收账款	福建广源设备有限公司	2 140 000
	西安华立设备有限公司	1 127 000
	山东鑫利精密设备制造公司	1 062 617
	山东金门集团	650 000
	山西启程设备有限公司	710 500
合计		5 690 117
应付账款	山西华北设备成套有限公司	1 240 000
	辽宁本溪物资公司	2 376 000
	山东无棣绝缘材料股份有限公司	1 987 000
	浙江象山县精密模具厂	1 634 000
	河南辉县电磁线厂	1 463 000
合计		8 700 000

表3-5　供应商及客户具体情况表

<table>
<tr><th></th><th>企业名称</th><th>纳税人识别号</th><th>地址及电话</th><th>开户银行及账户</th></tr>
<tr><td rowspan="5">供应商</td><td>山西华北设备成套有限公司</td><td>127895123654985</td><td>山西省太原市东岗路282号
0351-7683572</td><td>中国建设银行太原南内环街支行
2345689751236548</td></tr>
<tr><td>山东无棣绝缘材料股份有限公司</td><td>235468755468756</td><td>山东省滨州市无棣县城棣新五路三号
0543-5643210</td><td>中国工商银行山东滨州市无棣支行
568954236541023</td></tr>
<tr><td>辽宁本溪物资公司</td><td>565123544687463</td><td>辽宁省本溪市地工路1号
0414-4832000</td><td>中国工商银行辽宁本溪市支行
1239875623140215</td></tr>
<tr><td>浙江象山县精密模具厂</td><td>925634210325687</td><td>浙江省宁波市象山县贤庠镇
0574-465661095</td><td>中国工商银行浙江象山支行
1233265123645423</td></tr>
<tr><td>河南辉县电磁线厂</td><td>895456321266546</td><td>河南省辉县百泉镇楼根村
0373-6293755</td><td>中国工商银行河南辉县支行
1233236598512354</td></tr>
<tr><td rowspan="3">客户</td><td>山西启程设备有限公司</td><td>5622132122354456</td><td>山西省太原市向阳镇向阳村北门外街
0351-6512354</td><td>中国工商银行太原市尖草坪支行
1234567891052364</td></tr>
<tr><td>西安华立设备有限公司</td><td>2365423554456652</td><td>陕西省西安市高新技术产业开发区高新2号
029-88227827</td><td>中国工商银行陕西分行
2112354533212332</td></tr>
<tr><td>山东鑫利精密设备制造公司</td><td>3698655652321232</td><td>山东省枣庄市滕州市西岗镇南孔庄
0632-4063987</td><td>中国工商银行山东枣庄市支行
2112354533326512</td></tr>
</table>

表3-6　总账期末余额汇总表

2015年12月31日　　　　单位：元

科目名称	二级明细科目	借方余额	贷方余额	备注
库存现金		1 000.00		
银行存款		528 881.25		
应收账款		5 690 117.00		
应收票据		2 000 000.00		
其他应收款		190 000.00		
原材料		1 577 500.00		
在途物资		1 995 000.00		
周转材料		27 480.00		
库存商品		1 920 000.00		
流动资产合计		13 929 978.25		
固定资产原值		39 500 000.00		
累计折旧			16 500 000.00	
固定资产净值		23 000 000.00		
在建工程		457 020.00		
无形资产原值		600 000.00		
累计摊销			180 000.00	
无形资产净值		420 000.00		
非流动资产合计		23 877 020.00		
资产合计		37 806 998.25		
短期借款			500 000.00	
应付票据			1 987 000.00	
应付账款			8 700 000.00	
其他应付款			27 000.00	
应付职工薪酬	工资		236 850.00	
	职工福利费		4 737.00	
	教育经费		3 552.75	
	工会经费		4 737.00	
	四险一金		87 634.50	

续表

科目名称	二级明细科目	借方余额	贷方余额	备注
应交税费	应交增值税		187 000.00	
	应交个人所得税		1 337.00	
	应交城建税		13 090.00	
	应交教育费附加		5 610.00	
	应交企业所得税		51 550.00	
流动负债合计			11 810 098.25	
长期借款			1 000 000.00	
非流动负债合计			1 000 000.00	
负债合计			12 810 098.25	
实收资本			22 000 000.00	
资本公积			600 000.00	
盈余公积			800 000.00	
利润分配	未分配利润		1 596 900.00	
所有者权益合计			24 996 900.00	
合计		37 806 998.25	37 806 998.25	

在以后的账务处理中，我们将以山西兴华电机有限责任公司在2016年1～3月作为一个完整的会计期间，分月进行会计核算，并编制月度报表，最后以季度报表形式结束整个核算过程。

第四章　2016年1月份经济业务的账务处理

本章我们将在山西兴华电机有限责任公司2015年12月末相关账簿记录的基础上，带着大家进入2016年1月经济业务的账务处理过程。为了便于大家学习，我们将根据会计账务处理流程，按照会计凭证的填制、会计账簿的登记、会计报表的编制这一顺序展开。其中我们要把企业日常发生的往来业务、资产业务、费用业务以及税务处理等完整地展现在读者面前，引导大家顺利完成整个账务处理过程。

4.1　会计凭证的填制

4.1.1　企业往来业务的账务处理

A．1月8日，兴华电机有限责任公司从山西大光明设备制造有限公司购进材料定子铜14 000千克，轴料5 000千克，材料已验收入库，根据协议签发一张期限3个月的银行承兑汇票支付货款。

1400033140　　山西省增值税专用发票　　№ 02356279

发票联　　开票日期：2016年1月8日

购货单位	名　　称：山西兴华电机有限责任公司 纳税人识别号：125679123546123 地 址、电 话：山西省太原市并州路001号 0351-1234567 开户行及账户：中国工商银行太原市二营盘支行 1234567891011121	密码区	2/1+<<395120-994b*02 4-99809+<605425948<0 *8544-943+119-21310 440011140 -5-0<48>>2+564658>>2>

货物或应税劳务名称	规格型号	单位	数量	单价	金额	税率	税额
定子铜		千克	14 000	80.50	1 127 000	17%	191 590
轴　料		千克	5 000	80.00	400 000	17%	68 000
合　计					1 527 000		259 590
价税合计（大写）	⊗壹佰柒拾捌万陆仟伍佰玖拾元整				（小写）￥1 786 590.00		

销货单位	名　　称：山西大光明设备制造有限公司 纳税人识别号：127567123654778 地 址、电 话：山西省太原市千峰南路28号0351-7629572 开户行及账号：中国建设银行太原市千峰南路支行 2345639757836239	备注	山西大光明设备制造有限公司 127567123654778 发票专用章

收款人：　　复核：付伟　　开票人：李娜　　销货单位：山西大光明设备制造有限公司

第二联　发票联　购货方记账凭证

图4-1　增值税专用发票

增值税专用发票的联次和用途

增值税专用发票由基本联次附加其他联次构成，基本联次为三联：发票联、抵扣联和记账联。发票联，作为购买方核算采购成本和增值税进项税额的记账凭证；抵扣联，作为购买方报送主管税务机关认证和留存备查的凭证；记账联，作为销售方核算销售收入和增值税销项税额的记账凭证。其他联次用途，由一般纳税人自行确定。

银行承兑汇票　　2　　№ 0521220

出票日期贰零壹陆年零壹月零捌日　　　　第　号

付款人			收款人			此联是出票人开户银行交给出票人的回单
	全称	山西兴华电机有限责任公司		全称	山西大光明设备制造有限责任公司	
	账号	1234567891011121		账号	127567123654778	
	开户银行	中国工商银行太原市二营盘支行		开户银行	中国工商银行太原市千峰南路支行	

出票金额	人民币（大写）⊗壹佰柒拾捌万陆仟伍佰玖拾元整	千	百	十	万	千	百	十	元	角	分
		¥	1	7	8	6	5	9	0	0	0

汇票到期日	贰零壹陆年零肆月零捌日	本汇票已承兑到期日由本行付款 承兑行签章 中国工商银行太原市二营盘支行 2016.01.08 转讫 (1) 承兑日期：2016年1月8日	承兑协议编号
本汇票已经承兑到期无条件付款 出票人签章 2016年1月8日		备注：	科目（借） 对方科目（贷） 转账　年　月　日 复核　记账

图4-2　银行承兑汇票

名师指导

此项购货业务发生后，企业根据对方开来的增值税专用发票开出银行承兑汇票支付货款，应该借记“原材料”和“应交税费——应交增值税”账户，因银行承兑汇票属于商业汇票，所以贷记“应付票据”账户，将以上会计分录在记账凭证中逐项填写，最后将原始单据粘在记账凭证背面即可。

记账凭证

2016年1月8日　　　　　　记字第001号

摘要	总账科目	明细科目	借方									✓	贷方									✓
			百	十	万	千	百	十	元	角	分		百	十	万	千	百	十	元	角	分	
从大光明公司购进定子铜和轴料	原材料	原料及主要材料（定子铜）	1	1	2	7	0	0	0	0	0											
		外购零配件（轴料）		4	0	0	0	0	0	0	0											
	应交税费	应交增值税（进项税额）		2	5	9	5	9	0	0	0											
	应付票据												1	7	8	6	5	9	0	0	0	
合计			1	7	8	6	5	9	0	0	0		1	7	8	6	5	9	0	0	0	

附单据2张

会计主管　　　　记账　　　　复核　　　　制单　李欣

图4–3　记账凭证

银行承兑汇票

银行承兑汇票属于商业汇票，是企业用来支付结算的一种常用方式。它是指由收款人或承兑申请人向开户银行申请，经银行审查同意承兑的票据，同城和异地均可使用。承兑申请人应于银行承兑汇票到期前将票款足额交存，以备支付。承兑申请人于汇票到期日未能足额交存票款时，承兑银行除凭票向收款人、被背书人或贴现银行无条件履行支付外，还要对承兑申请人进行扣款处理，并对尚未扣回的承兑金额每天按万分之五计收罚金。

B．1月9日，银行转来山东金门集团承付（前欠）货款的收账通知，收到货款650 000元。

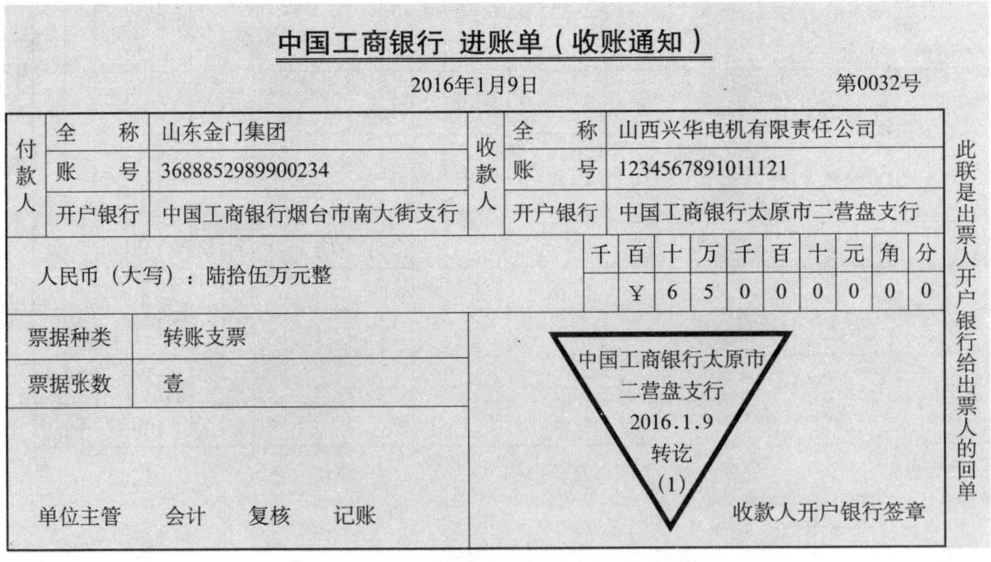

中国工商银行 进账单（收账通知）

2016年1月9日　　　　第0032号

付款人	全　称	山东金门集团	收款人	全　称	山西兴华电机有限责任公司
	账　号	3688852989900234		账　号	1234567891011121
	开户银行	中国工商银行烟台市南大街支行		开户银行	中国工商银行太原市二营盘支行

人民币（大写）：陆拾伍万元整	千	百	十	万	千	百	十	元	角	分
		¥	6	5	0	0	0	0	0	0

票据种类	转账支票	中国工商银行太原市二营盘支行 2016.1.9 转讫 (1)
票据张数	壹	
单位主管　会计　复核　记账		收款人开户银行签章

此联是出票人开户银行给出票人的回单

图4-4　中国工商银行进账单

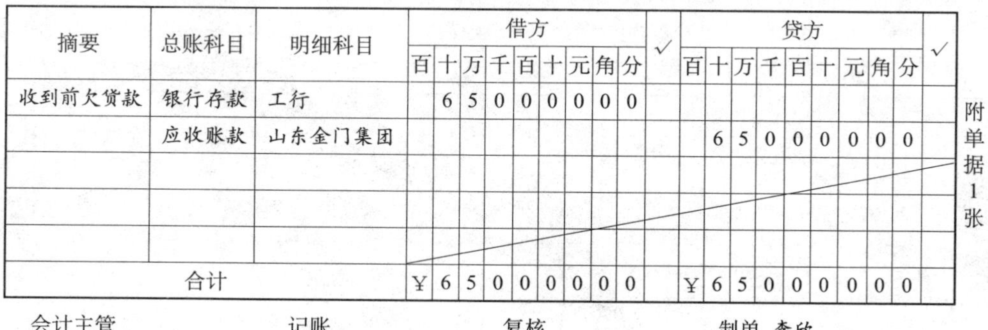

记 账 凭 证

2016年1月9日　　　　记字第002号

摘要	总账科目	明细科目	借方									✓	贷方									✓
			百	十	万	千	百	十	元	角	分		百	十	万	千	百	十	元	角	分	
收到前欠货款	银行存款	工行		6	5	0	0	0	0	0	0											
	应收账款	山东金门集团												6	5	0	0	0	0	0	0	
合计			¥	6	5	0	0	0	0	0	0		¥	6	5	0	0	0	0	0	0	

附单据1张

会计主管　　记账　　复核　　制单 李欣

图4-5　记账凭证

C．1月9日，开出转账支票缴纳上月应交的增值税、个人所得税、企业所得税、城建税和教育费附加。

名师指导

企业应交的各种税金应该在每月的月末根据本企业发生业务的情况和税法的相关规定正确计算，如实申报，一般在下月月初进行缴纳。本笔业务就是根据上月申报计算的结果，交纳有关税费。用银行存款交纳税费时应该根据完税凭证，借记“应交税费”账户，贷记“银行存款”账户，同时记入相关明细账户，借贷双方发生额相等。

中华人民共和国 (2016) X地申 地

城市维护建设税等 专用税收缴款书 №

隶属关系：

注册类型：有限责任公司　填发日期：2016年1月9日　征收机关：太原市地方税务局第二所

缴款单位（人）	代码	125679123546123	预算科目	编码	
	全称	山西兴华电机有限责任公司		名称	
	开户银行	中国工商银行太原市二营盘支行		级次	
	账号	1234567891011121	收款国库		

税款所属时期 2015年12月1日至12月31日　税款限缴日期 2016年1月9日

计征依据		征收率	实缴税额										
项目名称	计征金额	(%)	亿	千	百	十	万	千	百	十	元	角	分
城乡维护建设税	187 000	7%					1	3	0	9	0	0	0
教育费附加	187 000	3%						5	6	1	0	0	0
企业所得税	51 550						5	1	5	5	0	0	0
个人所得税	1 337							1	3	3	7	0	0
金额合计（大写）×仟 ×佰×拾柒万壹仟伍佰捌拾柒元零角零分						¥	7	1	5	8	7	0	0

缴款单位（人）（盖章） 经办人（章）	税务机关（盖章） 填票人（章）	上列款项已收妥并划转收款单位账户 国库（银行）盖章 年 月 日	备注

（印章：山西兴华电机有限责任公司 ★ 财务专用章）

第六联（收据）国库（经收处）收款盖章交缴款单位（人）作完税凭证

（无银行收讫章无效）　逾期不缴按税法规定加收滞纳金

图4-6　城建税专用税收缴款书

中华人民共和国

增值税 专用税收缴款书　(2016) X 国申　№　国

隶属关系：

注册类型：有限责任公司　　填发日期：2016年1月9日　　征收机关：太原市国家税务局

缴款单位（人）			预算科目	
	代码	125679123546123	编码	
	全称	山西兴华电机有限责任公司	名称	
	开户银行	中国工商银行太原市二营盘支行	级次	
	账号	1234567891011121	收款国库	

税款所属时期2015年12月1日至12月31日　　税款限缴日期2016年1月9日

品目名称	计税金额	税率或征收率	销项税额	进项税额	已交税额	实缴税额 亿	千	百	十	万	千	百	十	元	角	分
增值税		17%	367 200	180 200					1	8	7	0	0	0	0	0
金额合计（大写）亿 仟 ×佰壹拾捌万柒仟零佰零元零角零分								¥	1	8	7	0	0	0	0	0

缴款单位（人）(盖章) 经办人（章）	税务机关 (盖章) 填票人（章）	上列款项已收妥并划转收款单位账户 国库（银行）盖章　年　月　日	备注

（无银行收讫章无效）　　逾期不缴按税法规定加收滞纳金

第六联（收据）国库（经收处）收款盖章交缴款单位（人）作完税凭证

（印章：山西兴华电机有限责任公司 财务专用章）

图4-7　增值税专用税收缴款书

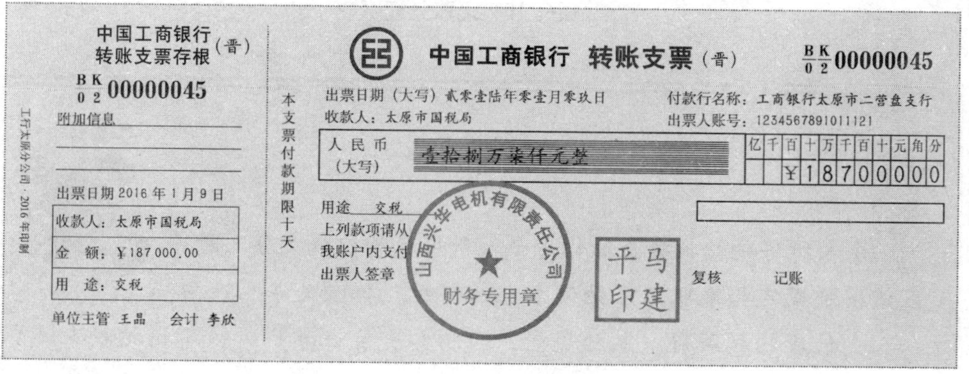
中国工商银行（晋）转账支票存根

BK 02 00000045

附加信息

出票日期 2016 年 1 月 9 日

收款人：太原市国税局

金　额：¥187 000.00

用　途：交税

单位主管 王晶　　会计 李欣

中国工商银行　转账支票（晋）　BK 02 00000045

本支票付款期限十天

出票日期（大写）贰零壹陆年零壹月零玖日　　付款行名称：工商银行太原市二营盘支行

收款人：太原市国税局　　出票人账号：1234567891011121

人民币（大写）	亿	千	百	十	万	千	百	十	元	角	分
壹拾捌万柒仟元整			¥	1	8	7	0	0	0	0	0

用途　交税

上列款项请从

我账户内支付

出票人签章　（印章：山西兴华电机有限责任公司 财务专用章）（印章：平马印建）　复核　记账

图4-8　转账支票

中国工商银行转账支票存根（晋）

$\frac{BK}{02}$00000046

附加信息

出票日期 2016 年 1 月 9 日

收款人：太原市地税局

金　额：￥71 587.00

用　途：交税

单位主管 王晶　　会计 李欣

工行太原分公司 · 2016 年印制

本支票付款期限十天

中国工商银行　转账支票（晋）　$\frac{BK}{02}$00000046

出票日期（大写）贰零壹陆年零壹月零玖日　　付款行名称：工商银行太原市二营盘支行

收款人：太原市地税局　　出票人账号：1234567891011121

人民币（大写）	柒万壹仟伍佰捌拾柒元整	亿	千	百	十	万	千	百	十	元	角	分
					￥	7	1	5	8	7	0	0

用途 支付城建税等

上列款项请从

我账户内支付

出票人签章　　山西兴华电机有限责任公司 财务专用章　　平马印建　　复核　　记账

图4-9　转账支票

记 账 凭 证

2016年1月9日　　记字第003号

摘要	总账科目	明细科目	借方									✓	贷方									✓
			百	十	万	千	百	十	元	角	分		百	十	万	千	百	十	元	角	分	
上缴上月税款	应交税费	未交增值税		1	8	7	0	0	0	0	0											
		应交城建税			1	3	0	9	0	0	0											
		应交教育费附加				5	6	1	0	0	0											
		应交企业所得税			5	1	5	5	0	0	0											
		代扣代缴个人所得税				1	3	3	7	0	0											
	银行存款	工行												2	5	8	5	8	7	0	0	
合计			￥	2	5	8	5	8	7	0	0		￥	2	5	8	5	8	7	0	0	

附单据4张

会计主管　　记账　　复核　　制单　李欣

图4-10　记账凭证

知识背囊

扣缴义务人

个人所得税的扣缴企业作为个人所得税的扣缴义务人时，应该按照规定扣缴职工应纳的个人所得税。扣缴义务人在向个人支付应纳税所得（包括现金、实物和有价证券）时，不论纳税人是否属于本单位职工，均应代扣代缴其应纳的个人所得税款，同时必须向纳税人开具税务机关统一印制的代扣代缴税款凭证。

D．1 月 10 日，银行转来山西启程设备有限公司承付前欠货款的收账通知，收到货款 710 500 元。

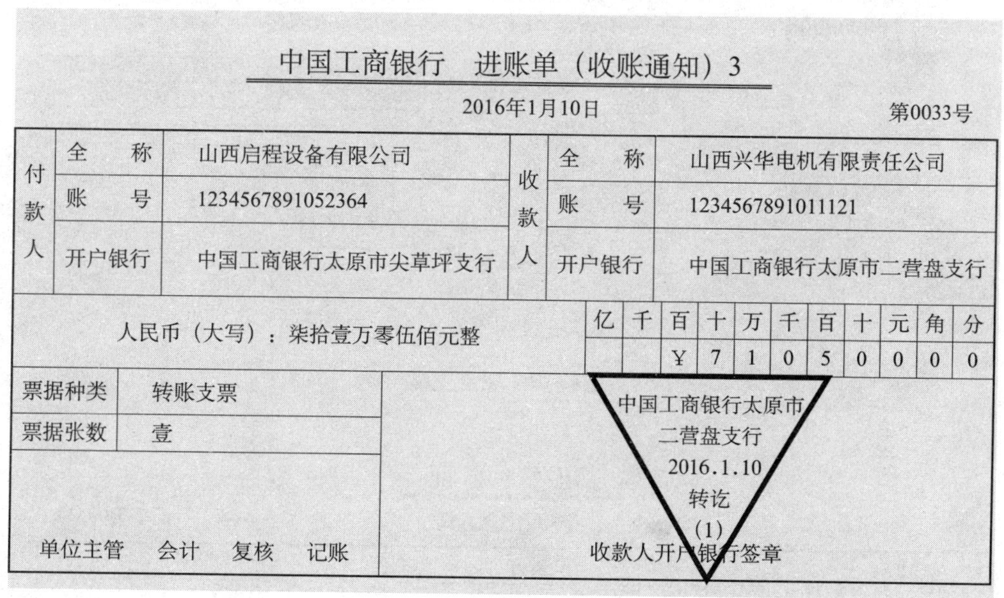

中国工商银行 进账单（收账通知）3

2016年1月10日 第0033号

付款人			收款人		
付款人	全称	山西启程设备有限公司	收款人	全称	山西兴华电机有限责任公司
	账号	1234567891052364		账号	1234567891011121
	开户银行	中国工商银行太原市尖草坪支行		开户银行	中国工商银行太原市二营盘支行

人民币（大写）：柒拾壹万零伍佰元整	亿	千	百	十	万	千	百	十	元	角	分
			¥	7	1	0	5	0	0	0	0

票据种类	转账支票
票据张数	壹

中国工商银行太原市二营盘支行 2016.1.10 转讫 (1)

单位主管 会计 复核 记账 收款人开户银行签章

图4－11 银行进账单

记 账 凭 证

2016年1月10日 记字第004号

摘要	总账科目	明细科目	借方 百	十	万	千	百	十	元	角	分	✓	贷方 百	十	万	千	百	十	元	角	分	✓
收到前欠货款	银行存款	工行		7	1	0	5	0	0	0	0											
	应收账款	山西启程设备有限公司												7	1	0	5	0	0	0	0	
合计			¥	7	1	0	5	0	0	0	0		¥	7	1	0	5	0	0	0	0	

附单据 1 张

会计主管 记账 复核 制单 李欣

图4－12 记账凭证

E．1 月 11 日，签发现金支票从银行提取备用金 1 000 元。

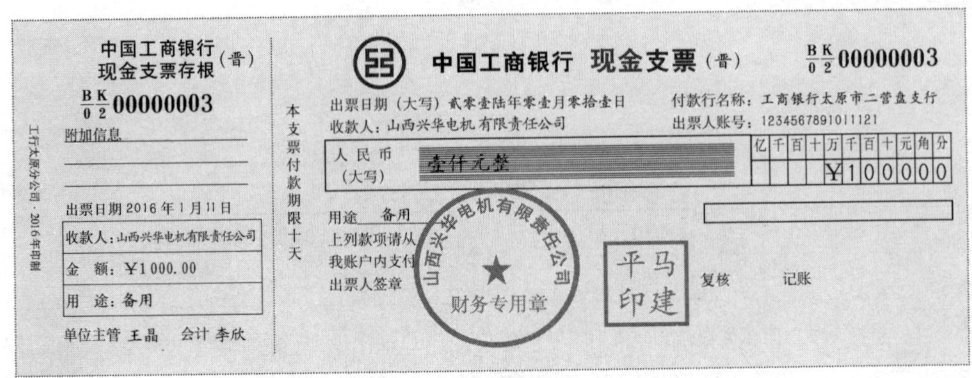

中国工商银行
现金支票存根（晋）
BK
02 00000003
附加信息
出票日期 2016 年 1 月 11 日
收款人：山西兴华电机有限责任公司
金　额：¥1000.00
用　途：备用
单位主管 王晶　　会计 李欣
工行太原分公司 · 2016年印制

本支票付款期限十天

中国工商银行 现金支票（晋）　BK 02 00000003
出票日期（大写）贰零壹陆年零壹月零拾壹日　付款行名称：工商银行太原市二营盘支行
收款人：山西兴华电机有限责任公司　出票人账号：1234567891011121

人民币（大写）	壹仟元整	亿	千	百	十	万	千	百	十	元	角	分
							¥	1	0	0	0	0	0

用途　备用
上列款项请从
我账户内支付
出票人签章　　复核　　记账

图4-13　现金支票

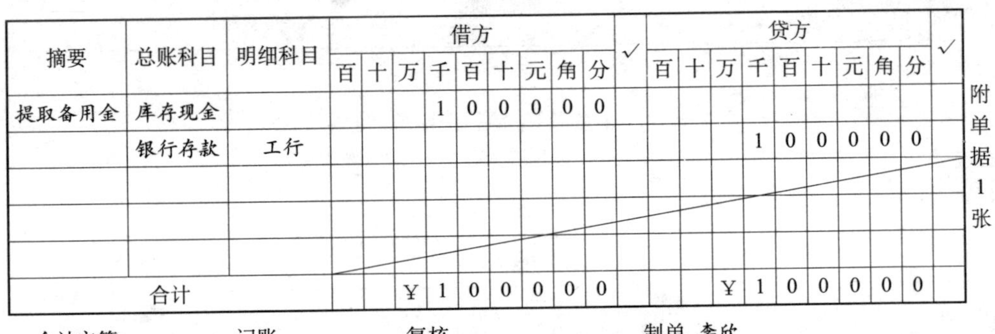

记 账 凭 证

2016年1月11日　　记字第005号

摘要	总账科目	明细科目	借方									✓	贷方									✓
			百	十	万	千	百	十	元	角	分		百	十	万	千	百	十	元	角	分	
提取备用金	库存现金					1	0	0	0	0	0											
	银行存款	工行														1	0	0	0	0	0	
合计					¥	1	0	0	0	0	0				¥	1	0	0	0	0	0	

附单据1张

会计主管　　记账　　复核　　制单 李欣

图4-14　记账凭证

F. 1 月 11 日，用银行存款支付上月职工工资 197 617 元，上交社保机构四险一金 125 530.50 元，其中个人负担为 37 896 元，企业负担部分为 87 634.50 元。

名师指导

企业每月发放工资时，应该根据工资结算表中的实发金额，通过银行转入各个职工的个人账户，同时缴纳各种代扣款项，本笔业务中将由企业负担的社会保险和住房公积金记入“应付职工薪酬——社会保险、住房公积金”的借方，将代扣应由职工负担的社会保险和住房公积金记入“应付职工薪酬——工资”的借方，贷记“银行存款”账户。

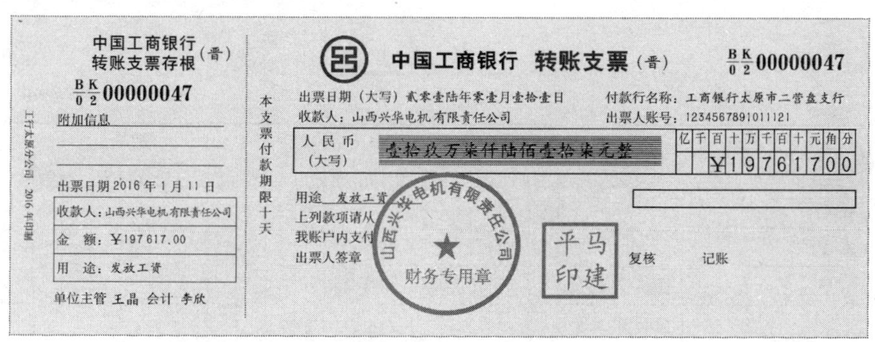

中国工商银行
转账支票存根（晋）
BK 02 00000047
附加信息
出票日期 2016 年 1 月 11 日
收款人：山西兴华电机有限责任公司
金　额：￥197 617.00
用　途：发放工资
单位主管 王晶 会计 李欣
工行太原分公司·2016年印制

中国工商银行　转账支票（晋）　BK 02 00000047
本支票付款期限十天
出票日期（大写）贰零壹陆年零壹月壹拾壹日　付款行名称：工商银行太原市二营盘支行
收款人：山西兴华电机有限责任公司　出票人账号：1234567891011121

人民币（大写）	亿	千	百	十	万	千	百	十	元	角	分
壹拾玖万柒仟陆佰壹拾柒元整			￥	1	9	7	6	1	7	0	0

用途 发放工资
上列款项请从
我账户内支付
出票人签章
山西兴华电机有限责任公司 财务专用章
平马 印建
复核　记账

图4-15　转账支票

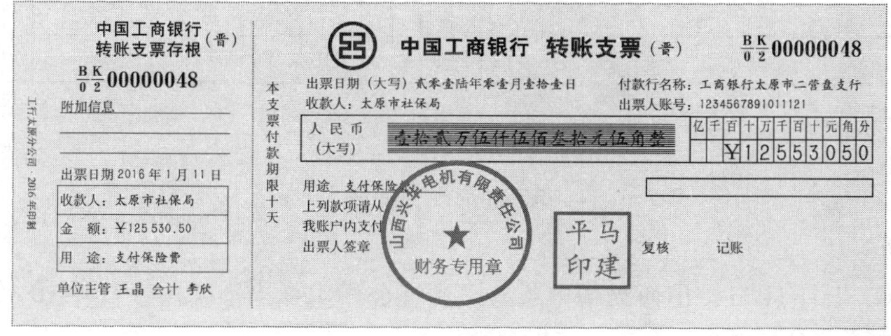

中国工商银行
转账支票存根（晋）
BK 02 00000048
附加信息
出票日期 2016 年 1 月 11 日
收款人：太原市社保局
金　额：￥125 530.50
用　途：支付保险费
单位主管 王晶 会计 李欣
工行太原分公司·2016年印制

中国工商银行　转账支票（晋）　BK 02 00000048
本支票付款期限十天
出票日期（大写）贰零壹陆年零壹月壹拾壹日　付款行名称：工商银行太原市二营盘支行
收款人：太原市社保局　出票人账号：1234567891011121

人民币（大写）	亿	千	百	十	万	千	百	十	元	角	分
壹拾贰万伍仟伍佰叁拾元伍角整			￥	1	2	5	5	3	0	5	0

用途 支付保险费
上列款项请从
我账户内支付
出票人签章
山西兴华电机有限责任公司 财务专用章
平马 印建
复核　记账

图4-16　转账支票

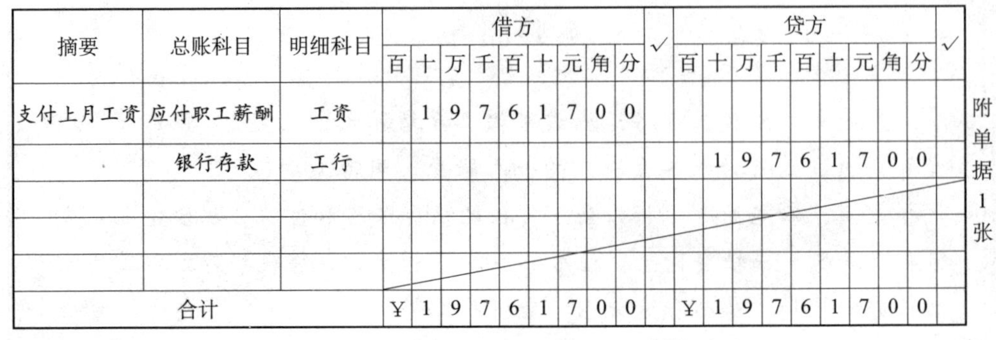

记 账 凭 证

2016年1月11日　　　　记字第006号

摘要	总账科目	明细科目	借方									✓	贷方									✓
			百	十	万	千	百	十	元	角	分		百	十	万	千	百	十	元	角	分	
支付上月工资	应付职工薪酬	工资		1	9	7	6	1	7	0	0											
	银行存款	工行												1	9	7	6	1	7	0	0	
合计			¥	1	9	7	6	1	7	0	0		¥	1	9	7	6	1	7	0	0	

附单据1张

会计主管　　记账　　复核　　制单 李欣

图4-17　记账凭证

记 账 凭 证

2016年1月11日　　　　记字第007号

摘要	总账科目	明细科目	借方									✓	贷方									✓
			百	十	万	千	百	十	元	角	分		百	十	万	千	百	十	元	角	分	
上缴上月四险一金	应付职工薪酬	社会保险			7	5	7	9	2	0	0											
		住房公积金			1	1	8	4	2	5	0											
		应付职工薪酬——工资			3	7	8	9	6	0	0											
	银行存款	工行												1	2	5	5	3	0	5	0	
合计			¥	1	2	5	5	3	0	5	0		¥	1	2	5	5	3	0	5	0	

附单据1张

会计主管　　记账　　复核　　制单 李欣

图4-18　记账凭证

G．1月11日，山西兴华电机有限责任公司委托当地开户银行将10 000元采购资金汇往采购地银行开设采购专户。

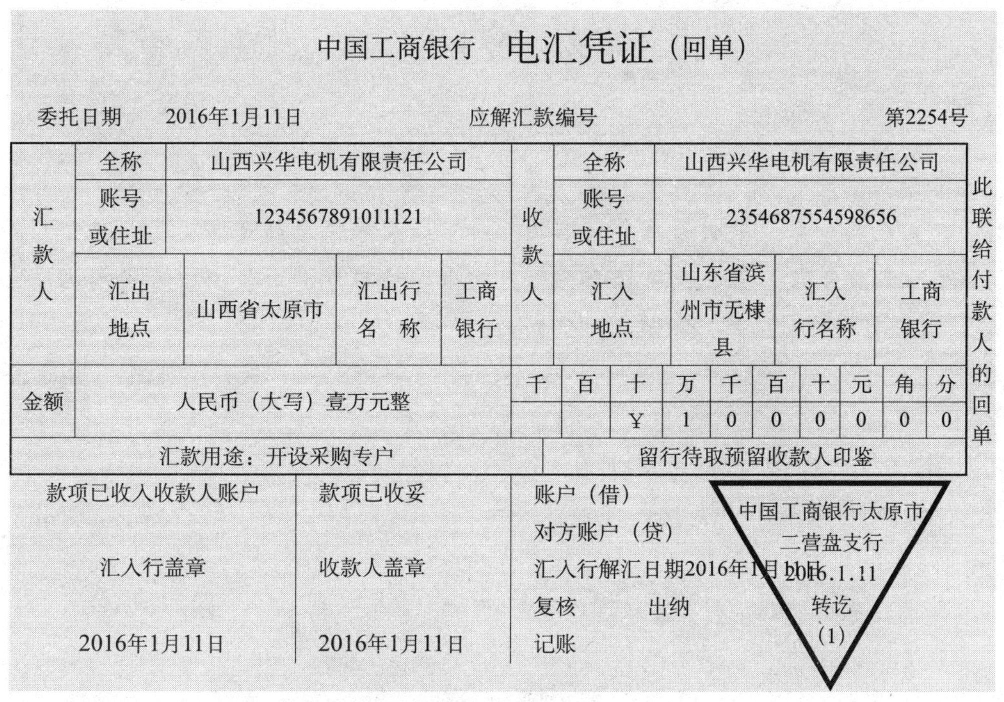

中国工商银行 电汇凭证（回单）

委托日期 2016年1月11日 应解汇款编号 第2254号

汇款人	全称	山西兴华电机有限责任公司			收款人	全称	山西兴华电机有限责任公司		
	账号或住址	1234567891011121				账号或住址	2354687554598656		
	汇出地点	山西省太原市	汇出行名称	工商银行		汇入地点	山东省滨州市无棣县	汇入行名称	工商银行

金额	人民币（大写）壹万元整	千	百	十	万	千	百	十	元	角	分
				¥	1	0	0	0	0	0	0

汇款用途：开设采购专户 留行待取预留收款人印鉴

此联给付款人的回单

款项已收入收款人账户

汇入行盖章

2016年1月11日

款项已收妥

收款人盖章

2016年1月11日

账户（借）

对方账户（贷）

汇入行解汇日期2016年1月11日

复核 出纳

记账

中国工商银行太原市二营盘支行 2016.1.11 转讫 (1)

图4-19 电汇凭证

记 账 凭 证

2016年1月11日 记字第008号

摘要	总账科目	明细科目	借方									✓	贷方									✓
			百	十	万	千	百	十	元	角	分		百	十	万	千	百	十	元	角	分	
汇款到外地开设采购专户	其他货币资金	外埠存款			1	0	0	0	0	0	0											
	银行存款	工行													1	0	0	0	0	0	0	
合计				¥	1	0	0	0	0	0	0			¥	1	0	0	0	0	0	0	

附单据1张

会计主管 记账 复核 制单 李欣

图4-20 记账凭证

名师指导

企业到外地进行临时或零星采购时，需要在采购地银行开立采购专户，企业可将款项委托当地银行汇往采购地开立采购专户。采购专户只付不收，付完结束账户，如有余款的，汇回企业开户银行。当企业委托当地银行向采购地银行汇出款项时需要借记“其他货币资金”账户，贷记“银行存款”账户。

H. 1 月 12 日，根据合同协议，山西兴华电机有限责任公司预付山西瑞昌实业有限公司材料款 60 000 元。

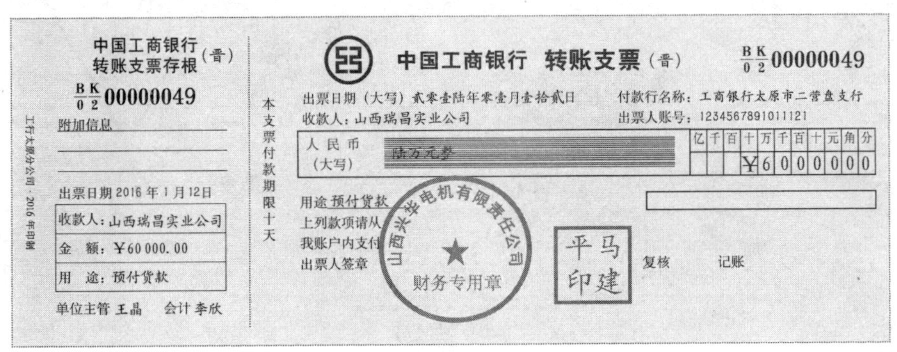

中国工商银行 转账支票存根（晋）

BK 02 00000049

附加信息

出票日期 2016 年 1 月 12日

收款人：山西瑞昌实业公司

金　额：¥60 000.00

用　途：预付货款

单位主管 王晶　　会计 李欣

工行太原分公司 · 2016 年印制

本支票付款期限十天

中国工商银行 转账支票（晋）　BK 02 00000049

出票日期（大写）贰零壹陆年零壹月壹拾贰日　付款行名称：工商银行太原市二营盘支行

收款人：山西瑞昌实业公司　出票人账号：1234567891011121

人民币（大写）	陆万元整	亿	千	百	十	万	千	百	十	元	角	分
					¥	6	0	0	0	0	0	0

用途 预付货款

上列款项请从

我账户内支付

出票人签章　山西兴华电机有限责任公司 财务专用章　平马 印建　复核　记账

图4-21　转账支票

记 账 凭 证

2016年1月12日　　记字第009号

摘要	总账科目	明细科目	借方 百	十	万	千	百	十	元	角	分	✓	贷方 百	十	万	千	百	十	元	角	分	✓
预付材料款	预付账款	山西瑞昌实业有限公司			6	0	0	0	0	0	0											
	银行存款	工行													6	0	0	0	0	0	0	
合计				¥	6	0	0	0	0	0	0			¥	6	0	0	0	0	0	0	

附单据 1 张

会计主管　　记账　　复核　　制单 李欣

图4-22　记账凭证

I. 1 月 12 日，根据合同协议，山西兴华电机有限责任公司预收山西启程设备有限公司货款 300 000 元。

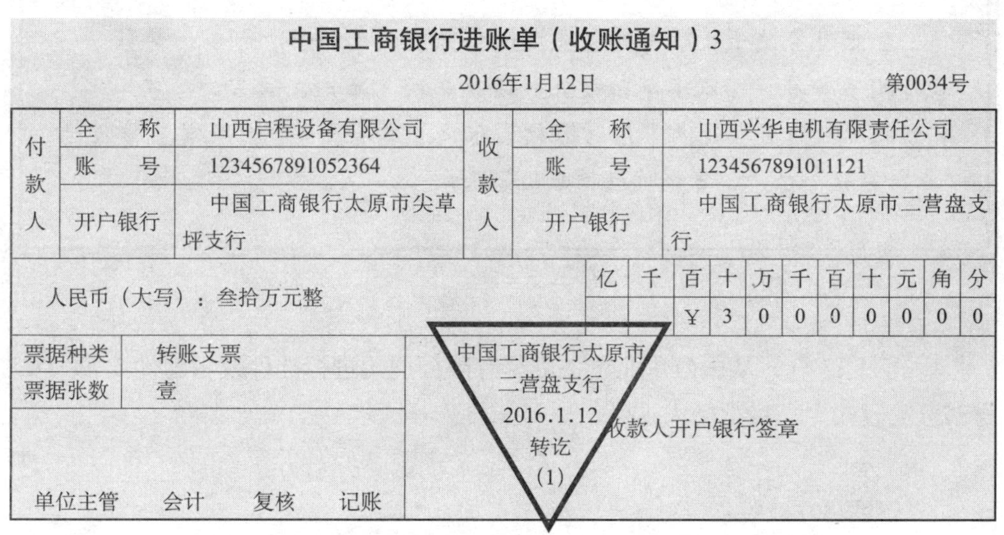

中国工商银行进账单（收账通知）3

2016年1月12日　　　　第0034号

付款人	全　　称	山西启程设备有限公司	收款人	全　　称	山西兴华电机有限责任公司
	账　　号	1234567891052364		账　　号	1234567891011121
	开户银行	中国工商银行太原市尖草坪支行		开户银行	中国工商银行太原市二营盘支行

人民币（大写）：叁拾万元整	亿	千	百	十	万	千	百	十	元	角	分
			¥	3	0	0	0	0	0	0	0

票据种类	转账支票	中国工商银行太原市二营盘支行 2016.1.12 转讫 (1) 收款人开户银行签章
票据张数	壹	
单位主管　会计　复核　记账		

图4-23　中国工商银行进账单

<u>记 账 凭 证</u>

2016年1月12日　　　　记字第010号

摘要	总账科目	明细科目	借方									✓	贷方									✓
			百	十	万	千	百	十	元	角	分		百	十	万	千	百	十	元	角	分	
预收销货款	银行存款	工行		3	0	0	0	0	0	0	0											
	应收账款	山西启程设备有限公司												3	0	0	0	0	0	0	0	
合计			¥	3	0	0	0	0	0	0	0		¥	3	0	0	0	0	0	0	0	

附单据1张

会计主管　　记账　　复核　　制单 李欣

图4-24　记账凭证

名师指导

企业为了便于反映与购货商之间往来款项的核算，预收货款不多时，可以不单独设置“预收账款”账户，通常将预收的款项直接记入“应收账款”账户。本笔业务发生后就直接借记“银行存款”账户，贷记“应收账款”账户。

J．1月13日，从山西华北设备成套有限公司购进标准件及零配件5 000件，材料已验收入库，货款尚未支付。

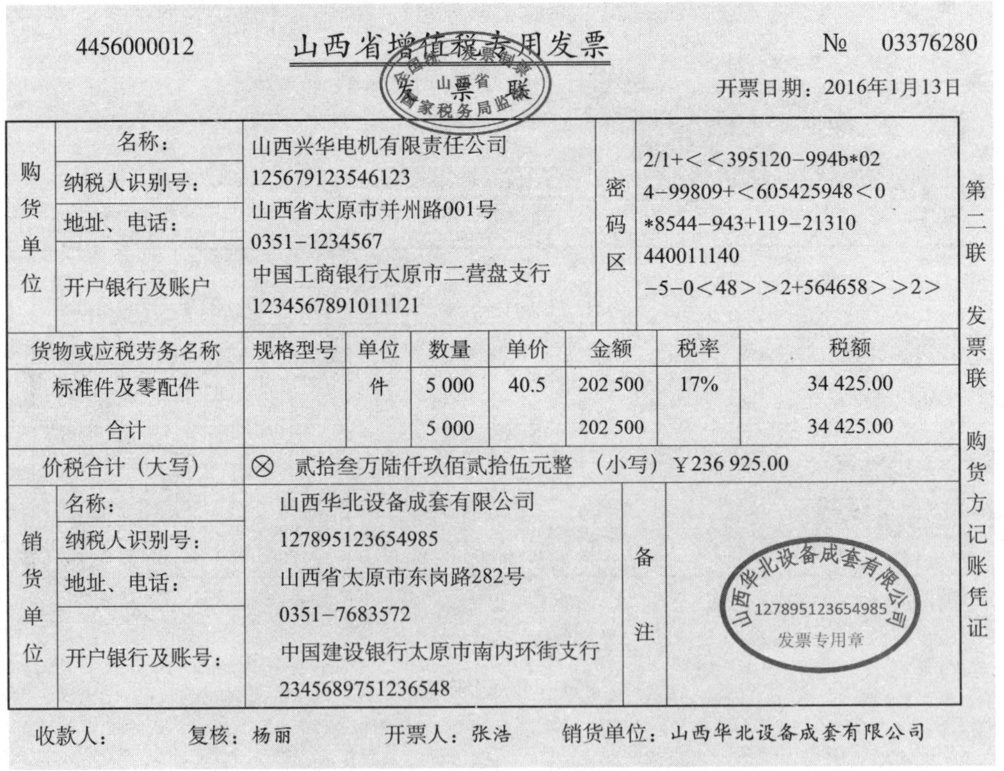

4456000012　　**山西省增值税专用发票**　　№　03376280

发票联

开票日期：2016年1月13日

购货单位			密码区
名称：	山西兴华电机有限责任公司		2/1+<<395120-994b*02
纳税人识别号：	125679123546123		4-99809+<605425948<0
地址、电话：	山西省太原市并州路001号 0351-1234567		*8544-943+119-21310
开户银行及账户	中国工商银行太原市二营盘支行 1234567891011121		440011140 -5-0<48>>2+564658>>2>

货物或应税劳务名称	规格型号	单位	数量	单价	金额	税率	税额
标准件及零配件		件	5 000	40.5	202 500	17%	34 425.00
合计			5 000		202 500		34 425.00
价税合计（大写）	⊗ 贰拾叁万陆仟玖佰贰拾伍元整　（小写）￥236 925.00						

销货单位		备注
名称：	山西华北设备成套有限公司	
纳税人识别号：	127895123654985	
地址、电话：	山西省太原市东岗路282号 0351-7683572	
开户银行及账号：	中国建设银行太原市南内环街支行 2345689751236548	

收款人：　　复核：杨丽　　开票人：张浩　　销货单位：山西华北设备成套有限公司

第二联　发票联　购货方记账凭证

图4-25　增值税专用发票

记 账 凭 证

2016年1月13日　　　　记字第011号

摘要	总账科目	明细科目	借方									✓	贷方									✓
			百	十	万	千	百	十	元	角	分		百	十	万	千	百	十	元	角	分	
购进标准件	原材料	外购零配件（标准件及零配件）		2	0	2	5	0	0	0	0											
	应交税费	应交增值税（进项税）			3	4	4	2	5	0	0											
	应付账款	山西华北液压设备成套有限公司												2	3	6	9	2	5	0	0	
合计			¥	2	3	6	9	2	5	0	0		¥	2	3	6	9	2	5	0	0	

附单据2张

会计主管　　记账　　复核　　制单 李欣

图4-26　记账凭证

K．1月14日，向山西启程设备有限公司销售YR320M一批共200台，售价5 000元/台，货款1 000 000元，增值税率为17%，税款为170 000元，向购货方开出增值税专用发票价税合计1 170 000元。货已发出，收到银行转来的补付货款的收账通知。

4400011140　　山西省增值税专用发票　　№　03355481

记 账 联　　（全国统一发票监制章 山西省 国家税务局监制）

开票日期：2016年1月14日

购货单位	名称：	山西启程设备有限公司	密码区	2/1+<<395120-994b*02
	纳税人识别号：	5622132122354456		4-99809+<605425948<0
	地址、电话：	太原市向阳镇向阳村北门外街0351-6512354		*8544-943+119-21310 967321856
	开户银行及账户	中国工商银行太原市尖草坪支行 1234567891052364		-5-0<48>>2+564658>>2>

货物或应税劳务名称	规格型号	单位	数量	单价	金额	税率	税额
YR320M型电机		台	200	5 000	1 000 000	17%	170 000
合计					1 000 000		170 000
价税合计（大写）	⊗ 壹佰壹拾柒万元整　（小写）¥1 170 000.00						

销货单位	名称：	山西兴华电机有限责任公司	备注	（山西兴华电机有限责任公司 125679123546123 发票专用章）
	纳税人识别号：	125679123546123		
	地址、电话：	山西省太原市并州路001号 0351-1234567		
	开户银行及账号：	中国工商银行太原市二营盘支行 1234567891011121		

第四联 记账联 销货方记账凭证

收款人：　　复核：　　开票人：赵芳　　销货单位：山西兴华电机有限责任公司

图4-27　增值税专用发票

中国工商银行　进账单（收账通知）3

2016年1月14日　　第0050号

<table>
<tr><td rowspan="3">付款人</td><td>全　称</td><td>山西启程设备有限公司</td><td rowspan="3">收款人</td><td>全　称</td><td>山西兴华电机有限责任公司</td></tr>
<tr><td>账　号</td><td>1234567891052364</td><td>账　号</td><td>1234567891011121</td></tr>
<tr><td>开户银行</td><td>中国工商银行太原市尖草坪支行</td><td>开户银行</td><td>中国工商银行太原市二营盘支行</td></tr>
<tr><td>金额</td><td>人民币
(大写)</td><td colspan="2">捌拾柒万元整</td><td colspan="2">亿 千 百 十 万 千 百 十 元 角 分
¥ 8 7 0 0 0 0 0 0</td></tr>
<tr><td>票据种类</td><td>转账支票</td><td>票据张数</td><td>壹</td><td colspan="2" rowspan="3">中国工商银行太原市
二营盘支行
2016.1.14
转讫
(1)
收款人开户银行签章</td></tr>
<tr><td>票据号码</td><td colspan="3"></td></tr>
<tr><td colspan="4">复核　　记账</td></tr>
</table>

图4-28　进账单

山西兴华电机有限责任公司电机出库单

2016年1月14日

产品名称	计量单位	数量	单位成本	金额
YR320M型电机	台	200		
合计		200		

销售部门负责人：　　发货人：张莉　　提货人：吴海　　制单：李欣

图4-29　出库单

记账凭证

2016年1月14日　　　　记字第012号

摘要	总账科目	明细科目	借方									✓	贷方									✓
			百	十	万	千	百	十	元	角	分		百	十	万	千	百	十	元	角	分	
销售YR320M产品一批	银行存款	工行		8	7	0	0	0	0	0	0											
	应收账款	山西启程设备有限公司		3	0	0	0	0	0	0	0											
	主营业务收入	YR320M											1	0	0	0	0	0	0	0	0	
	应交税费	应交增值税（销项税额）												1	7	0	0	0	0	0	0	
合计			1	1	7	0	0	0	0	0	0		1	1	7	0	0	0	0	0	0	

附单据2张

会计主管　　记账　　复核　　制单 李欣

图4-30　记账凭证

名师指导

货物对外销售后，应该确认当期收入和增值税销项税额，同时冲销对方企业预付的部分货款和确认收到的货款。本笔业务中对方预付货款时记入应收账款的贷方，现在发出货物确认销售收入时就应该冲销对方预付的货款，记入“应收账款”的借方，将收到的补付货款记入“银行存款”的借方；同时贷记“主营业务收入”和“应交税费——应交增值税（销项税额）”账户。

L．1月15日，从山西瑞昌实业有限公司购进铝板材7 000千克，材料已验收入库，通过转账支票补付剩余货款91 515元。

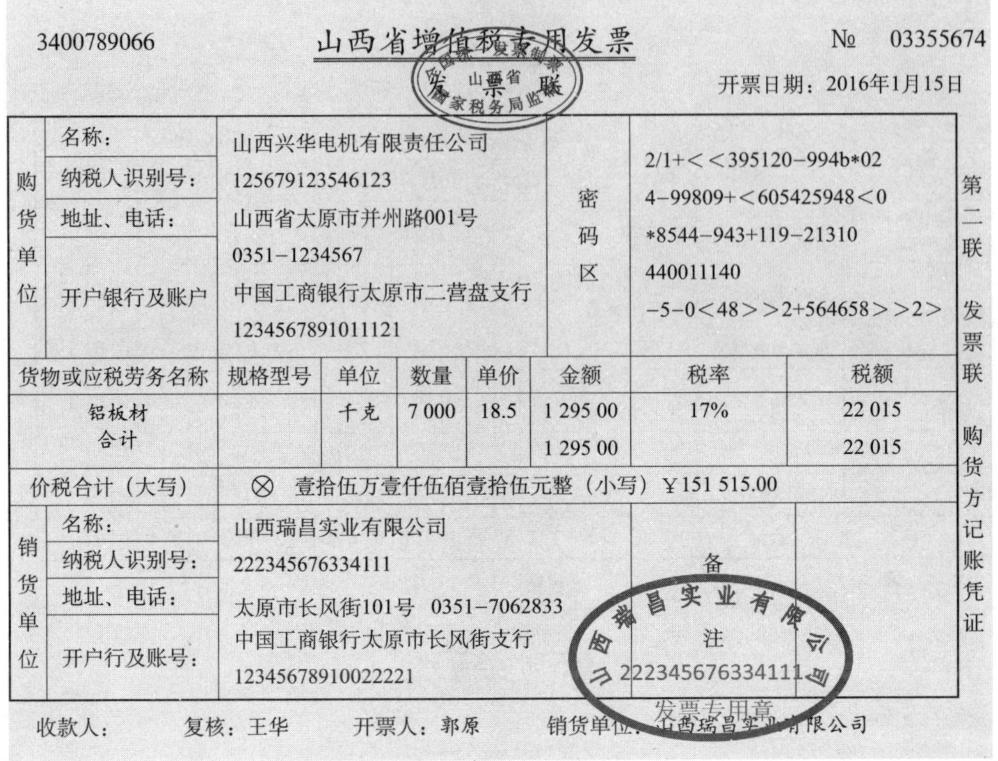
3400789066　　山西省增值税专用发票　　№ 03355674

发票联

开票日期：2016年1月15日

购货单位	名称：山西兴华电机有限责任公司 纳税人识别号：125679123546123 地址、电话：山西省太原市并州路001号 0351-1234567 开户银行及账户：中国工商银行太原市二营盘支行 1234567891011121				密码区	2/1+<<395120-994b*02 4-99809+<605425948<0 *8544-943+119-21310 440011140 -5-0<48>>2+564658>>2>		
货物或应税劳务名称	规格型号	单位	数量	单价	金额	税率	税额	
铝板材		千克	7 000	18.5	1 295 00	17%	22 015	
合计					1 295 00		22 015	
价税合计（大写）	⊗ 壹拾伍万壹仟伍佰壹拾伍元整（小写）￥151 515.00							
销货单位	名称：山西瑞昌实业有限公司 纳税人识别号：222345676334111 地址、电话：太原市长风街101号 0351-7062833 开户行及账号：中国工商银行太原市长风街支行 12345678910022221				备注			

收款人：　复核：王华　开票人：郭原　销货单位：山西瑞昌实业有限公司

第二联 发票联 购货方记账凭证

图4-31　增值税专用发票

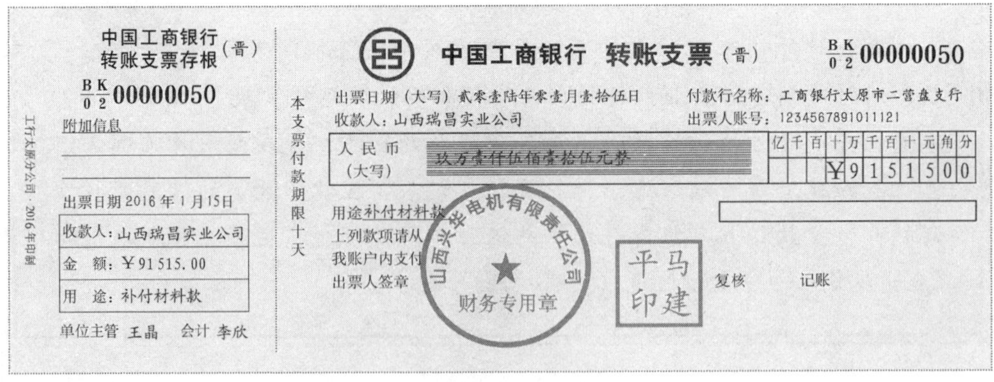
中国工商银行 转账支票存根（晋）

BK/02 00000050

附加信息

出票日期 2016 年 1 月15日

收款人：山西瑞昌实业公司

金　额：￥91 515.00

用　途：补付材料款

单位主管 王晶　会计 李欣

中国工商银行 转账支票（晋）　BK/02 00000050

本支票付款期限十天

出票日期（大写）贰零壹陆年零壹月壹拾伍日　付款行名称：工商银行太原市二营盘支行

收款人：山西瑞昌实业公司　出票人账号：1234567891011121

人民币（大写）	玖万壹仟伍佰壹拾伍元整	亿	千	百	十	万	千	百	十	元	角	分
					￥	9	1	5	1	5	0	0

用途补付材料款

上列款项请从

我账户内支付

出票人签章　　复核　　记账

图 4 –32　转账支票

记 账 凭 证

2016年1月15日　　　　　　　　记字第013号

摘要	总账科目	明细科目	借方									✓	贷方									✓
			百	十	万	千	百	十	元	角	分		百	十	万	千	百	十	元	角	分	
购进铝板材	原材料	辅助材料（铝板材）		1	2	9	5	0	0	0	0											
	应交税费	应交增值税（进项税额）			2	2	0	1	5	0	0											
	银行存款	工行													9	1	5	1	5	0	0	
	预付账款	山西瑞昌实业有限公司													6	0	0	0	0	0	0	
合计			¥	1	5	1	5	1	5	0	0		¥	1	5	1	5	1	5	0	0	

附单据2张

会计主管　　　记账　　　复核　　　制单 李欣

图4-33　记账凭证

M. 1月16日，向陕西铭牌设备公司销售YR320S一批80台，售价17 000元/台，共计1 360 000元，增值税231 200元，价税合计1 591 200元，以银行存款代垫运费5 000元，已办好托收手续。

4400356678　　　**山西省增值税专用发票**　　　№　03458211

记账联　　　（全国统一发票监制章 山西 国家税务局监制）

开票日期　2016年1月16日

购货单位	名称：	陕西铭牌设备公司				密码区	2/<1<+<<395120−994b*02 4−99809+<−605425948<0 *8544−943+119−21310 926743859 −5−0<48>>2+564658>>2>	
	纳税人识别号：	1567843245124567						
	地址、电话：	陕西省西安市大南门街28号						
	开户银行及账户	中国工商银行西安市大南门街支行						
货物或应税劳务名称	规格型号	单位	数量	单价	金额	税率	税额	
YR320S型电机		台	80	17 000	1 360 000	17%	231 200	
合计					1 360 000		231 200	
价税合计（大写）	⊗ 壹佰伍拾玖万壹仟贰佰元整　（小写）￥1 591 200.00							
销货单位	名称：	山西兴华电机有限责任公司				备注	（山西兴华电机有限责任公司 125679123454612 发票专用章）	
	纳税人识别号：	125679123546123						
	地址、电话：	山西省太原市并州路001号 0351−1234567						
	开户行及账号：	中国工商银行太原市二营盘支行 1234567891011121						

第四联 记账联 销货方记账凭证

收款人：　　复核：张辉　　开票人：赵芳　　销货单位：山西兴华电机有限责任公司

图4-34　增值税专用发票

中国工商银行托收承付凭证（回单） 2　　第0023号

委托日期2016年1月16日　　托收号码：35528

<table>
<tr><td rowspan="3">收款单位</td><td>全　称</td><td>山西兴华电机有限责任公司</td><td rowspan="3">付款单位</td><td>全　称</td><td colspan="2">陕西铭牌设备公司</td></tr>
<tr><td>账　号</td><td>1234567891011121</td><td>账　号</td><td colspan="2">4567843245124567</td></tr>
<tr><td>开户银行</td><td>中国工商银行太原市二营盘支行</td><td>开户银行</td><td colspan="2">中国工商银行西安市大南门街支行</td></tr>
<tr><td>金额</td><td colspan="4">人民币（大写）　⊗ 壹佰伍拾玖万陆仟贰佰元整</td><td colspan="2">千 百 十 万 千 百 十 元 角 分
¥ 1 5 9 6 2 0 0 0 0</td></tr>
<tr><td colspan="2">附　件</td><td colspan="2">商品发运情况</td><td>合同号码</td><td colspan="2">01-1263</td></tr>
<tr><td>附寄单证张数或册数</td><td>叁</td><td colspan="2">已发送</td><td colspan="3"></td></tr>
<tr><td colspan="2">备注</td><td colspan="2">上列款项已由付款单位开户行全额划回并收入你方账户内。
中国工商银行太原市二营盘支行
2016.1.16
收讫
(1)
（收款单位开户行盖章）</td><td colspan="3">科目
对方科目
转账　　年　月　日
单位主管　　会计
复核　　记账</td></tr>
</table>

图4-35　托收承付回单

公路、内河货物运输业统一发票

全国统一发票监制章 浙江省国家税务局监制

发票联

232000910120114480489048
发票代码：14581256
发票号码：36251478

开票日期　2016年1月16日

机打代码 机打号码 机器编号	817852 354786952656 364159	税控码	01>6838414/4-2<5+8*69>3/706+*8<-291+3 5>4>1+66</++17*//9>2+*8+4//754+9889 7263135<8<07360++8+1+++-11895987*144
收货人及纳税人识别号	陕西铭牌设备公司 1567843245124567	承运人及纳税人识别号	山西速达联运公司 140801017418632
发货人及纳税人识别号	山西兴华电机有限责任公司 125679123546123	主营税务机关及代码	348936
运输项目及金额	货物名称　YR320S 数量（重量）　80台 单位运价　62.50元 计费里程　500 金额　5 000	其他项目及金额	费用名称　金额　　备注
运费小计	￥5 000.00	其他费用小计	￥
合计（大写）	人民币伍仟元整	（小写）￥5 000.00	

山西速达联运公司 140801017418632 发票专用章

承运人盖章　　　　开票人：刘洋

云版公司印制江苏省地方税务局

第一联　发票联　付款方记账凭证（手写无效）

图4-36　发票联

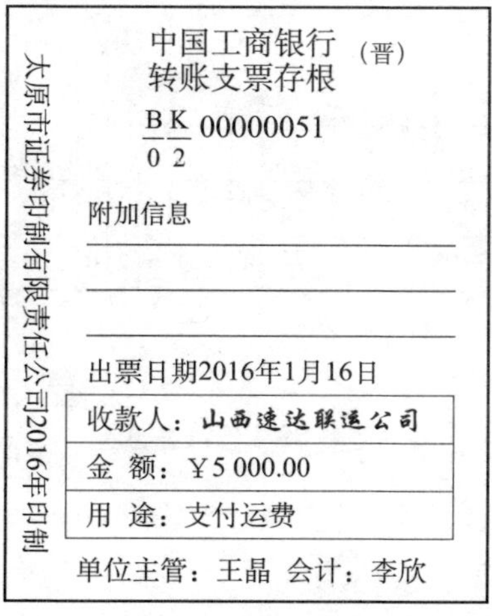
太原市证券印制有限责任公司2016年印制

中国工商银行（晋）
转账支票存根

$\frac{BK}{02}$ 00000051

附加信息

出票日期2016年1月16日

收款人：	山西速达联运公司
金　额：	￥5 000.00
用　途：	支付运费

单位主管：王晶　会计：李欣

图4-37　转账支票存根

山西兴华电机有限责任公司电机出库单

2016年1月16日

产品名称	计量单位	数量	单位成本	金额
YR320S型电机	台	80		
合计		80		

销售部门负责人： 发货人：张莉 提货人：吴海 制单：李欣

图4-38 出库单

记 账 凭 证

2016年1月16日 记字第014号

摘要	总账科目	明细科目	借方									✓	贷方									✓
			百	十	万	千	百	十	元	角	分		百	十	万	千	百	十	元	角	分	
销售YR320S	应收账款	陕西铭牌公司	1	5	9	6	2	0	0	0	0											
	主营业务收入	YR320S											1	3	6	0	0	0	0	0	0	
	应交税费	应交增值税（销项税额）												2	3	1	2	0	0	0	0	
	银行存款															5	0	0	0	0	0	
合计			1	5	9	6	2	0	0	0	0		1	5	9	6	2	0	0	0	0	

附单据5张

会计主管 记账 复核 制单 李欣

图4-39 记账凭证

什么条件下可以使用托收承付呢？

托收承付结算方式只适用于异地订有经济合同的商品交易及相关劳务款项的结算。

《支付结算办法》规定，办理托收承付必须具备以下三个前提条件：一是收付双方使用托收承付结算必须签有符合《合同法》的购销合同，并在合同中注明使用异地托收承付结算方式。二是收款人办理托收，必须具有商品确已发运的证件。三是收付双方办理托收承付结算，必须重合同，守信誉。

N. 1月20日，采购员张少华出差，向财务部门预借差旅费1 000元，支付现金。

借　款　单

2016年1月20日　　字第0001号

借款人	张少华	借款事由	出差预借		
所属部门	管理部门				
借款金额人民币（大写）	壹仟元整	核准金额	人民币 （大写）壹仟元整		
审批意见： 同意借支。　领导人签章：刘强 2016年1月20日	归还期限	现金付讫	归还方式	回来报账	

会计主管：　复核：　出纳：赵芳　借款人：张少华

图4-40　借款单

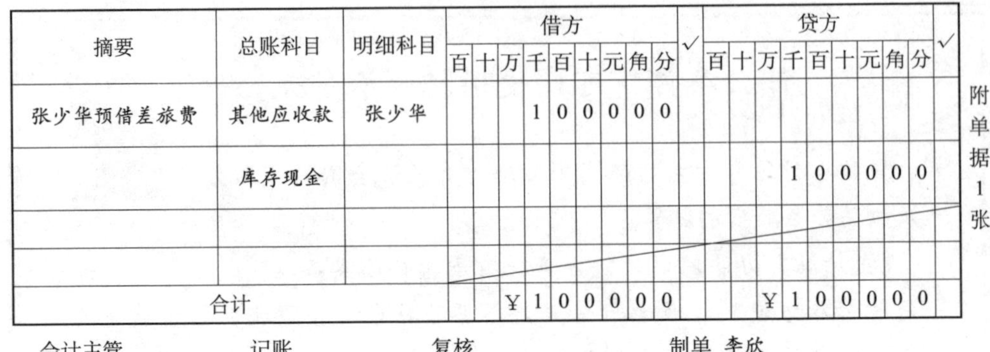

记账凭证

2016年1月20日　　　　记字第015号

摘要	总账科目	明细科目	借方 百	十	万	千	百	十	元	角	分	✓	贷方 百	十	万	千	百	十	元	角	分	✓
张少华预借差旅费	其他应收款	张少华				1	0	0	0	0	0											
	库存现金															1	0	0	0	0	0	
合计					¥	1	0	0	0	0	0				¥	1	0	0	0	0	0	

附单据1张

会计主管　　记账　　复核　　制单 李欣

图4-41　记账凭证

O. 1月21日，银行转来收账通知，收到陕西铭牌设备公司的货款及代垫运费，共计1 596 200元。

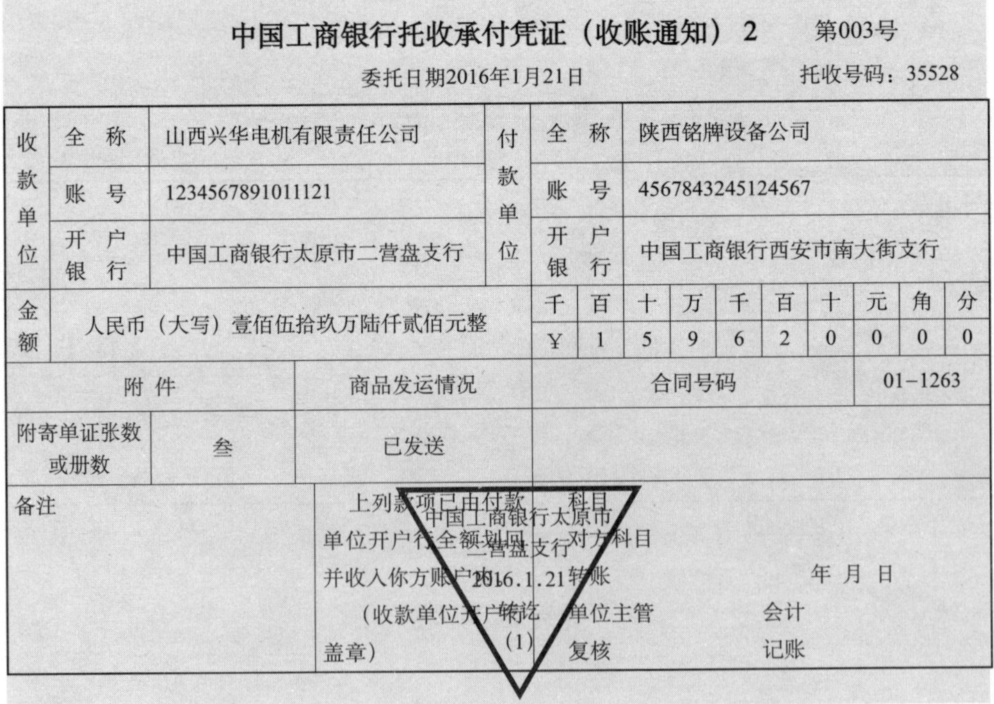

中国工商银行托收承付凭证（收账通知） 2　　第003号

委托日期2016年1月21日　　托收号码：35528

收款单位	全称	山西兴华电机有限责任公司	付款单位	全称	陕西铭牌设备公司
	账号	1234567891011121		账号	4567843245124567
	开户银行	中国工商银行太原市二营盘支行		开户银行	中国工商银行西安市南大街支行

金额	人民币（大写）壹佰伍拾玖万陆仟贰佰元整	千	百	十	万	千	百	十	元	角	分
		¥	1	5	9	6	2	0	0	0	0

附件		商品发运情况	合同号码	01-1263
附寄单证张数或册数	叁	已发送		

备注

上列款项已由付款单位开户行全额划回并收入你方账户内。（收款单位开户行盖章）

中国工商银行太原市二营盘支行 2016.1.21 转讫 (1)

科目　对方科目　转账　年 月 日　单位主管　会计　复核　记账

图4-42　托收承付收账通知

记 账 凭 证

2016年1月21日　　　　　　记字第016号

摘要	总账科目	明细科目	借方									✓	贷方									✓
			百	十	万	千	百	十	元	角	分		百	十	万	千	百	十	元	角	分	
收到销售货款	银行存款	工行	1	5	9	6	2	0	0	0	0											
	应收账款	陕西铭牌公司											1	5	9	6	2	0	0	0	0	
合计			1	5	9	6	2	0	0	0	0		1	5	9	6	2	0	0	0	0	

附单据1张

会计主管　　记账　　复核　　制单 李欣

图4-43　记账凭证

4.1.2　企业资产业务的账务处理

A．1月14日，企业销售电机领用包装物4 500元，包装物随同电机出售不单独计价。

领料单

领料单位：销售部　　　　凭证编号：001

用　　途：销售电机领用　　2016年1月14日　　发料仓库：2号仓库

材料类别	材料编号	材料名称及规格	计量单位	数量		单价	金额（元）
				请领	实发		
		包装物	件	300	300	15	4 500
备注		合计					4 500

仓库负责人：　　经办人：张彦　　领料人：刘伟

图4-44　领料单

名师指导

包装物一次性领用、一次性消耗的，其价值一次记入有关成本、费用中。如果是生产部门领用的且构成产品组成部分的，应该记入产品生产成本；随同产品出售不单独计价的，在其发出时按照实际成本记入“销售费用”；随同产品出售单独计价的，在其随商品出售时记入“其他业务收入”。本笔业务包装物随同电机出售不单独计价，借方记入“销售费用”，贷方记入“周转材料”。

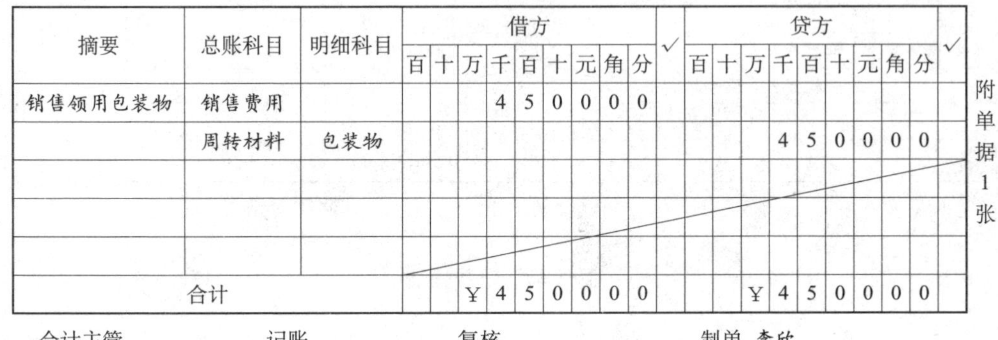

记账凭证

2016年1月14日　　　　记字第017号

摘要	总账科目	明细科目	借方									✓	贷方									✓
			百	十	万	千	百	十	元	角	分		百	十	万	千	百	十	元	角	分	
销售领用包装物	销售费用					4	5	0	0	0	0											
	周转材料	包装物														4	5	0	0	0	0	
合计					¥	4	5	0	0	0	0				¥	4	5	0	0	0	0	

附单据1张

会计主管　　记账　　复核　　制单 李欣

图4-45　记账凭证

B．1月15日，收到上月26日购进的矽钢片100 000千克，全部验收入库。

收料单

供应单位：山西大光明设备公司　　　　收料仓库：1号仓库

发票号码：　　　　2016年1月15日　　　　第001号

材料编号	材料名称	规格	单位	数量		金额			
				应收	实收	单价	金额	运费	合计
	矽钢片		千克	100 000	100 000	10.20	1 020 000		1 020 000
合计							1 020 000		1 020 000

②会计记账联

仓库负责人：　　　　经办人：张宏　　　　收料人：李敏

图4-46　收料单

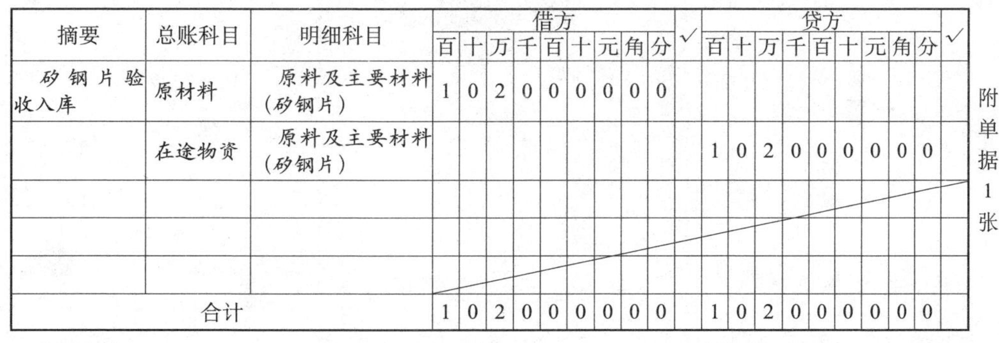

记 账 凭 证

2016年1月15日　　　　记字第018号

摘要	总账科目	明细科目	借方									✓	贷方									✓
			百	十	万	千	百	十	元	角	分		百	十	万	千	百	十	元	角	分	
矽钢片验收入库	原材料	原料及主要材料（矽钢片）	1	0	2	0	0	0	0	0	0											
	在途物资	原料及主要材料（矽钢片）											1	0	2	0	0	0	0	0	0	
合计			1	0	2	0	0	0	0	0	0		1	0	2	0	0	0	0	0	0	

附单据1张

会计主管　　记账　　复核　　制单 李欣

图4-47 记账凭证

C．1月21日，管理部门从太原市腾达办公设备公司购进了一批电脑和打印机，开具转账支票支付货款。

3380956235　　**山西省增值税专用发票**　　№ 03656325

发票联　　（山西省国家税务局监制）

开票日期：2016年1月21日

购货单位		密码区
名称：	山西兴华电机有限责任公司	2/1+<<395120-994b*02
纳税人识别号：	125679123546123	4-99809+<605425948<0
地址、电话：	山西省太原市并州路001号 0351-1234567	*8544-943+119-21310
开户银行及账户	中国工商银行太原市二营盘支行 1234567891011121	440011140 -5-0<48>>2+564658>>2>

货物或应税劳务名称	规格型号	单位	数量	单价	金额	税率	税额
电脑		台	14	5 000	70 000	17%	11 900
打印机		台	7	5 000	35 000	17%	5 950
合计					105 000		17 850
价税合计（大写）	⊗ 拾贰万贰仟捌佰伍拾元整　（小写）￥122 850.00						

销货单位		备注
名称：	太原市腾达办公设备销售公司	太原市腾达办公设备公司 147567523654556 发票专用章
纳税人识别号：	147567523654556	
地址、电话：	山西省太原市和平路28号0351-7537221	
开户行及账号：	中国工商银行太原市和平路支行 4875639757836246	

第二联 发票联 购货方记账凭证

收款人：　　复核：李丽　　开票人：张强　　销货单位：太原市腾达办公设备销售公司

图4-48 增值税专用发票

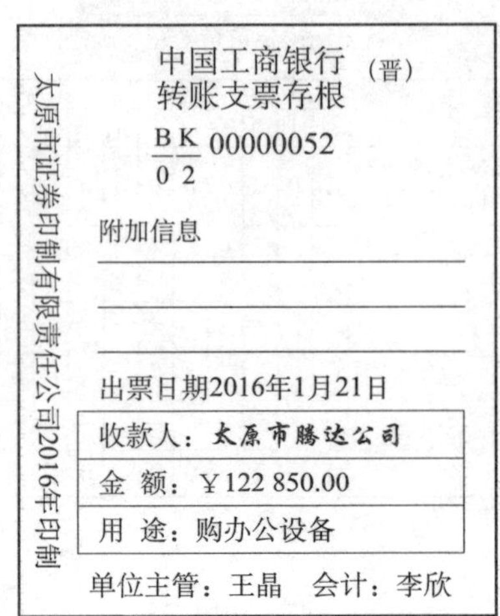

太原市证券印制有限责任公司2016年印制

中国工商银行（晋）
转账支票存根

BK/02 00000052

附加信息

出票日期2016年1月21日

收款人：太原市腾达公司

金 额：¥122 850.00

用 途：购办公设备

单位主管：王晶 会计：李欣

图4-49 转账支票存根

记 账 凭 证

2016年1月21日 记字第019号

摘要	总账科目	明细科目	借方									✓	贷方									✓
			百	十	万	千	百	十	元	角	分		百	十	万	千	百	十	元	角	分	
购进电脑等并付款	固定资产	电脑			7	0	0	0	0	0	0											
		打印机			3	5	0	0	0	0	0											
	应交税费	应交增值税（进项税额）			1	7	8	5	0	0	0											
	银行存款													1	2	2	8	5	0	0	0	
合计			¥	1	2	2	8	5	0	0	0		¥	1	2	2	8	5	0	0	0	

附单据2张

会计主管 记账 复核 制单 李欣

图4-50 记账凭证

D．1 月 21 日，收到上月 30 日购进的铸件 150 000 千克，全部验收入库。

收 料 单

供应单位：山西大光明设备公司　　　　收料仓库：1号仓库

发票号码：　　　　2016年1月21日　　　　第002号

材料编号	材料名称	规格	单位	数量		金额			
				应收	实收	单价	金额	运费	合计
	铸件		千克	150 000	150 000	6.50	975 000		975 000
合计							975 000		975 000

②会计记账联

仓库负责人：　　　　经办人：张宏　　　　收料人：李敏

图4-51　收料单

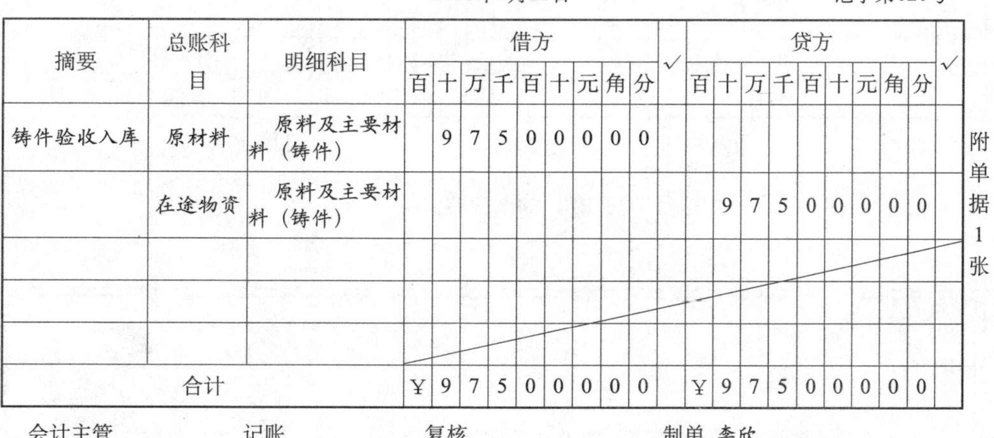

记 账 凭 证

2016年1月21日　　　　记字第020号

摘要	总账科目	明细科目	借方									✓	贷方									✓
			百	十	万	千	百	十	元	角	分		百	十	万	千	百	十	元	角	分	
铸件验收入库	原材料	原料及主要材料（铸件）		9	7	5	0	0	0	0	0											
	在途物资	原料及主要材料（铸件）												9	7	5	0	0	0	0	0	
合计			¥	9	7	5	0	0	0	0	0		¥	9	7	5	0	0	0	0	0	

附单据1张

会计主管　　　　记账　　　　复核　　　　制单 李欣

图4-52　记账凭证

E. 1月21日，机修车间领用机修备件2 000元。

领料单位：机修车间　　**领料单**　　凭证编号：002

用　　途：修理领用　　2016年1月21日　　发料仓库：2号仓库

材料类别	材料编号	材料名称及规格	计量单位	数量		单价	金额（元）
				请领	实发		
		修理备用件	件	10	10	200	2 000
备注		合计					2 000

仓库负责人：　　经办人：张宏　　领料人：王刚

图4-53　领料单

记 账 凭 证

2016年1月21日　　记字第021号

摘要	总账科目	明细科目	借方									✓	贷方									✓
			百	十	万	千	百	十	元	角	分		百	十	万	千	百	十	元	角	分	
机修车间领用备品备件	辅助生产成本					2	0	0	0	0	0											
	原材料	外购零配件（备品备件）														2	0	0	0	0	0	
合计					¥	2	0	0	0	0	0				¥	2	0	0	0	0	0	

附单据1张

会计主管　　记账　　复核　　制单 李欣

图4-54　记账凭证

名师指导

企业进行工业性生产发生的各项生产费用，应通过“生产成本”核算。生产成本可以按照基本生产成本和辅助生产成本进行明细核算。但是在实际工作中，企业为了简化核算过程，可以将基本生产成本和辅助生产成本直接变为一级账户核算。该企业就是这样设置账户核算相关生产成本的。在本笔业务中机修车间领用的物品可以直接借记“辅助生产成本”账户，贷记“原材料”账户。

F．1月24日，生产车间领用量具5件，价值2 000元。

领料单位：机修车间　　**领料单**　　凭证编号：003

用　　途：生产领用　　2016年1月24日　　发料仓库：2号仓库

材料类别	材料编号	材料名称及规格	计量单位	数量		单价	金额（元）
				请领	实发		
低值易耗品		量具	件	5	5	400	2 000
备注			合计				2 000

仓库负责人：　　经办人：张宏　　领料人：李红

图4–55　领料单

记 账 凭 证

2016年1月24日　　记字第022号

摘要	总账科目	明细科目	借方									✓	贷方									✓
			百	十	万	千	百	十	元	角	分		百	十	万	千	百	十	元	角	分	
生产车间领用低值易耗品	制造费用					2	0	0	0	0	0											
	周转材料	低值易耗品														2	0	0	0	0	0	
	合计				¥	2	0	0	0	0	0				¥	2	0	0	0	0	0	

附单据1张

会计主管　　记账　　复核　　制单 李欣

图4–56　记账凭证

什么是低值易耗品？

低值易耗品属于劳动资料，可以在生产经营过程中周转使用，不改变其物质形态，其价值在使用过程中因损耗而逐渐转移。实际工作中一般指单位价值较低，使用年限较短，不能作为固定资产核算的劳动资料，如一般工具、专用工具、管理用具、劳动保护用品以及替换设备等。为了简化管理和核算，将低值易耗品列入流动资产的存货类。

G．1 月 31 日，计提本月固定资产折旧。

表4-1 固定资产折旧费计算表

2016年1月31日 单位：元

使用部门	固定资产折旧项目	12月折旧额	12月增加固定资产		12月减少固定资产		1月折旧额
			原值	折旧额	原值	折旧额	
基本生产车间	房屋、建筑物	36 000					36 000
	机器设备	120 000					120 000
	合计	156 000					156 000
机修车间	房屋、建筑物	6 000					6 000
	机器设备	4 000					4 000
	合计	10 000					10 000
销售部	房屋、建筑物	4 000					4 000
	机器设备	12 000					12 000
	合计	16 000					16 000
管理部门	房屋、建筑物	20 000					20 000
	机器设备	48 000					48 000
	合计	68 000					68 000
合计		250 000					250 000

名师指导

企业按规定每月都要计提固定资产折旧。每月计提折旧时一般是通过编制“固定资产折旧计算表”来完成的。具体计算时，可以在上月计提折旧的基础上，对上月固定资产的增减情况进行调整后计算当月计提的折旧额。该企业上月没有发生固定资产的增减变动，可以直接根据上月数据编制折旧费用分配表，计提本月的折旧额。

表4-2 折旧费用分配表

2016年1月31日　　　　单位：元

应借科目		成本或费用项目	合计
制造费用	基本生产车间	折旧费	156 000
辅助生产成本	机修车间	折旧费	10 000
销售费用		折旧费	16 000
管理费用		折旧费	68 000
合计			250 000

记 账 凭 证

2016年1月31日　　　　记字第023号

摘要	总账科目	明细科目	借方									✓	贷方									✓
			百	十	万	千	百	十	元	角	分		百	十	万	千	百	十	元	角	分	
计提本月折旧费用	制造费用	折旧费		1	5	6	0	0	0	0	0											
	辅助生产成本	折旧费			1	0	0	0	0	0	0											
	管理费用	折旧费			6	8	0	0	0	0	0											
	销售费用	折旧费			1	6	0	0	0	0	0											
	累计折旧	折旧费												2	5	0	0	0	0	0	0	
合计			¥	2	5	0	0	0	0	0	0		¥	2	5	0	0	0	0	0	0	

附单据2张

会计主管　　记账　　复核　　制单 李欣

图4-57 记账凭证

H. 1月31日，摊销本月无形资产，摊销额10 000元。

无形资产如何摊销？

无形资产的使用寿命是有限的，应该在其使用寿命期内合理摊销，实际工作中采用直线法摊销。无形资产摊销的起始和停止日期为：当月增加的可使用无形资产，当月开始摊销；当月减少的无形资产，当月不再摊销。

表4-3 无形资产摊销表

2016年1月31日

费用项目	应借科目	本月摊销金额（元）
专利权摊销	管理费用	10 000

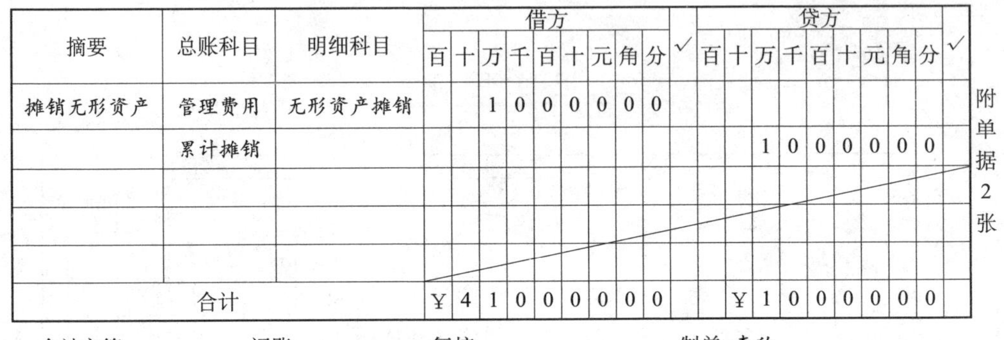

记账凭证

2016年1月31日 记字第024号

摘要	总账科目	明细科目	借方									✓	贷方									✓
			百	十	万	千	百	十	元	角	分		百	十	万	千	百	十	元	角	分	
摊销无形资产	管理费用	无形资产摊销			1	0	0	0	0	0	0											
	累计摊销														1	0	0	0	0	0	0	
合计			¥	4	1	0	0	0	0	0	0			¥	1	0	0	0	0	0	0	

附单据2张

会计主管　　记账　　复核　　制单 李欣

图4-58 记账凭证

I. 月末采用一次加权平均法计算发出材料的总成本。

名师指导

实际工作中，由于发料频繁，发料凭证数量多，一般不直接根据领料凭证编制记账凭证。为了简化核算工作，平时一般只根据领料凭证登记原材料明细账，月末对领料凭证汇总分类后编制“发料凭证汇总表”据以编制记账凭证。月末发出材料的核算有三个步骤：一是月末会计人员根据仓库发来的领料单，计算出发出材料的数量；二是在月末一次加权平均法下会计人员需要根据账簿记录的期初余额和本期购料情况，计算出每种材料的单价；三是根据发出材料的数量和单价确定发出材料的总成本，并按照用途分配材料费用。

a．根据领料单分别按照二级账户编制了三张发料数量汇总表如下（由于篇幅原因，此处略去领料单的原始凭证）。

表4-4 原料及主要材料发料数量汇总表

2016年1月31日

领料单位	材料名称	用途	单位	数量
生产车间	矽钢片	250M	千克	29 437
	矽钢片	250S	千克	49 728
生产车间	定子铜	250M	千克	1 840
	定子铜	250S	千克	3 108
生产车间	铸件	250M	千克	24 528
	铸件	250S	千克	41 440

表4-5 外购零配件发料数量汇总表

2016年1月31日

领料单位	材料名称	用途	单位	数量
生产车间	轴料	250M	千克	368
	轴料	250S	千克	627
生产车间	轴承	250M	套	147
	轴承	250S	套	248
生产车间	标准件及零配件	250M	件	920
	标准件及零配件	250S	件	1 554

表4-6 辅助材料发料数量汇总表

2016年1月31日

领料单位	材料名称	用途	单位	数量
生产车间	绝缘材料	250M	米	3 680
	绝缘材料	250S	米	6 216
生产车间	铝板材	250M	千克	1 470
	铝板材	250S	千克	2 486
生产车间	各类线材	250M	米	1 470
	各类线材	250S	米	2 486

b．采用月末一次加权平均法，计算发出材料的加权平均单位成本。

$$加权平均单位成本=\frac{月初结存材料实际成本+本月购入材料实际成本}{月初材料结存数量+本月购入材料数量}$$

表4-7 加权平均单位成本计算表

金额单位：元

材料名称	期初结存		本月购入		本月合计		
	数量	金额	数量	金额	数量	金额	月末加权平均单价
矽钢片	24 400	239 120	100 000	1 020 000	124 400	1 259 120	10.12
定子铜	6 011	480 880	14 000	1 127 000	20 011	1 607 880	80.35
铸件	10 000	60 000	150 000	975 000	160 000	1 035 000	6.47
轴料	0	0	5 000	400 000	5 000	400 000	80.00
轴承	1 800	180 000	0	0	1 800	180 000	100.00
标准件及零配件	1 750	70 000	5 000	202 500	6 750	272 500	40.37
绝缘材料	45 000	270 000	0	0	45 000	270 000	6.00
铝板材	5 000	77 500	7 000	129 500	12 000	207 000	17.25
各类线材	15 000	150 000	0	0	15 000	150 000	10.00

c．计算发出材料的实际总成本，分配材料费用并编制记账凭证。

表4-8 原料及主要材料费用分配表

2016年1月31日

单位：元

应借科目 应贷科目		基本生产成本						合计
		250M			250S			
		数量	单价	金额	数量	单价	金额	
原材料	矽钢片	29 437	10.12	297 902.44	49 728	10.12	503 247.36	801 149.80
	定子铜	1 840	80.35	147 844.00	3 108	80.35	249 727.80	397 571.80
	铸件	24 528	6.47	158 696.16	41 440	6.47	268 116.80	426 812.96
合计		55 805		604 442.60	94 276		1 021 091.96	1 625 534.56

记账凭证

2016年1月31日　　　　记字第025号

摘要	总账科目	明细科目	借方									✓	贷方									✓	
			百	十	万	千	百	十	元	角	分		百	十	万	千	百	十	元	角	分		
分配材料费用	基本生产成本	250M		6	0	4	4	4	2	6	0												
		250S	1	0	2	1	0	9	1	9	6												附单据1张
	原材料	原料及主要材料（矽钢片）												8	0	1	1	4	9	8	0		
		原料及主要材料（定子铜）												3	9	7	5	7	1	8	0		
		原料及主要材料（铸件）												4	2	6	8	1	2	9	6		
合计			1	6	2	5	5	3	4	5	6		1	6	2	5	5	3	4	5	6		

会计主管　　记账　　复核　　制单 李欣

图4-59　记账凭证

表4-9　外购零配件费用分配表

2016年1月31日　　　　金额单位：元

应贷科目＼应借科目		基本生产成本						合计
		250M			250S			
		数量	单价	金额	数量	单价	金额	
原材料	轴料	368	80.00	29 440	627	80.00	50 160.00	79 600.00
	轴承	147	100.00	14 700	248	100.00	24 800.00	39 500.00
	标准件及零配件	920	40.37	37 140.40	1 554	40.37	62 734.98	99 875.38
合计		1 435		81 280.40	2 429		137 694.98	218 975.38

记账凭证

2016年1月31日　　　　记字第026号

摘要	总账科目	明细科目	借方									✓	贷方									✓	
			百	十	万	千	百	十	元	角	分		百	十	万	千	百	十	元	角	分		
分配外购零配件费用	基本生产成本	250M			8	1	2	8	0	4	0												
		250S		1	3	7	6	9	4	9	8												附单据2张
	原材料	外购零配件（轴料）													7	9	6	0	0	0	0		
		外购零配件（轴承）													3	9	5	0	0	0	0		
		外购零配件（标准件及零配件）													9	9	8	7	5	3	8		
合计			¥	2	1	8	9	7	5	3	8		¥	2	1	8	9	7	5	3	8		

会计主管　　记账　　复核　　制单 李欣

图4-60　记账凭证

表4-10 辅助材料费用分配表

2016年1月31日　　　　金额单位：元

应借科目 / 应贷科目		基本生产成本 250M 数量	250M 单价	250M 总额	250S 数量	250S 单价	250S 总额	合计
原材料	绝缘材料	3 680	6.00	22 080.00	6 216	6.00	37 296.00	59 376.00
	铝板材	1 470	17.25	25 357.50	2 486	17.25	42 883.50	68 241.00
	各类线材	1 470	10.00	14 700.00	2 486	10.00	24 860.00	39 560.00
合计		6 620		62 137.50	11 188		105 039.50	167 177.00

记 账 凭 证

2016年1月31日　　　　记字第027号

摘要	总账科目	明细科目	借方（百十万千百十元角分）	✓	贷方（百十万千百十元角分）	✓
分配辅助材料费用	基本生产成本	250M	6213750			
		250S	10503950			
	原材料	辅助材料（绝缘材料）			5937600	
		辅助材料（铝板材）			6824100	
		辅助材料（各类线材）			3956000	
合计			¥16717700		¥16717700	

附单据1张

会计主管　　记账　　复核　　制单 李欣

图4-61 记账凭证

4.1.3 企业日常其他业务的账务处理

A．1月21日，公司5名技术人员参加市里组织的技术交流会议，报销费用11 000元。

山西省地方税收通用发票（电子）　　电子发票 手写无效

发票联

发票代码244001102171

开票日期　2016年1月21日　15：53：25　　　　发票号码09804513

防伪码	1123868616096651426565543		
付款方	山西兴华电机有限责任公司	身份证号/组织机构代码/纳税人识别号	125679123546123
收款方	山西冠文科技公司	身份证号/组织机构代码/纳税人识别号	40356951260421
项　目		金 额	备 注
会议费		10 000.00	
资料费		1 000.00	
合计金额（大写）：人民币壹万壹仟元整		（小写）：￥11 000.00	
查询网址：http://www.sxgw.gov.cn	主管税务机关代码	太原市地方税务局	

发票联　付款方付款凭证

NO：244001102171　　开票人：牛丽　　收款方盖章

（印章：山西冠文科技公司 40356951260421 发票专用章）

图4-62　发票联

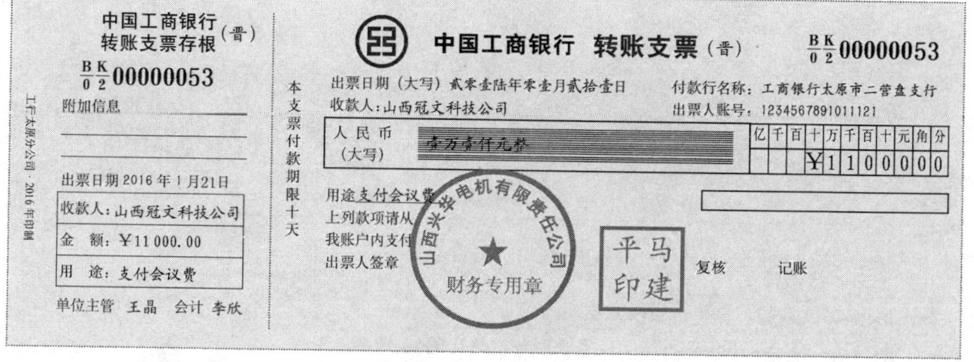

中国工商银行（晋）转账支票存根

BK 02 00000053

附加信息

出票日期 2016 年 1 月21日

收款人：山西冠文科技公司

金　额：￥11 000.00

用　途：支付会议费

单位主管　王晶　会计　李欣

中国工商银行　转账支票（晋）　BK 02 00000053

本支票付款期限十天

出票日期（大写）贰零壹陆年零壹月贰拾壹日　付款行名称：工商银行太原市二营盘支行

收款人：山西冠文科技公司　出票人账号：1234567891011121

人民币（大写）	亿	千	百	十	万	千	百	十	元	角	分
壹万壹仟元整				￥	1	1	0	0	0	0	0

用途支付会议费

上列款项请从我账户内支付

出票人签章　（印章：山西兴华电机有限责任公司 财务专用章）（平马印建）　复核　记账

图4-63　转账支票存根

记 账 凭 证

2016年1月21日　　　　记字第028号

摘要	总账科目	明细科目	借方 百	十	万	千	百	十	元	角	分	✓	贷方 百	十	万	千	百	十	元	角	分	✓
报销公司人员参会费用	管理费用	会议费			1	1	0	0	0	0	0											
	银行存款														1	1	0	0	0	0	0	
合计				¥	1	1	0	0	0	0	0			¥	1	1	0	0	0	0	0	

附单据1张

会计主管　　记账　　复核　　制单 李欣

图4-64 记账凭证

B．1月21日，管理部门以现金780元购入日常办公用品。

山西省地方税收通用发票（电子）　　电子发票 手写无效

发票联

发票代码244001102171

发票号码09804513

开票日期 2016年1月21日 8：35：16

防伪码	1123868616096651426565543		
付款方	山西兴华电机有限责任公司	身份证号/组织机构代码/纳税人识别号	125679123546123
收款方	太原市立文办公用品公司	身份证号/组织机构代码/纳税人识别号	4365423551234567
项 目		金 额	备 注
办公用品		780.00	
合计金额（大写）：柒佰捌拾元整		（小写）¥780.00	
查询网址：http://www.sxlw.gov.cn	主管税务机关代码	太原市地方税务局	

NO：244001102171　　开票人：任强　　收款方盖章

发票联　付款方付款凭证

图4-65 通用电子发票

名师指导

办公用品属于低值易耗品，企业购买办公用品如果价值不高，采用一次摊销法，直接计入当期费用；如果价值较高且使用时间长，可以采用“五五摊销法”。此项业务所购办公用品价值不高，属于日常消耗，记入“管理费用”的借方和“库存现金”的贷方。

记账凭证

2016年1月21日　　　　记字第029号

摘要	总账科目	明细科目	借方									✓	贷方									✓
			百	十	万	千	百	十	元	角	分		百	十	万	千	百	十	元	角	分	
购买办公用品	管理费用						7	8	0	0	0											
	库存现金																7	8	0	0	0	
合计						¥	7	8	0	0	0					¥	7	8	0	0	0	

附单据1张

会计主管　　记账　　复核　　制单 李欣

图4-66　记账凭证

C. 1月31日，支付本月电话费15 000元。

山西省邮电通信业发票

发票联

2016年1月31日

发票代码 214010841101

发票号码 00988103

号码	0351-1234567	业务种类	转账支付	客户名称	山西兴华电机有限责任公司
总金额（人民币）	大写 壹万伍仟元整			15 000.00	
交款明细项目					
月租费：120.00 市内小计：7 570.00 国内长途小计：7 310.00					

第二联 发票联

图4-67　电话费原始凭证

太原市证券印制有限责任公司2016年印制

中国工商银行 （晋）
转账支票存根

$\frac{BK}{02}$ 00000054

附加信息

出票日期2016年1月31日

收款人：	并州路营业所
金 额：	￥15 000.00
用 途：	支付电话费

单位主管：王晶　会计：李欣

图4-68　转账支票存根

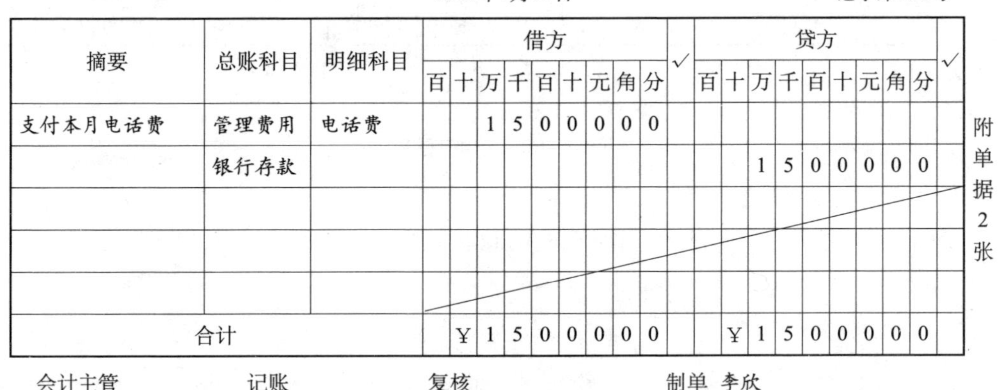

记 账 凭 证

2016年1月31日　　记字第030号

摘要	总账科目	明细科目	借方									✓	贷方									✓
			百	十	万	千	百	十	元	角	分		百	十	万	千	百	十	元	角	分	
支付本月电话费	管理费用	电话费			1	5	0	0	0	0	0											
	银行存款														1	5	0	0	0	0	0	
合计				￥	1	5	0	0	0	0	0			￥	1	5	0	0	0	0	0	

附单据2张

会计主管　　记账　　复核　　制单 李欣

图4-69　记账凭证

D．1月31日，用银行存款支付职工培训学习费2 500元，支付特困职工张万寿医疗补助费3 000元。

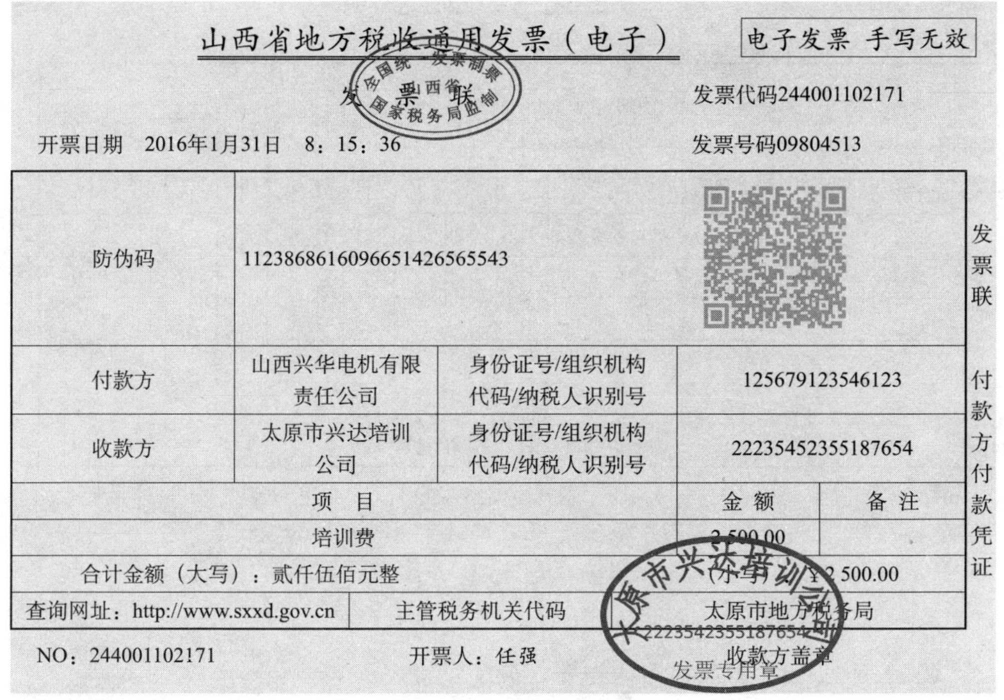

山西省地方税收通用发票（电子）　　电子发票 手写无效

发 票 联

发票代码244001102171

开票日期 2016年1月31日 8：15：36　　发票号码09804513

防伪码	1123868616096651426565543		
付款方	山西兴华电机有限责任公司	身份证号/组织机构代码/纳税人识别号	125679123546123
收款方	太原市兴达培训公司	身份证号/组织机构代码/纳税人识别号	22235452355187654
项 目		金 额	备 注
培训费		2 500.00	
合计金额（大写）：贰仟伍佰元整		（小写）￥2 500.00	
查询网址：http://www.sxxd.gov.cn	主管税务机关代码	太原市地方税务局	

NO：244001102171　　开票人：任强　　收款方盖章

发票联　付款方付款凭证

图4-70 通用电子发票

太原市证券印制有限责任公司2016年印制

中国工商银行（晋）
转账支票存根

$\frac{BK}{02}$ 00000055

附加信息

出票日期2016年1月31日

收款人：兴达培训公司
金 额：￥2 500.00
用 途：支付培训费

单位主管：王晶 会计：李欣

图4-71 转账支票存根

太原市证券印制有限责任公司2016年印制

中国工商银行（晋）
转账支票存根

$\frac{BK}{02}$ 00000056

附加信息

出票日期2016年1月31日

收款人：张万寿
金 额：￥3 000.00
用 途：支付医疗补助

单位主管：王晶 会计：李欣

图4-72 转账支票存根

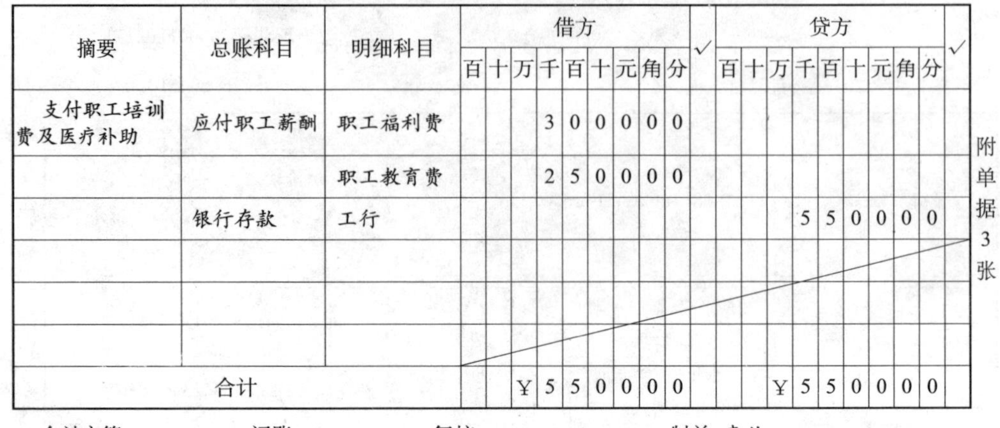

记账凭证

2016年1月31日　　记字第031号

摘要	总账科目	明细科目	借方金额	√	贷方金额	√
支付职工培训费及医疗补助	应付职工薪酬	职工福利费	300000			
		职工教育费	250000			
	银行存款	工行			550000	
合计			¥550000		¥550000	

附单据3张

会计主管　　记账　　复核　　制单 李欣

图4-73　记账凭证

E. 1月31日，结转本月水电费，分配见下表。

表4-11　部门用电清单

2016年1月31日

用电部门	用途	用电量（度）	单价	金额（元）
生产车间	生产用	27 000	0.92	24 840
机修车间	机修用	2 700	0.92	2 484
销售部门	管理用	700	0.92	644
管理部门	管理用	2 200	0.92	2 024
合计		32 600	0.92	29 992

表4-12　部门用水清单

2016年1月31日

用电部门	用途	用水量（吨）	单价	金额（元）
生产车间	生产用	2 600	4.50	11 700
机修车间	机修用	560	4.50	2 520
销售部门	管理用	656	4.50	2 952
管理部门	管理用	1 300	4.50	5 850
合计		5 116	4.50	23 022

名师指导

企业发生的水费、电费应该在每月末根据耗用记录分配记入有关账户，生产产品耗用的计入生产成本，车间耗用的计入制造费用，其他部门耗用的分别计入各受益单位。该企业水电费在成本中所占比重较小，为了简化核算，生产耗用的记入“制造费用”账户和其他相关账户的借方，同时确认负债，贷方记入“应付账款”账户。

表4-13　水电耗费分配表

2016年1月31日　　　　单位：元

应借科目		成本或费用项目	直接计入
制造费用	基本生产车间	水电费	36 540
辅助生产成本	机修车间	水电费	5 004
销售费用		水电费	3 596
管理费用		水电费	7 874
合计			53 014

记 账 凭 证

2016年1月31日　　　　记字第032号

摘要	总账科目	明细科目	借方									✓	贷方									✓
			百	十	万	千	百	十	元	角	分		百	十	万	千	百	十	元	角	分	
结转水电费	制造费用	水电费			3	6	5	4	0	0	0											
	辅助生产成本	水电费				5	0	0	4	0	0											
	销售费用	水电费				3	5	9	6	0	0											
	管理费用	水电费				7	8	7	4	0	0											
	应付账款														5	3	0	1	4	0	0	
合计				¥	5	3	0	1	4	0	0			¥	5	3	0	1	4	0	0	

附单据3张

会计主管　　　记账　　　复核　　　制单 李欣

图4-74　记账凭证

F．1 月 31 日，因仓库维修，临时租入仓库一间，预付 2 月至 6 月的仓库租金 12 000 元。

山西省地方税收通用发票（电子）　　电子发票 手写无效

发　票　联

全国统一发票监制章 山西省 国家税务局监制

发票代码244001102171

开票日期　2016年1月31日　8：15：36　　　　发票号码09804513

防伪码	1123868616096651429565543		
付款方	山西兴华电机有限责任公司	身份证号/组织机构代码/纳税人识别号	12579123546123
收款方	山西大华租赁有限公司	身份证号/组织机构代码/纳税人识别号	225679123586423
项　目		金 额	备 注
租赁费		12 000.00	
合计金额（大写）：壹万贰仟元整		（小写）：￥12 000.00	
查询网址：http://www.sxdh.gov.cn	主管税务机关代码		

发票联 付款方付款凭证

山西大华租赁有限公司 225679123586423 太原市地方税务局 发票专用章

NO：244001102171　　　开票人：任强　　　收款方盖章

图4-75　通用发票

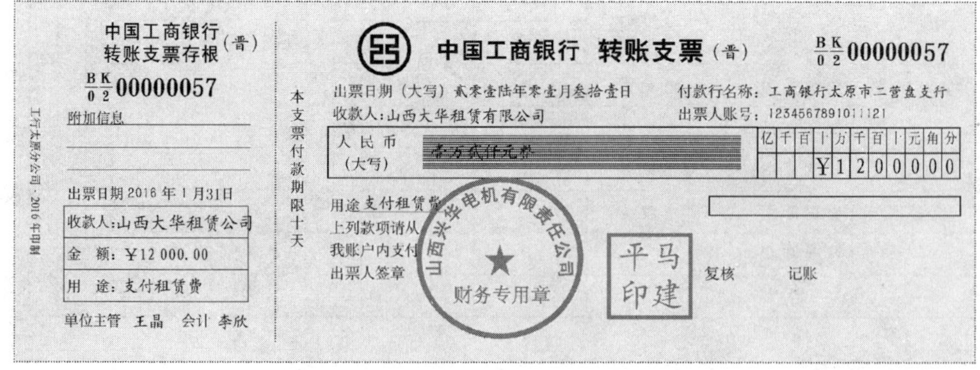
中国工商银行 转账支票存根（晋）

BK 02 00000057

附加信息

出票日期 2016 年 1 月31日

收款人：山西大华租赁公司

金　额：￥12 000.00

用　途：支付租赁费

单位主管　王晶　　会计　李欣

中国工商银行　转账支票（晋）　BK 02 00000057

本支票付款期限十天

出票日期（大写）贰零壹陆年零壹月叁拾壹日　　付款行名称：工商银行太原市二营盘支行

收款人：山西大华租赁有限公司　　出票人账号：1234567891011121

人民币（大写）壹万贰仟元整　　￥1 2 0 0 0 0 0

用途 支付租赁费

上列款项请从

我账户内支付

出票人签章　　山西兴华电机有限责任公司 财务专用章　　平马 印建　　复核　　记账

图4-76　转账支票

记 账 凭 证

2016年1月31日　　　　　　　　　　　　记字第033号

摘要	总账科目	明细科目	借方									✓	贷方									✓
			百	十	万	千	百	十	元	角	分		百	十	万	千	百	十	元	角	分	
支付仓库租赁费	预付账款	租赁费			1	2	0	0	0	0	0											
	银行存款														1	2	0	0	0	0	0	
合计				¥	1	2	0	0	0	0	0			¥	1	2	0	0	0	0	0	

附单据2张

会计主管　　　　记账　　　　复核　　　　制单 李欣

图4-77　记账凭证

G．1月31日，结算本月应付职工薪酬，并计提福利费、工会经费、教育经费、四险一金。

名师指导

职工薪酬具体包括职工工资、奖金和津贴，职工福利费，社会保险费，住房公积金，工会经费和职工教育经费，非货币性福利，辞退福利，股份支付等。

每月末企业应按照劳动工资制度的规定，根据职工考勤、工时、产量等记录，结合工资标准和工资级别等资料，编制"工资单"并据以编制"应付职工薪酬结算汇总表"，核算应付职工的薪酬。其次按照用途分配记入相关成本费用账户，同时确认负债，记入应付职工薪酬账户的贷方。此外，在分配工资时，还应根据国家有关规定提取职工福利费、社会保险费、住房公积金、工会经费和职工教育费，记入相关成本费用账户。

a．根据“工资单”（略）编制“应付职工薪酬结算汇总表”。

表4-14　应付职工薪酬结算汇总表

2016年1月31日　　单位：元

部门	应付职工薪酬				各种扣款				实发数
	基本工资	奖金	津贴	合计	社会保险	住房公积金	个人所得税	合计	
基本生产车间	82 500	8 250	14 400	105 150	11 566.50	5 257.50	288	17 112.00	88 038.00
车间管理人员	3 000	180	180	3 360	369.60	168.00	10	547.60	2 812.40
辅助生产车间	4 620	315	315	5 250	577.50	262.50	10	850.00	4 400.00
销售部门	16 800	1 400	1 400	19 600	2 156.00	980.00	126	3 262.00	16 338.00
管理部门	18 900	1 050	1 050	21 000	2 310.00	1 050.00	468	3 828.00	17 172.00
合计	125 820	11 195	17 345	154 360	16 979.60	7 718.00	902	25 599.60	128 760.40

b．按照职工薪酬计提职工福利等及四险一金，并按照用途分配计入相关成本、费用。

何为四险一金?

四险一金即原来的五险一金，是我们平时所说的社会保险，具体指的是养老保险、医疗保险、生育保险、工伤保险和住房公积金。五险一金是我国员工享有的一项权益，员工在单位就职期间，单位有责任为其投保五险一金，五险一金的保费由单位和职工个人按照一定比例缴纳。缴纳数额是以工资总额为基数，具体比例要向当地的劳动部门咨询，各地缴纳比例不一样。

2016 年 12 月 18 日在中央经济工作会议上提出要精简五险一金降低社保成本，将生育保险纳入医疗保险，并于 2017 年 6 月底前在重庆等 12 个城市启动全并实施试点，今后五险一金将转变为四险一金。

住建部规定从 2016 年 5 月 1 日起，住房公积金缴存比例不得高于 12%，经营困难企业除可以降低缴存比例外，还可以申请暂缓缴存。

表4-15 各项计提汇总表

2016年1月31日　　单位：元

部门	职工薪酬	计提职工福利费（2%）	计提工会经费（2%）	计提职工教育经费（1.5%）	合计
基本生产车间	105 150.00	2 103.00	2 103.00	1 577.25	110 933.25
车间管理人员	3 360.00	67.20	67.20	50.40	3 544.80
辅助生产车间	5 250.00	105.00	105.00	78.75	5 538.75
销售部门	19 600.00	392.00	392.00	294.00	20 678.00
管理部门	21 000.00	420.00	420.00	315.00	22 155.00
合计	154 360.00	3 087.20	3 087.20	2 315.40	162 849.80

表4-16 四险一金计提表

2016年1月31日　　单位：元

部门	职工薪酬	单位负担					个人负担				
		养老保险	医疗保险	失业保险	公积金	合计	养老保险	医疗保险	失业保险	公积金	合计
基本生产车间	105 150	21 030	10 515	2 103.00	5 257.50	38 905.50	8 412.00	2 103.00	1 051.50	5 257.50	16 824.00
车间管理人员	3 360	672	336	67.20	168.00	1 243.20	268.80	67.20	33.60	168.00	537.60
辅助生产车间	5 250	1 050	525	105.00	262.50	1 942.50	420.00	105.00	52.50	262.50	840.00
销售部门	19 600	3 920	1 960	392.00	980.00	7 252.00	1 568.00	392.00	196.00	980.00	3 136.00
管理部门	21 000	4 200	2 100	420.00	1 050.00	7 770.00	1 680.00	420.00	210.00	1 050.00	3 360.00
合计	154 360	30 872	15 436	3 087.20	7 718.00	57 113.20	12 348.80	3 087.20	1 543.60	7 718.00	24 697.60

表4-17 应付职工薪酬汇总表

2016年1月31日　　单位：元

部门	职工薪酬	计提职工福利费	计提工会经费	计提职工教育经费	计提四险一金	合计
基本生产车间	105 150.00	2 103.00	2 103.010	1 577.25	38 905.50	149 838.75
车间管理人员	3 360.00	67.20	67.20	50.40	1 243.20	4 788.00
辅助生产车间	5 250.00	105.00	105.00	78.75	1 942.50	7 481.25
销售部门	19 600.00	392.00	392.00	294.00	7 252.00	27 930.00
管理部门	21 000.00	420.00	420.00	315.00	7 770.00	29 925.00
合计	154 360.00	3 087.20	3 087.20	2 315.40	57 113.20	219 963.00

名师指导

职工薪酬一般可以按照生产工时、机器工时等比例进行分配，该企业由于原材料比重超过80%，所以职工薪酬按照本期产品耗用的原材料金额进行分配，记入各相关成本费用账户。

表4-18 职工薪酬费用分配表

2016年1月31日　　单位：元

应借科目		成本项目或费用项目	直接计入	间接计入			合计
				耗用原材料	分配率	分配金额[①]	
基本生产成本	250M	直接人工		747 860.50		55 710.05	55 710.05
	250S	直接人工		1 263 826.44		94 128.70	94 128.70
	小计			2 011 686.94	0.074 49	149 838.75	149 838.75
辅助生产成本		工资	7 481.25			7 481.25	7 481.25
制造费用		工资	4 788.00			4 788.00	4 788.00
管理费用		工资	29 925.00			29 925.00	29 925.00
销售费用		工资	27 930.00			27 930.00	27 930.00
合计						219 963.00	219 963.00

①人工费用分配按照产品本期耗用的原材料金额进行分配，以后各月相同。

人工费用分配率=149 838.75 ÷ 2 011 686.94≈0.074 49

250M产品应分配人工费用金额=747 860.50 × 0.074 49≈55 710.05

250S产品应分配人工费用金额=149 838.75–55 710.05=94 128.70

记 账 凭 证

2016年1月31日　　　　记字第034 $\frac{1}{2}$ 号

摘要	总账科目	明细科目	借方									✓	贷方									✓
			百	十	万	千	百	十	元	角	分		百	十	万	千	百	十	元	角	分	
分配职工薪酬	基本生产成本	250M			5	5	7	1	0	0	5											
		250S			9	4	1	2	8	7	0											
	辅助生产成本	机修车间				7	4	8	1	2	5											
	制造费用					4	7	8	8	0	0											
	销售费用				2	7	9	3	0	0	0											
合计																						

附单据2张

会计主管　　记账　　复核　　制单 李欣

图4-78 记账凭证

记 账 凭 证

2016年1月31日　　　　记字第034 $\frac{2}{2}$ 号

摘要	总账科目	明细科目	借方									✓	贷方									✓
			百	十	万	千	百	十	元	角	分		百	十	万	千	百	十	元	角	分	
分配职工薪酬	管理费用				2	9	9	2	5	0	0											
	应付职工薪酬	工资												1	5	4	3	6	0	0	0	
		职工福利费														3	0	8	7	2	0	
		工会经费														3	0	8	7	2	0	
		职工教育经费														2	3	1	5	4	0	
		四险一金													5	7	1	1	3	2	0	
合计			¥	2	1	9	9	6	3	0	0		¥	2	1	9	9	6	3	0	0	

附单据1张

会计主管　　记账　　复核　　制单 李欣

图4-79 记账凭证

H. 1 月 31 日，根据本月账簿记录，机修车间发生的各项费用共计 24 485.25 元，转入制造费用。

记账凭证

2016年1月31日　　　　记字第035号

摘要	总账科目	明细科目	借方									✓	贷方									✓
			百	十	万	千	百	十	元	角	分		百	十	万	千	百	十	元	角	分	
结转辅助生产费用	制造费用				2	4	4	8	5	2	5											
	辅助生产成本	机修车间													2	4	4	8	5	2	5	
	合计			¥	2	4	4	8	5	2	5			¥	2	4	4	8	5	2	5	

附单据1张

会计主管　　记账　　复核　　制单 李欣

图4-80　记账凭账

名师指导

辅助生产车间发生的各项费用月末应该按照受益原则，在各个受益部门之间分配结转。由于该企业只有一个辅助车间——机修车间，本月发生的机修费用假设全部由生产部门负担，所以直接将其费用转入制造费用即可。

I. 1 月 31 日，根据本月账簿记录制造费用的发生额共计 223 813.25 元，编制制造费用分配表如下。

表4-19　制造费用分配表

车间：基本生产车间　　2016年1月 31日　　单位：元

应借科目	明细科目	耗用原材料	分配率	分配金额[①]
基本生产车间	250M	747 860.50	0.111 25	83 213.77
	250S	1 263 826.44	0.111 25	140 599.48
合计		2 011 686.94	0.111 25	223 813.25

①制造费用分配同工资分配一样，是按照产品本期耗用的原材料金额进行分配，以后各月相同。

制造费用分配率=223 813.25÷2 011 686.94≈0.111 25

250S产品应分配制造费用金额=1 263 826.44×0.111 25≈140 599.48

250M产品应分配制造费用金额=223 813.25–140 599.48=83 213.77

名师指导

制造费用是生产车间为了完成生产活动发生的各项间接费用，在费用发生时通过制造费用账户进行归集，月末可以按照耗用工时、耗用原材料数量或成本以及生产工人工资等比例进行分配。 由于该企业产品的性质结构、所用原材料和工艺过程基本相同，所以制造费用按照本期产品耗用的原材料金额为标准进行分配。

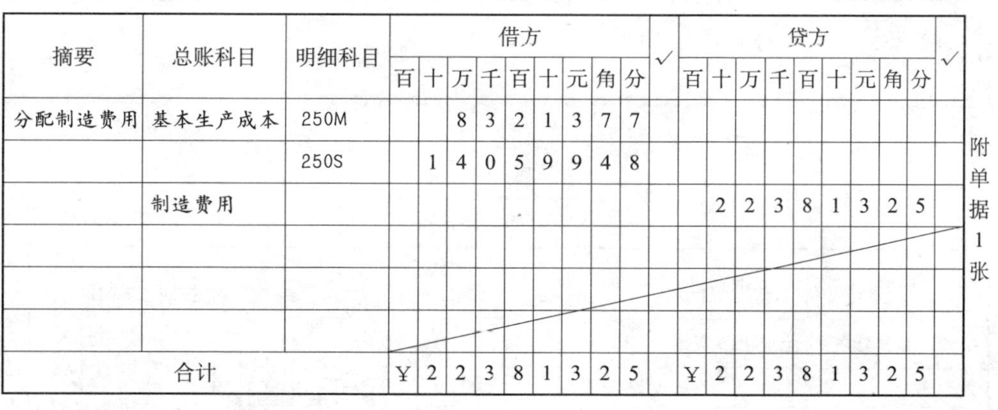

记 账 凭 证

2016年1月31日 记字第036号

摘要	总账科目	明细科目	借方									✓	贷方									✓
			百	十	万	千	百	十	元	角	分		百	十	万	千	百	十	元	角	分	
分配制造费用	基本生产成本	250M			8	3	2	1	3	7	7											
		250S		1	4	0	5	9	9	4	8											
	制造费用													2	2	3	8	1	3	2	5	
合计			¥	2	2	3	8	1	3	2	5		¥	2	2	3	8	1	3	2	5	

附单据1张

会计主管 记账 复核 制单 李欣

图4–81 记账凭证

J．1月31日，结转本月已销商品成本。

表4–20 商品销售成本汇总表

2016年1月31日

项目	YR320M电机			YR320S电机		
	数量（台）	单位成本	金额（元）	数量（台）	单位成本	金额（元）
月初结存	200	4 000	800 000	80	14 000	1 120 000
本月入库	0			0		0
本月出库	200	4 000	800 000	80	14 000	1 120 000
月末结存	0			0		

名师指导

该企业存货采用月末一次加权法计算，因此每月末要根据账簿记录计算销货成本，由于本月没有完工产品，可以按照期初结存成本和销售数量直接计算。分别记入“主营业务成本”的借方和“库存商品”的贷方。

记账凭证

2016年1月31日　　　　记字第037号

摘要	总账科目	明细科目	借方									✓	贷方									✓
			百	十	万	千	百	十	元	角	分		百	十	万	千	百	十	元	角	分	
结转商品销售成本	主营业务成本	YR320M		8	0	0	0	0	0	0	0											
		YR320S	1	1	2	0	0	0	0	0	0											
	库存商品	YR320M												8	0	0	0	0	0	0	0	
		YR320S											1	1	2	0	0	0	0	0	0	
合计			1	9	2	0	0	0	0	0	0		1	9	2	0	0	0	0	0	0	

附单据1张

会计主管　　记账　　复核　　制单 李欣

图4–82 记账凭证

4.1.4　企业月末流转税的核算及纳税申报

名师指导

企业在每月月末应该根据税法的规定申报纳税。增值税的申报要根据每月购买货物取得的增值税专用发票和销售货物开具的专用发票上记载的金额，分别计算出进项税额和销项税额合计，然后根据税法要求填报增值税纳税申报表。另外注意，不论当月有无销售额，均应按主管税务机关核定的纳税期限按期填报纳税申报表，并于次月一日至十日，向当地税务机关申报。

（1）月末根据账簿记录计算并结转应纳的增值税

表4-21　应交增值税计算表

2016年1月31日　　　　单位：元

<table>
<tr><td colspan="4">项　目</td><td rowspan="2">销售额</td><td rowspan="2">税额</td><td rowspan="2">备注</td></tr>
<tr><td rowspan="8">销项税额</td><td rowspan="5">应税货物</td><td>货物名称</td><td>适用税率</td></tr>
<tr><td>YR320M</td><td>17%</td><td>1 000 000</td><td>170 000</td><td></td></tr>
<tr><td>YR320S</td><td>17%</td><td>1 360 000</td><td>231 200</td><td></td></tr>
<tr><td></td><td></td><td></td><td></td><td></td></tr>
<tr><td>小计</td><td></td><td></td><td>401 200</td><td></td></tr>
<tr><td colspan="2">应税劳务</td><td></td><td></td><td></td><td></td></tr>
<tr><td colspan="2">1</td><td></td><td></td><td></td><td></td></tr>
<tr><td colspan="2">2</td><td></td><td></td><td></td><td></td></tr>
<tr><td rowspan="4">进项税额</td><td colspan="3">本期进项税额发生额</td><td colspan="3">333 880</td></tr>
<tr><td colspan="3">进项税额转出</td><td colspan="3"></td></tr>
<tr><td colspan="3">1</td><td colspan="3"></td></tr>
<tr><td colspan="3">2</td><td colspan="3"></td></tr>
<tr><td colspan="4">应纳税额</td><td colspan="3">67 320</td></tr>
</table>

记账凭证

2016年1月31日　　　　记字第038号

摘要	总账科目	明细科目	借方									✓	贷方									✓	附单据1张
			百	十	万	千	百	十	元	角	分		百	十	万	千	百	十	元	角	分		
结转本月未交增值税	应交税费	转出未交增值税			6	7	3	2	0	0	0												
	应交税费	未交增值税													6	7	3	2	0	0	0		
合计				¥	6	7	3	2	0	0	0			¥	6	7	3	2	0	0	0		

会计主管　　记账　　复核　　制单 李欣

图4-83　记账凭证

(2) 根据计算结果填制增值税纳税申报表

纳税申报

纳税申报是根据税法的相关规定，负有纳税义务的单位和个人，应在发生纳税义务后，按照税法规定的期限，向当地主管税务机关提交书面报告的一种法定手续，也是税务机关办理征税业务，核实应纳税款、开具完税凭证的主要依据。纳税申报有三种方式，即直接申报、邮寄申报和电子申报纳税。目前电子申报方式正在通信较发达的城市逐步推广使用。

增值税纳税申报表

（适用于增值税一般纳税人）

税款所属时间：自2016年1月1日至2016年1月31日　　　　填表日期：2016年1月31日

纳税人识别号	125679123546123					所属行业：工业 金额单位：元至角分	
纳税人名称	山西兴华电机有限责任公司（公章）	法定代表人姓名	马建平	注册地址	山西省太原市并州路001号	营业地址	山西省太原市并州北路001号
开户银行及账号	中国工商银行太原市二营盘支行 1234567891011121	企业登记注册类型	有限责任公司			电话号码	0351-1234567

项目	栏次	一般货物及劳务		即征即退货物及劳务	
		本月数	本年累计	本月数	本年累计

续表

销售额	（一）按适用税率征税货物及劳务销售额	1				
	其中：应税货物销售额	2	2 360 000			
	应税劳务销售额	3				
	纳税检查调整的销售额	4				
	（二）按简易征收办法征税货物销售额	5				
	其中：纳税检查调整的销售额	6				
	（三）免、抵、退办法出口货物销售额	7			—	—
	（四）免税货物及劳务销售额	8			—	—
	其中：免税货物销售额	9			—	—
	免税劳务销售额	10			—	—
税款计算	销项税额	11	401 200			
	进项税额	12	333 880			
	上期留抵税额	13		—		—
	进项税额转出	14				
	免抵退货物应退税额	15			—	—
	按适用税率计算的纳税检查应补缴税额	16			—	—
	应抵扣税额合计	17=12+13−14−15+16	333 880	—		—
	实际抵扣税率	18（如17<11，则为17，否则为11）	333 880			
	应纳税额	19=11−18	67 320			
	期末留抵税额	20=17−18		—		—
	简易征收办法计算的应纳税额	21				
	按简易征收办法计算的纳税检查应补缴税额	22			—	—
	应纳税额减征额	23				
	应纳税额合计	24=19+21−23				
税款缴纳	期初未缴税额（多缴为负数）	25				
	实收出口开具专用缴款书退税额	26			—	—
	本期已缴税额	27=28+29+30+31				
	①分次预缴税额	28		—		—
	②出口开具专用缴款书预缴税额	29		—	—	—
	③本期缴纳上期应纳税额	30				
	④本期缴纳欠缴税额	31				
	期末未缴税额（多缴为负数）	32=24+25+26−27				
	其中：欠缴税额（≥0）	33=25+26−27		—		—
	本期应补（退）税额	34=24−28−29		—		—
	即征即退实际退税额	35	—	—		
	期初未缴查补税额	36			—	—
	本期入库查补税额	37			—	—
	期末未缴查补税额	38=16+22+36−37			—	—
授权声明	如果你已委托代理人申报，请填写下列资料：为代理一切税务事宜，现授权（地址　　为本纳税人的代理申报人，任何与本申报表有关的往来文件，都可寄于此人。授权人签字：	申报人声明	此纳税申报表是根据《中华人民共和国增值税暂行条例》的规定填报的，我相信它是真实的、可靠的、完整的。声明人签字：王晶			

会计主管签字：王晶　　　　代理申报人签字：　　　　纳税人盖章：

图4−84　增值税纳税申报表

(3) 根据应纳增值税额计算并结转城市维护建设税和教育费附加

表4-22 城建税及教育费附加计算表 单位：元

计税依据	税率	税额
67 320	7%	4 712.40
67 320	3%	2 019.60
合计		6 732.00

记账凭证

2016年1月31日 记字第039号

摘要	总账科目	明细科目	借方									✓	贷方									✓
			百	十	万	千	百	十	元	角	分		百	十	万	千	百	十	元	角	分	
计算结转城建税及教育费附加	税金及附加	城建税				4	7	1	2	4	0											
		教育费附加				2	0	1	9	6	0											
	应交税费	城建税														4	7	1	2	4	0	
		教育费附加														2	0	1	9	6	0	
合计					¥	6	7	3	2	0	0				¥	6	7	3	2	0	0	

附单据1张

会计主管 记账 复核 制单 李欣

图4-85 记账凭证

(4) 计算并结转代扣代缴个人所得税

企业在月末申报附加税种时，还要将代扣代缴的个人所得税也一并计算申报。根据应付职工薪酬结算表的记录编制凭证如图4-86所示。

记 账 凭 证

2016年1月31日　　　　　　　　　　　　　　记字第040号

摘要	总账科目	明细科目	借方									✓	贷方									✓
			百	十	万	千	百	十	元	角	分		百	十	万	千	百	十	元	角	分	
计算并结转代扣代缴个人所得税	应付职工薪酬						9	0	2	0	0											
	应交税费	代扣代缴个人所得税															9	0	2	0	0	
合计						¥	9	0	2	0	0					¥	9	0	2	0	0	

附单据1张

会计主管　　　　记账　　　　复核　　　　制单 李欣

图4-86　记账凭证

（5）根据计算结果填制综合纳税申报表

地方税（费）综合申报表

F-0010　　　　填报日期：2016年1月31日　　　　金额单位：人民币元

<table>
<tr><td>纳税人编码</td><td colspan="3">125679123546123</td><td>纳税人名称</td><td colspan="4">山西兴华电机有限责任公司</td></tr>
<tr><td>地　　址</td><td colspan="2">山西省太原市并州路001号</td><td>邮政编码</td><td>030000</td><td>业　别</td><td>工业</td><td>经济性质</td><td>有限责任公司</td></tr>
<tr><td>开户银行</td><td colspan="2">中国工商银行太原市二营盘支行</td><td>银行账号</td><td colspan="3">1234567891011121</td><td>电　　话</td><td>0351-1234567</td></tr>
<tr><td>管理分局</td><td colspan="2"></td><td>管 理 科</td><td colspan="3"></td><td>专 管 员</td><td>李伟</td></tr>
<tr><td>税种登记情　　况</td><td colspan="8">1．营业税□2．企业所得税□3．个人所得税□4．资源税□5．土地增值税□6．房产税□7．城镇土地使用税□8．车船税□9．城市维护建设税□10．印花税□11．屠宰税□12．煤炭水资源补偿费□13．文化事业建设费□14．河道工程维护管理费□15．林业建设基金□16．价格调控基金□17．残疾人就业保障金□18．教育费附加□（税种登记表中由税务机关填写的部分）</td></tr>
<tr><td>税（费）种</td><td>税目</td><td>税（费）款所属时间</td><td>计税（费）依据或课税（费）数量</td><td>税（费）率或单位税（费）额</td><td>本期应纳税（费）额</td><td>累计欠缴或已缴税（费）额</td><td>减免税（费额）</td><td>本期应纳税（费）额合计</td></tr>
<tr><td>城建税</td><td></td><td>2016.1</td><td>67 320.00</td><td>7%</td><td>4 712.40</td><td></td><td></td><td></td></tr>
</table>

续表

教育费附加		2016.1	67 320.00	3%		2 019.60			
企业所得税	税款所属时间	收入额或利润总额	应税所得率或纳税调整额	应纳税所得额	税率	应纳所得税额	累计欠缴或已缴税额	减免税额	期末应补（退）税额
个人所得税	税款所属时间	所得项目	收入额	应纳税所得额	税率	速算扣除数	应纳税额	已扣缴税额	期末应补（退）税额
	2016.1						902.00		
授权代理人	（如果你已委托代理人申报，请填写下列资料） 为代理一切税务事宜，现授权________（地址）为本纳税人代理申报人。任何与本报表有关的往来文件，都可寄与此。 授权人签字：______				声明	我声明：此纳税申报表是根据税收法律、法规的规定填报的，我确信它是真实的、可靠的、完整的。 声明人签字：王晶			

会计主管签字：王晶　　　　代理申报人签字：　　　　纳税人盖章：

图4-87　综合纳税申报表

4.1.5　企业月末损益结转的账务处理

名师指导

每个会计期末企业应经过核对账目、财产清查和账项调整等一系列准备工作后，在试算平衡的基础上，将所有损益类账户的余额全部转到“本年利润”账户。结转过程应该分三步进行：一是将损益类账户贷方余额转入“本年利润”账户；二是将损益类账户借方余额转入“本年利润”账户；三是计算本期应交的所得税费用并转到“本年利润”账户，最终计算出当期的净利润总额。

(1) 月末编制内部转账单，结转收入

表4-23 内部转账单

2016年1月31日　　　　单位：元

摘要	转账项目	结账前余额
结转收入到本年利润账户	主营业务收入	2 360 000
合计		2 360 000

记 账 凭 证

2016年1月31日　　　　记字第041号

摘要	总账科目	明细科目	借方									✓	贷方									✓
			百	十	万	千	百	十	元	角	分		百	十	万	千	百	十	元	角	分	
结转收入到本年利润账户	主营业务收入		2	3	6	0	0	0	0	0	0											
	本年利润												2	3	6	0	0	0	0	0	0	
合计			2	3	6	0	0	0	0	0	0		2	3	6	0	0	0	0	0	0	

附单据1张

会计主管　　记账　　复核　　制单 李欣

图4-88 记账凭证

(2) 月末编制内部转账单，结转费用

表4-24 内部转账单

2016年1月31日　　　　单位：元

摘要	转账项目	结账前余额
结转费用到本年利润账户	主营业务成本	1 920 000
结转费用到本年利润账户	税金及附加	6 732
结转费用到本年利润账户	管理费用	142 579
结转费用到本年利润账户	销售费用	52 026
合计		2 121 337

记账凭证

2016年1月31日　　记字第041号

摘要	总账科目	明细科目	借方									✓	贷方									✓
			百	十	万	千	百	十	元	角	分		百	十	万	千	百	十	元	角	分	
结转费用到本年利润账户	本年利润		2	1	2	1	3	3	7	0	0											
	主营业务成本												1	9	2	0	0	0	0	0	0	
	税金及附加															6	7	3	2	0	0	
	管理费用													1	4	2	5	7	9	0	0	
	销售费用														5	2	0	2	6	0	0	
合计			2	1	2	1	3	3	7	0	0		2	1	2	1	3	3	7	0	0	

附单据1张

会计主管　　记账　　复核　　制单 李欣

图4-89　记账凭证

(3) 计算并结转所得税费用以及纳税申报

记账凭证

2016年1月31日　　记字第042号

摘要	总账科目	明细科目	借方									✓	贷方									✓
			百	十	万	千	百	十	元	角	分		百	十	万	千	百	十	元	角	分	
计算结转本月应纳企业所得税	所得税费用	企业所得税			5	9	6	6	5	7	5											
	应交税费	应交企业所得税													5	9	6	6	5	7	5	
合计				¥	5	9	6	6	5	7	5			¥	5	9	6	6	5	7	5	

附单据1张

会计主管　　记账　　复核　　制单 李欣

图4-90　记账凭证

记账凭证

2016年1月31日　　　　记字第041号

摘要	总账科目	明细科目	借方									✓	贷方									✓
			百	十	万	千	百	十	元	角	分		百	十	万	千	百	十	元	角	分	
结转所得税费用到本年利润账户	本年利润				5	9	6	6	5	7	5											
	所得税费用														5	9	6	6	5	7	5	
合计				¥	5	9	6	6	5	7	5			¥	5	9	6	6	5	7	5	

附单据1张

会计主管　　记账　　复核　　制单　李欣

图4-91　记账凭证

中华人民共和国企业所得税年度纳税申报表（A类）

税款所属期间2016年 1月1日至2016年1月31日

纳税人名称：山西兴华电机有限责任公司

纳税人识别号：125679123554б123　　金额单位：元（列至角分）

类别	行次	项目	金额
利润总额计算	1	一、营业收入（填附表一）	2 360 000
	2	减：营业成本（填附表二）	1 920 000
	3	税金及附加	6 732
	4	销售费用（填附表二）	52 026
	5	管理费用（填附表二）	142 579
	6	财务费用（填附表二）	
	7	资产减值损失	
	8	加：公允价值变动收益	
	9	投资收益	
	10	二、营业利润	238 663
	11	加：营业外收入（填附表一）	
	12	减：营业外支出（填附表二）	
	13	三、利润总额（10＋11–12）	238 663
应纳税所得额计算	14	加：纳税调整增加额（填附表三）	
	15	减：纳税调整减少额（填附表三）	
	16	其中：不征税收入	
	17	免税收入	

续表

类别	行次	项目	金额
应纳税所得额计算	18	减计收入	
	19	减、免税项目所得	
	20	加计扣除	
	21	抵扣应纳税所得额	
	22	加：境外应税所得弥补境内亏损	
	23	纳税调整后所得（13＋14–15＋22）	
	24	减：弥补以前年度亏损（填附表四）	
	25	应纳税所得额（23–24）	238 663
应纳税额计算	26	税率（25%）	
	27	应纳所得税额（25×26）	59 665.75
应纳税额计算	28	减：减免所得税额（填附表五）	
	29	减：抵免所得税额（填附表五）	
	30	应纳税额（27–28–29）	
	31	加：境外所得应纳所得税额（填附表六）	
	32	减：境外所得抵免所得税额（填附表六）	
	33	实际应纳所得税额（30＋31–32）	
	34	减：本年累计实际已预缴的所得税额	
	35	其中：汇总纳税的总机构分摊预缴的税额	
	36	汇总纳税的总机构财政调库预缴的税额	
	37	汇总纳税的总机构所属分支机构分摊的预缴税额	
	38	合并纳税（母子体制）成员企业就地预缴比例	
	39	合并纳税企业就地预缴的所得税额	
	40	本年应补（退）的所得税额（33–34）	
	41	以前年度多缴的所得税额在本年抵减额	
	42	以前年度应缴未缴在本年入库所得税额	
纳税人公章：		代理申报中介机构公章：	主管税务机关受理专用章：
经办人：王晶		经办人及执业证件号码：	受理人：
申报日期：2016年1月31日		代理申报日期：年 月 日	受理日期：年 月 日

图4–92　所得税纳税申报表

申报纳税时限是如何规定的?

现行税种中各税的纳税时限各有不同。一般情况下，申报纳税时限分别是1日、3日、5日、10日、15日或者1个月。以一个月为期纳税的，自期满之日起10日申报纳税，以1日、3日、5日、15日为一个纳税期限的，自期满之日起5日内预缴税款，于次月1日至10日内申报纳税并结清上月缴款。企业根据自身实际情况及税种的不同，确定自身的纳税时限。通常情况下，企业会选择在月底核算本月的相关税费并申报，于下月初缴税。

(4) 1月份净利润的计算

营业利润 = 营业收入 − 营业成本 − 税金及附加 − 销售费用 − 管理费用 − 财务费用

利润总额 = 营业利润 + 营业外收入 − 营业外支出

净利润 = 利润总额 − 所得税费用

1月份营业利润 =2 360 000−1 920 000−6 732−52 026−142 579=238 663（元）

1月份净利润 =238 663+0−59 665.75=178 997.25（元）

4.2 会计账簿的登记

登记会计账簿是会计核算的一个重要环节，会计账簿能为企业日常经营管理提供分类的会计信息和定期编制会计报表的数据。在这个环节上，会计人员要登记的账簿有日记账簿、明细账簿和总分类账簿。下面就跟着我们继续学习吧。

4.2.1 日记账簿的登记

名师指导

日记账簿是按照经济业务发生或完成的先后顺序逐日逐笔进行登记的，包括现金日记账和银行存款日记账，是根据与库存现金和银行存款有关的记账凭证逐日逐笔顺序登记的。

(1) 库存现金日记账的登记

库存现金 日记账

2016年 月	日	凭证 种类	号数	摘要	对方科目	借方	贷方	借或贷	余额
1	1			期初余额				借	100000
1	11	记	005	提备用金	银行存款	100000		借	200000
1	20	记	015	支付差旅费	其他应收款		100000	借	100000
1	21	记	029	购办公用品	管理费用		78000	借	22000
1	31			本月合计		100000	178000	借	22000

图4-93　库存现金日记账

(2) 银行存款日记账的登记

银行存款 日记账

2016年 月	日	凭证 种类	号数	摘要	对方科目	借方	贷方	借或贷	余额
1	1			期初余额				借	52888125
1	9	记	002	收到前欠货款	应收账款	65000000		借	117888125
1	9	记	003	支付上月税费	应交税费		25858700	借	92029425
1	10	记	004	收到前前欠货款	应收账款	71050000		借	163079425
1	11	记	005	提备用金	库存现金		100000	借	162979425
1	11	记	006	支付上月工资	应付职工薪酬		19761700	借	143217725
1	11	记	007	支付代扣保险	应付职工薪酬		12553050	借	130664675
1	11	记	008	开设采购专户	其他货币资金		1000000	借	129664675
1	12	记	009	预付货款	预付账款		6000000	借	123664675
1	12	记	010	预收账款	应收账款	30000000		借	153664675
1	12	记	012	收到货款	主营业务收入	87000000		借	240664675
1	15	记	013	支付货款	原材料		915150	借	231513175
1	16	记	014	代垫运费	应收账款		500000	借	231013175
1	21	记	016	收到货款	应收账款	159620000		借	390633175
1	21	记	019	购进固定资产	固定资产		12285000	借	378348175
1	21	记	028	支付会议费	管理费用		1100000	借	377248175
1	31	记	030	支付电话费	管理费用		1500000	借	375748175
1	31	记	031	支付培训费	应付职工薪酬		550000	借	375198175
1	31	记	033	支付租赁费	预付账款		1200000	借	373998175
				本月合计		412670000	91559950	借	373998175

图4-94　银行存款日记账

4.2.2 明细分类账的登记

明细分类账是根据总账所属的明细账户开设账页，分类、连续地登记经济业务，为企业经营管理提供详细、具体的核算资料。由于企业经济业务纷繁复杂，所以明细分类账的账页也很多。由于篇幅的原因，本节只选择有代表性的、发生业务较频繁的一些明细账页来示范登记。

（1）原材料明细账的登记

> **名师指导**
>
> 在现实的企业中，原材料是明细分类最多的一个账户，有的企业会有几十种甚至上百种原材料，为了便于核算，企业需要开设二级明细分类账和三级明细分类账。该企业有十种原材料，分别把它们按二级和三级明细进行核算，在前面的业务中大家已经看到了，由于篇幅原因，在此省略了二级明细账的登记，直接展示三级明细账的登记结果。明细账一般根据记账凭证和所附的原始凭证逐笔进行登记。

① 原料及主要材料明细账

最高储量
最低储量
编号　　规格　　（科目）　原材料 明细账　（乙）　　总第　页分第 1 号第 1 页
名称 矽钢片　单位 千克

2016年 月	日	凭证 种类	号数	摘要	对方科目	借方 数量	借方 单价	借方 金额（千百十万千百十元角分）	贷方 数量	贷方 单价	贷方 金额（千百十万千百十元角分）	借或贷	结存① 数量	结存 单价	结存 金额（千百十万千百十元角分）
1	1			期初余额								借	24400	9.8	23912000
1	15	记	018	购入	在途物资	100000	10.2	102000000				借	124400		125912000
1	31	记	025	领用	基本生产成本				79165	10.12	80114980	借	45235		45797020

①由于材料发出成本采用月末一次加权平均法计算，故保留两位小数，将尾数差异挤到期末结存金额中，这样结存栏内的数量与单价乘积会出现与金额不一致的情况，为此，在结存栏内略去单价，以后类同。

图4-95　矽钢片明细账

最高储量
最低储量
编号　　规格　　（科目）　原材料 明细账　（乙）　　总第　页分第 2 号第 1 页
名称 定子铜　单位 千克

2016年 月	日	凭证 种类	号数	摘要	对方科目	借方 数量	借方 单价	借方 金额（千百十万千百十元角分）	贷方 数量	贷方 单价	贷方 金额（千百十万千百十元角分）	借或贷	结存 数量	结存 单价	结存 金额（千百十万千百十元角分）
1	1			期初余额								借	6011	80	48088000
1	8	记	001	购入	应付票据	14000	80.5	112700000				借	20011		160788000
1	31	记	025	领用	基本生产成本				4948	80.35	39757180	借	15063		121030820

图4-96　定子铜明细账

最高储量
最低储量
（科目）原材料 明细账 （乙）
总第 页分第 3 号第 1 页
编号 规格
名称 铸件 单位 千克

2016年		凭证		摘要	对方科目	借方												贷方												借或贷	结存											
月	日	种类	号数			数量	单价	千	百	十	万	千	百	十	元	角	分	数量	单价	千	百	十	万	千	百	十	元	角	分		数量	单价	千	百	十	万	千	百	十	元	角	分
1	1			期初余额																										借	10000	6				6	0	0	0	0	0	0
1	17	记	020	材料验收入库	在途物资	150000	6.5			9	7	5	0	0	0	0	0													借	160000			1	0	3	5	0	0	0	0	0
1	31	记	025	领用	基本生产成本													65968	6.47			4	2	6	8	1	2	9	6	借	94032				6	0	8	1	8	7	0	4

图4-97 铸件明细账

②外购零配件明细账

最高储量
最低储量
（科目）原材料 明细账 （乙）
总第 页分第 4 号第 1 页
编号 规格
名称 轴料 单位 千克

2016年		凭证		摘要	对方科目	借方												贷方												借或贷	结存											
月	日	种类	号数			数量	单价	千	百	十	万	千	百	十	元	角	分	数量	单价	千	百	十	万	千	百	十	元	角	分		数量	单价	千	百	十	万	千	百	十	元	角	分
1	1			期初余额																										借												0
1	8	记	001	购入	应付票据	5000	80			4	0	0	0	0	0	0	0													借	5000	80			4	0	0	0	0	0	0	0
1	31	记	026	领用	基本生产成本													995	80				7	9	6	0	0	0	0	借	4005	80			3	2	0	4	0	0	0	0

图4-98 轴料明细账

最高储量
最低储量
（科目）原材料 明细账 （乙）
总第 页分第 5 号第 1 页
编号 规格
名称 轴承 单位 套

2016年		凭证		摘要	对方科目	借方												贷方												借或贷	结存											
月	日	种类	号数			数量	单价	千	百	十	万	千	百	十	元	角	分	数量	单价	千	百	十	万	千	百	十	元	角	分		数量	单价	千	百	十	万	千	百	十	元	角	分
1	1			期初余额																											1800	100			1	8	0	0	0	0	0	0
1	31	记	026	领用	基本生产成本													395	100				3	9	5	0	0	0	0		1405	100			1	4	0	5	0	0	0	0

图4-99 轴承明细账

最高储量
最低储量
（科目）原材料 明细账 （乙）
总第 页分第 6 号第 1 页
编号 规格
名称 标准件 单位 件

2016年		凭证		摘要	对方科目	借方												贷方												借或贷	结存											
月	日	种类	号数			数量	单价	千	百	十	万	千	百	十	元	角	分	数量	单价	千	百	十	万	千	百	十	元	角	分		数量	单价	千	百	十	万	千	百	十	元	角	分
1	1			期初余额																										借	1750	40				7	0	0	0	0	0	0
1	13	记	011	购入	应付账款	5000	40.5			2	0	2	5	0	0	0	0													借	6750				2	7	2	5	0	0	0	0
1	31	记	026	领用	基本生产成本													2474	40.37				9	9	8	7	5	3	8	借	4276				1	7	2	6	2	4	6	2

图4-100 标准件明细账

最高储量
最低储量
编号 规格

（科目） 原材料 明细账 （乙）

总第 页分第 7 号第 1 页
名称 备品备件 单位 件

2016年 月	日	凭证 种类	号数	摘要	对方科目	借方 数量	单价	金额（千百十万千百十元角分）	贷方 数量	单价	金额（千百十万千百十元角分）	借或贷	结存 数量	单价	金额（千百十万千百十元角分）
1	1			期初余额								借	5000	10	5000000
1	21	记	020	领用	辅助生产成本				200	10	200000	借	4800	10	4800000

图4-101 备品备件明细账

③辅助材料明细账

最高储量
最低储量
编号 规格

（科目） 原材料 明细账 （乙）

总第 页分第 8 号第 1 页
名称 绝缘材料 单位 米

2016年 月	日	凭证 种类	号数	摘要	对方科目	借方 数量	单价	金额（千百十万千百十元角分）	贷方 数量	单价	金额（千百十万千百十元角分）	借或贷	结存 数量	单价	金额（千百十万千百十元角分）
1	1			期初余额								借	45000	6	27000000
1	31	记	027	领用	基本生产成本				9896	6	5937600	借	35104	6	21062400

图4-102 绝缘材料明细账

最高储量
最低储量
编号 规格

（科目） 原材料 明细账 （乙）

总第 页分第 9 号第 1 页
名称 铝板材 单位 千克

2016年 月	日	凭证 种类	号数	摘要	对方科目	借方 数量	单价	金额（千百十万千百十元角分）	贷方 数量	单价	金额（千百十万千百十元角分）	借或贷	结存 数量	单价	金额（千百十万千百十元角分）
1	1			期初余额								借	5000	15.5	7750000
1	15	记	013	购进	银行存款	7000	18.5	12950000				借	12000	17.25	20700000
1	31	记	027	领用	基本生产成本				3956	17.25	6824100	借	8044	17.25	13875900

图4-103 铝板材明细账

最高储量
最低储量
编号 规格

（科目） 原材料 明细账 （乙）

总第 页分第 10 号第 1 页
名称 各类线材 单位 米

2016年 月	日	凭证 种类	号数	摘要	对方科目	借方 数量	单价	金额（千百十万千百十元角分）	贷方 数量	单价	金额（千百十万千百十元角分）	借或贷	结存 数量	单价	金额（千百十万千百十元角分）
1	1			期初余额								借	15000	10	15000000
1	31	记	027	领用	基本生产成本				3956	10	3956000	借	11044	10	11044000

图4-104 各类线材明细账

(2) 往来明细账

①应收账款明细账

应收账款 明细账

山西启程设备有限公司

2016年 月	日	凭证 种类	号数	摘要	对方科目	借方（千百十万千百十元角分）	贷方（千百十万千百十元角分）	借或贷	余额（千百十万千百十元角分）
1	1			期初余额				借	71050000
1	10	记	004	收到前欠货款	银行存款		71050000	借	
1	12	记	010	预收销货款	银行存款		30000000	贷	30000000
1	14	记	012	销售产品	主营业务收入	30000000		借	0

图4-105 应收账款明细账

应收账款 明细账

山东金门集团

2016年 月	日	凭证 种类	号数	摘要	对方科目	借方（千百十万千百十元角分）	贷方（千百十万千百十元角分）	借或贷	余额（千百十万千百十元角分）
1	1			期初余额				借	65000000
1	9	记	002	收到前欠货款	银行存款		65000000	借	0

图4-106 应收账款明细账

②应付账款明细账

应付账款 明细账

山西华北液压设备成套有限公司

2016年 月	日	凭证 种类	号数	摘要	对方科目	借方（千百十万千百十元角分）	贷方（千百十万千百十元角分）	借或贷	余额（千百十万千百十元角分）
1	1			期初余额				贷	124000000
1	13	记	011	购原材料	原材料		23692500	贷	147692500

图4-107 应付账款明细账

应付账款 明细账

本溪物资公司

2016年 月	日	凭证 种类	号数	摘要	对方科目	借方（千百十万千百十元角分）	贷方（千百十万千百十元角分）	借或贷	余额（千百十万千百十元角分）
1	1			期初余额				贷	237600000

图4-108 应付账款明细账

(3) 生产成本明细账

生产成本明细分类账

完成产量　　数量　　产品规格　　250M

2016年 月	日	凭证 种类	号数	摘要	对方科目	直接材料（千百十万千百十元角分）	直接人工（千百十万千百十元角分）	制造费用（千百十万千百十元角分）	合计（千百十万千百十元角分）
1	1			期初余额					0
1	31	记	025	领用原材料	原材料	60444260			60444260
1	31	记	026	领用原材料	原材料	8128040			68572300
1	31	记	027	领用原材料	原材料	6213750			74786050
1	31	记	034	分配工资	应付职工薪酬		5571005		80357055
1	31	记	036	分配制造费用	制造费用			8321377	88678432
				本月合计		74786050	5571005	8321377	88678432

图4-109　250M产品生产成本明细账

生产成本明细分类账

完成产量　　数量　　产品规格　　250S

2016年 月	日	凭证 种类	号数	摘要	对方科目	直接材料（千百十万千百十元角分）	直接人工（千百十万千百十元角分）	制造费用（千百十万千百十元角分）	合计（千百十万千百十元角分）
1	1			期初余额					0
1	31	记	025	领用原材料	原材料	102109196			102109196
1	31	记	026	领用原材料	原材料	13769498			115878694
1	31	记	027	领用原材料	原材料	10503950			126382644
1	31	记	034	分配工资	应付职工薪酬		9412870		135795514
1	31	记	036	分配制造费用	制造费用			14059948	149855462
				本月合计		126382644	9412870	14059948	149855462

图4-110　250S产品生产成本明细账

4.2.3　总分类账的登记

名师指导

总账能全面反映和记录经济业务引起的资金运动和财务收支情况，每个单位必须设置。总账的登记方法，由于各单位采用的账务处理程序不同而有所不同，既可以根据记账凭证逐笔登记，也可以根据科目汇总表汇总登记，该企业采用科目汇总表登记总账。

在编制科目汇总表前，首先要根据各个账户记录，建立“丁字账”，“丁字账”的左方记录借方发生额，右方记录贷方发生额，并根据不同账户的性质计算出期末余额，在此基础上编制科目汇总表。

（1）“丁字账”的制作

将本月发生的全部业务，根据前面的记账凭证，制作如下“丁字账”。

借方　　库存现金　　贷方

借方		贷方	
期初余额	1 000		
(005)	1 000	(015)	1 000
		(029)	780
本期发生额	1 000	本期发生额	1 780
期末余额	220		

借方　　银行存款　　贷方

借方		贷方	
期初余额	528 881.25		
(002)	650 000	(003)	258 587
(004)	710 500	(005)	1 000
(010)	300 000	(006)	197 617
(012)	870 000	(007)	125 530.50
(016)	1 596 200	(008)	10 000
		(009)	60 000
		(013)	91 515
		(014)	5 000
		(019)	122 850
		(028)	11 000
		(030)	15 000
		(031)	5 500
		(033)	12 000
本期发生	4 126 700	本期发生额	915 599.50
期末余额	3 739 981.75		

借方　　其他货币资金　　贷方

借方		贷方	
期初余额	0		
(008)	10 000		
本期发生额	10 000	本期发生额	0
期末余额	10 000		

借方　　应收账款　　贷方

借方		贷方	
期初余额	5 690 117		
(012)	300 000	(002)	650 000
(014)	1 596 200	(004)	710 500
		(010)	300 000
		(016)	1 596 200
本期发生额	1 896 200	本期发生额	3 256 700
期末余额	4 329 617		

借方　预付账款　贷方

借方		贷方	
期初余额	0		
(009)	60 000	(013)	60 000
(033)	12 000		
本期发生额	72 000	本期发生额	60 000
期末余额	12 000		

借方　在途物资　贷方

借方		贷方	
期初余额	1 995 000		
		(018)	1 020 000
		(020)	975 000
本期发生额	0	本期发生额	1 995 000
期末余额	0		

借方　原材料　贷方

借方		贷方	
期初余额	1 577 500		
(001)	1 527 000	(021)	2 000
(011)	202 500	(025)	1 625 53 4.56
(013)	129 500	(026)	218 975.38
(018)	1 020 000	(027)	167 177
(020)	975 000		
本期发生额	3 854 000	本期发生额	2 013 686.94
期末余额	3 417 813.06		

借方　周转材料　贷方

借方		贷方	
期初余额	27 480		
		(017)	4 500
		(022)	2 000
本期发生额	0	本期发生额	6 500
期末余额	20 980		

借方　库存商品　贷方

借方		贷方	
期初余额	1 920 000		
		(037)	1 920 000
本期发生额	0	本期发生额	1 920 000
期末余额	0		

借方　基本生产成本　贷方

借方		贷方	
期初余额	0		
(025)	1 625 534.56		
(026)	218 975.38		
(027)	167 177		
(034)	149 838.75		
(036)	223 813.25		
本期发生额	2 385 338.94	本期发生额	0
期末余额	2 385 338.94		

借方　辅助生产成本　贷方

借方		贷方	
期初余额	0		
(021)	2 000	(035)	24 485.25
(023)	10 000		
(032)	5 004		
(034)	7 481.25		
本期发生额	24 485.25	本期发生额	24 485.25
期末余额	0		

借方　制造费用　贷方

借方		贷方	
期初余额	0		
(022)	2 000	(036)	223 813.25
(023)	156 000		
(032)	36 540		
(034)	4 788		
(035)	24 485.25		
本期发生额	223 813.25	本期发生额	223 813.25
期末余额	0		

图4–111

其他应收款

借方		贷方	
期初余额	190 000		
(015)	1 000		
本期发生额	1 000	本期发生额	0
期末余额	191 000		

固定资产

借方		贷方	
期初余额	39 500 000		
(019)	105 000		
本期发生额	105 000	本期发生额	0
期末余额	39 605 000		

累计折旧

借方		贷方	
		期初余额	16 500 000
		(023)	250 000
本期发生额	0	本期发生额	250 000
		期末余额	16 750 000

累计摊销

借方		贷方	
		期初余额	180 000
		(024)	10 000
本期发生额	0	本期发生额	10 000
		期末余额	190 000

应付票据

借方		贷方	
		期初余额	1 987 000
		(001)	1 786 590
本期发生额	0	本期发生额	1 786 590
		期末余额	3 773 590

应付账款

借方		贷方	
		期初余额	8 700 000
		(011)	236 925
		(032)	53 014
本期发生额	0	本期发生额	289 939
		期末余额	8 989 939

应付职工薪酬

借方		贷方	
		期初余额	337 511.25
(006)	197 617	(034)	219 963
(007)	125 530.50		
(031)	5 500		
(040)	902		
本期发生额	329 549.50	本期发生额	219 963
		期末余额	227 924.75

应交税费

借方		贷方	
		期初余额	258 587
(001)	259 590	(012)	170 000
(003)	258 587	(014)	231 200
(011)	34 425	(038)	67 320
(013)	22 015	(039)	6 732
(019)	17 850	(040)	902
(038)	67 320	(043)	59 665.75
本期发生额	659 787	本期发生额	535 819.75
		期末余额	134 619.75

应交税费——应交增值税

借方		贷方	
		期初余额	187 000
(001)	259 590	(012)	170 000
(003)	187 000	(014)	231 200
(011)	34 425	(038)	67 320
(013)	22 015		
(019)	17 850		
(038)	67 320		
本期发生额	588 200	本期发生额	468 520
		期末余额	67 320

主营业务收入

借方		贷方	
		期初余额	0
(041)	2 360 000	(012)	1 000 000
		(014)	1 360 000
本期发生额	2 360 000	本期发生额	2 360 000
		期末余额	0

借方	主营业务成本		贷方
期初余额	0		
(037)	1 920 000	(042)	1 920 000
本期发生额	1 920 000	本期发生额	1 920 000
期末余额	0		

借方	税金及附加		贷方
期初余额	0		
(039)	6 732	(042)	6 732
本期发生额	6 732	本期发生额	6 732
期末余额	0		

借方	管理费用		贷方
期初余额	0		
(023)	68 000	(042)	142 579
(024)	10 000		
(028)	11 000		
(029)	780		
(030)	15 000		
(032)	7 874		
(034)	29 925		
本期发生额	142 579	本期发生额	142 579
期末余额	0		

借方	销售费用		贷方
期初余额	0		
(017)	4 500	(042)	52 026
(023)	16 000		
(032)	3 596		
(034)	27 930		
本期发生额	52 026	本期发生额	52 026
期末余额	0		

借方	所得税费用		贷方
期初余额	0		
(043)	59 665.75	(044)	59 665.75
本期发生额	59 665.75	本期发生额	59 665.75
期末余额	0		

借方	本年利润		贷方
期初余额	0		
(042)	2 121 337	(041)	2 360 000
(044)	59 665.75		
本期发生额	2 181 002.75	本期发生额	2 360 000
		期末余额	178 997.25

图4-111　丁字账

（2）科目汇总表的编制

科目汇总表的编制

科目汇总表根据公司记账凭证的多少，可以十天、半个月或者一个月编制一次。编制时首先要做“丁字账”；然后，再根据丁字账中的发生额填列在科目汇总表中；最后，计算出本期所有科目发生额的合计数，看看贷方与借方是否相等。在借贷双方相等的基础上，根据科目汇总表登记总账。为了方便编制会计报表，在做“丁字账”时可以将期初、期末余额也列示出来。

表4-25 科目汇总表

科汇第1号　　2016年1月1日至1月31日　　单位：元

选择时间区间：2016年1月		
起始时间：1月1日		
终止时间：1月31日		
本期借方发生额	科目名称	本期贷方发生额
1 000.00	库存现金	1 780.00
4 126 700.00	银行存款	915 599.50
10 000.00	其他货币资金	
1 896 200.00	应收账款	3 256 700.00
3 854 000.00	原材料	2 013 686.94
	周转材料	6 500.00
	在途物资	1 995 000.00
	库存商品	1 920 000.00
24 485.25	辅助生产成本	24 485.25
2 385 338.94	基本生产成本	
105 000.00	固定资产	
	累计折旧	250 000.00
	累计摊销	10 000.00
1 000.00	其他应收款	
72 000.00	预付账款	60 000.00
	应付账款	289 939.00
	应付票据	1 786 590.00
659 787.00	应交税费	535 819.75
329 549.50	应付职工薪酬	219 963.00
2 360 000.00	主营业务收入	2 360 000.00
1 920 000.00	主营业务成本	1 920 000.00
142 579.00	管理费用	142 579.00
52 026.00	销售费用	52 026.00
223 813.25	制造费用	223 813.25
59 665.75	所得税费用	59 665.75
6 732.00	税金及附加	6 732.00
2 181 002.75	本年利润	2 360 000.00
20 410 879.44	合计	20 410 879.44

(3) 总账的登记

作为兴华电机有限责任公司的一名总账会计，在每月末就要根据前面编制好的科目汇总表，登记相关总账。由于篇幅原因，本月的总账账页与3月的总账一并列示，详见后文。

4.3 财务报表的编制

4.3.1 编表前的准备工作

(1) 对账与结账

名师指导

编制会计报表，是企业日常核算的最后一个环节，为了保证报表数字的准确、可靠，在编制报表前要将各账簿的账户记录进行核对，以保证账账相符、账证相符、账表相符。对账工作主要包括日记账、明细账、总账的记录内容要与相关会计凭证核对；各类账簿之间有关发生额和余额的核对，一一检验前面的日记账、明细账和总账的有关记录。

结账就是在记账、对账后，将各个账户的借方发生额、贷方发生额分别合计，然后再结合期初余额，得出期末余额，并在最后一笔账目记录下，画一红线作出结账标记，若是年度结账，则要画双红线作结账标记。

(2) 试算平衡表的编制

名师指导

在完成以上工作后，下一步就要编制一张试算平衡表。试算平衡表就是将总账科目期初余额、本期发生额和期末余额分别填在各栏的借方和贷方，检验各栏的借方金额和贷方金额是否相等。这一过程又叫试算平衡。试算平衡没问题的账目不一定完全正确，但是试算平衡有问题的账目一定有错误。

表4-26 试算平衡表

2016年1月31日 单位：元

科目名称	期初余额		本期发生额		期末余额	
	借方	贷方	借方	贷方	借方	贷方
库存现金	1 000.00		1 000.00	1 780.00	220.00	
银行存款	528 881.25		4 126 700.00	915 599.50	3 739 981.75	
其他货币资金			10 000.00		10 000.00	
应收票据	2 000 000.00				2 000 000.00	
应收账款	5 690 117.00		1 896 200.00	3 256 700.00	4 329 617.00	
预付账款			72 000.00	60 000.00	12 000.00	
其他应收款	190 000.00		1 000.00		191 000.00	
原材料	1 577 500.00		3 854 000.00	2 013 686.94	3 417 813.06	
库存商品	1 920 000.00			1 920 000.00	0.00	
周转材料	2 7480.00			6 500.00	20 980.00	
在途物资	1 995 000.00			1 995 000.00	0.00	
基本生产成本			2 385 338.94		2 385 338.94	
辅助生产成本			24 485.25	24 485.25	0.00	
固定资产	39 500 000.00		105 000.00		39 605 000.00	
累计折旧		16 500 000.00		250 000.00		16 750 000.00
在建工程	457 020.00				457 020.00	
无形资产	600 000.00				600 000.00	
累计摊销		180 000.00		10 000.00		190 000.00
应付票据		1 987 000.00		1 786 590.00		3 773 590.00
应付账款		8 700 000.00		289 939.00		8 989 939.00
其他应付款		27 000.00				27 000.00
应付职工薪酬		337 511.25	329 549.50	219 963.00		227 924.75
应交税费		258 587.00	659 787.00	535 819.75		134 619.75
短期借款		500 000.00				500 000.00
长期借款		1 000 000.00				1 000 000.00
实收资本		22 000 000.00				22 000 000.00
资本公积		600 000.00				600 000.00
盈余公积		800 000.00				800 000.00
本年利润			2 181 002.75	2 360 000.00		178 997.25
利润分配（未分配利润）		1 596 900 .00				1 596 900.00

续表

科目名称	期初余额		本期发生额		期末余额	
	借方	贷方	借方	贷方	借方	贷方
制造费用			223 813.25	223 813.25		
主营业务收入			2 360 000.00	2 360 000.00		
主营业务成本			1 920 000.00	1 920 000.00		
税金及附加			6 732.00	6 732.00		
销售费用			52 026.00	52 026.00		
管理费用			142 579.00	142 579.00		
所得税费用			59 665.75	59 665.75		
合计	54 486 998.25	54 486 998.25	20 410 879.44	20 410 879.44	56 768 970.75	56 768 970.75

4.3.2 财务报表的编制

（1）1 月份资产负债表的编制

名师指导

根据试算平衡表对照资产负债表中的相关项目，一一填列或者汇总填列，如固定资产、累计折旧等，货币资金项目则要根据库存现金、银行存款和其他货币资金的合计数填列，有些项目需要分析计算填列。总之，填列资产负债表并不难，一看总账应该知道对号入座。填列完毕，要根据“资产＝负债＋所有者权益”的公式检查两边是否相等。

表4-27　资产负债表

会小企01表

编制单位：山西兴华电机有限责任公司　　2016年1月31日　　单位：元

资　　产	期末余额	期初余额	负债和所有者权益	期末余额	期初余额
流动资产：			流动负债：		
货币资金	3 750 201.75	529 881.25	短期借款	500 000.00	500 000.00
短期投资			应付票据	3 773 590.00	1 987 000.00
应收票据	2 000 000.00	2 000 000.00	应付账款	8 989 939.00	8 700 000.00
应收账款	4 329 617.00	5 690 117.00	预收账款		

续表

资　产	期末余额	期初余额	负债和所有者权益	期末余额	期初余额
预付账款	12 000.00		应付职工薪酬	227 924.75	337 511.25
应收股利			应交税费	134 619.75	258 587.00
应收利息			应付利息		
其他应收款	191 000.00	190 000.00	应付利润		
存货	5 824 132.00	5 519 980.00	其他应付款	27 000.00	27 000.00
其中：原材料	3 417 813.06	3 572 500.00	其他流动负债		
在产品	2 385 338.94	0.00	流动负债合计	13 653 073.50	11 810 098.00
库存商品	0.00	1 920 000.00	非流动负债：		
周转材料	20 980.00	27 480.00	长期借款	1 000 000.00	1 000 000.00
其他流动资产			长期应付款		
流动资产合计	16 106 950.75	13 929 978.25	递延收益		
非流动资产：			其他非流动负债		
长期债券投资			非流动负债合计	1 000 000.00	1 000 000.00
长期股权投资			负债合计	14 653 073.50	12 810 098.25
固定资产原价	39 605 000.00	39 500 000.00	所有者权益（或股东权益）：		
减：累计折旧	16 750 000.00	16 500 000.00	实收资本（或股东）	22 000 000.00	22 000 000.00
固定资产账面价值	22 855 000.00	23 000 000.00	资本公积	600 000.00	600 000.00
在建工程	457 020.00	457 020.00	盈余公积	800 000.00	800 000.00
工程物资			未分配利润	1 775 897.25	1 596 900.00
固定资产清理			所有者权益（或股东权益）合计	25 175 897.25	24 996 900.00
生产性生物资产					
无形资产	410 000.00	420 000.00			
开发支出					
长期待摊费用					
其他非流动资产					
非流动资产合计	23 722 020.00	23 877 020.00			
资产总计	39 828 970.75	37 806 998.25	负债和所有者权益（或股东权益）总计	39 828 970.75	37 806 998.25

(2) 1 月份利润表的编制

名师指导

利润表是根据总账中损益类科目的发生额填列的，也可以根据结转利润的记账凭证填列。填列完毕，要根据“收入－费用＝利润”的公式检查净利润是否与总账中本年利润数一致。要从上到下合计一番，以免有错。

表4-28　利润表

会小企03表

编制单位：山西兴华电机有限责任公司　　　2016年1月　　　单位：元

项　　目	本年累计金额	本月金额
一、营业收入	2 360 000.00	2 360 000.00
减：营业成本	1 920 000.00	1 920 000.00
税金及附加	6 732.00	6 732.00
其中：消费税		
城市维护建设税	4 712.40	4 712.40
资源税		
土地增值税		
城镇土地使用税、房产税、车船税、印花税		
教育费附加、矿产资源补偿费、排污费	2 019.60	2 019.60
销售费用	52 026.00	52 026.00
其中：商品维修费		
广告费和业务宣传费		
管理费用	142 579.00	142 579.00
其中：开办费		
业务招待费		
研究费用		
财务费用		
其中：利息费用（收入以“-”号填列）		
加：投资收益（损失以“-”号填列）		
二、营业利润（亏损以“-”号填列）	238 663.00	238 663.00
加：营业外收入		

续表

项　　目	本年累计金额	本月金额
其中：政府补助		
减：营业外支出		
其中：坏账损失		
无法收回的长期债券投资损失		
无法收回的长期股权投资损失		
自然灾害等不可抗力因素造成的损失		
税收滞纳金		
三、利润总额（亏损总额以“-”号填列）	238 663.00	238 663.00
减：所得税费用	59 665.75	59 665.75
四、净利润（净亏损以“-”号填列）	178 997.25	178 997.25

(3) 1月份现金流量表的编制

表4–29　现金流量表

会小企03表

编制单位：山西兴华电机有限责任公司　　　　2016年1月　　　　单位：元

项　目	本年累计金额	本月金额
一、经营活动产生的现金流量：		
销售产成品、商品、提供劳务收到的现金	4 126 700.00	4 126 700.00
收到其他与经营活动有关的现金		
购买原材料、商品、接受劳务支付的现金	151 515.00	151 515.00
支付的职工薪酬	328 647.50	328 647.50
支付的税费	258 587.00	258 587.00
支付其他与经营活动有关的现金	44 780.00	44 780.00
经营活动产生的现金流量净额	3 343 170.50	3 343 170.50
二、投资活动产生的现金流量：		
收回短期投资、长期债券投资和长期股权投资收到的现金		
取得投资收益收到的现金		
处置固定资产、无形资产和其他非流动资产收回的现金净额		
短期投资、长期债券投资和长期股权投资支付的现金		
购建固定资产、无形资产和其他非流动资产支付的现金	122 850.00	122 850.00
投资活动产生的现金流量净额	−122 850.00	−122 850.00
三、筹资活动产生的现金流量：		
取得借款收到的现金		
吸收投资者投资收到的现金		

续表

项 目	本年累计金额	本月金额
偿还借款本金支付的现金		
偿还借款利息支付的现金		
分配利润支付的现金		
筹资活动产生的现金流量净额		
四、现金净增加额	3 220 320.50	3 220 320.50
加：期初现金余额	529 881.25	529 881.25
五、期末现金余额	3 750 201.75	3 750 201.75

第五章　2016年2月份经济业务的账务处理

本章做账除了对当月发生的日常业务继续熟练应用外，重点是归集分配山西兴华电机有限责任公司产品生产过程中发生的各种费用，指导大家完成产品成本核算的全过程，现在让我们开始吧！

5.1　会计凭证的填制

5.1.1　企业日常基本业务的账务处理

A. 2月1日，签发现金支票向银行提取备用金2 000元。

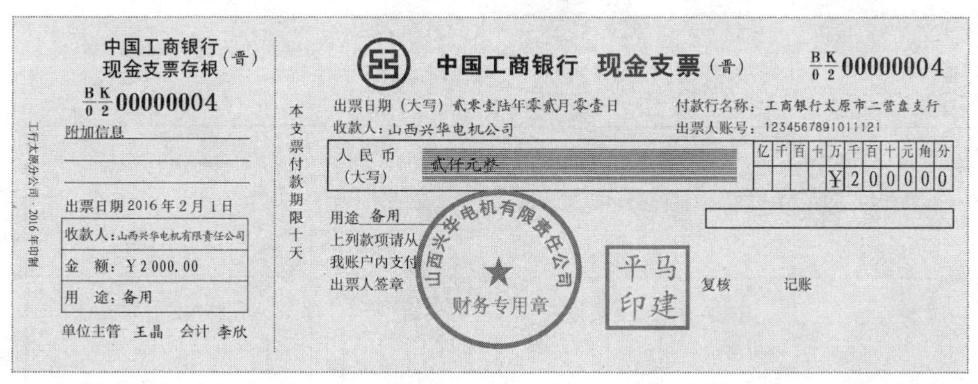

中国工商银行
现金支票存根（晋）
BK/02 00000004
附加信息
出票日期 2016年2月1日
收款人：山西兴华电机有限责任公司
金　额：￥2 000.00
用　途：备用
单位主管 王晶　会计 李欣
工行太原分公司 · 2016年印制

中国工商银行　现金支票（晋）　BK/02 00000004
本支票付款期限十天
出票日期（大写）贰零壹陆年零贰月零壹日　付款行名称：工商银行太原市二营盘支行
收款人：山西兴华电机公司　出票人账号：1234567891011121

人民币（大写）	亿	千	百	十	万	千	百	十	元	角	分
贰仟元整					￥	2	0	0	0	0	0

用途 备用
上列款项请从
我账户内支付
出票人签章　山西兴华电机有限责任公司 财务专用章　马平印建
复核　记账

图5-1　现金支票

记 账 凭 证

2016年2月1日　　　　　　　　　　　　　　　　记字第001号

摘要	总账科目	明细科目	借方									✓	贷方									✓
			百	十	万	千	百	十	元	角	分		百	十	万	千	百	十	元	角	分	
提取备用金	库存现金					2	0	0	0	0	0											
	银行存款	工商银行														2	0	0	0	0	0	
合计					¥	2	0	0	0	0	0				¥	2	0	0	0	0	0	

附单据1张

会计主管　　　　记账　　　　复核　　　　制单 李欣

图5-2 记账凭证

B．2月3日，用银行存款支付上月水电费53 014元，其中水费23 022元，电费29 992元。

山西省地方税收通用发票（电子）　　电子发票 手写无效

发 票 联

全国统一发票监制章 山西省国家税务局监制

发票代码244001102171

开票日期 2016年02月03日　8：15：36　　　　发票号码09804513

防伪码	1123868616096651429565643		
付款方	山西兴华电机有限公司	身份证号/组织机构代码/纳税人识别号	125679123546123
收款方	太原市供水公司	身份证号/组织机构代码/纳税人识别号	2223542355187654

项目名称	单位	数量	单价	金额	备注
水费	吨	5 116	4.50	23 022.00	
合计金额（大写）人民币贰万叁仟零贰拾贰元整				（小写）：¥23 022.00	
查询网址：http://www.sxgs.gov.cn	主管税务机关代码		太原市地方税务局		

发票联　付款方付款凭证

NO：244001102171　　　　开票人：牛丽　　　　收款方盖章

太原市供水公司 2223542355187654 发票专用章

图5-3 通用电子发票

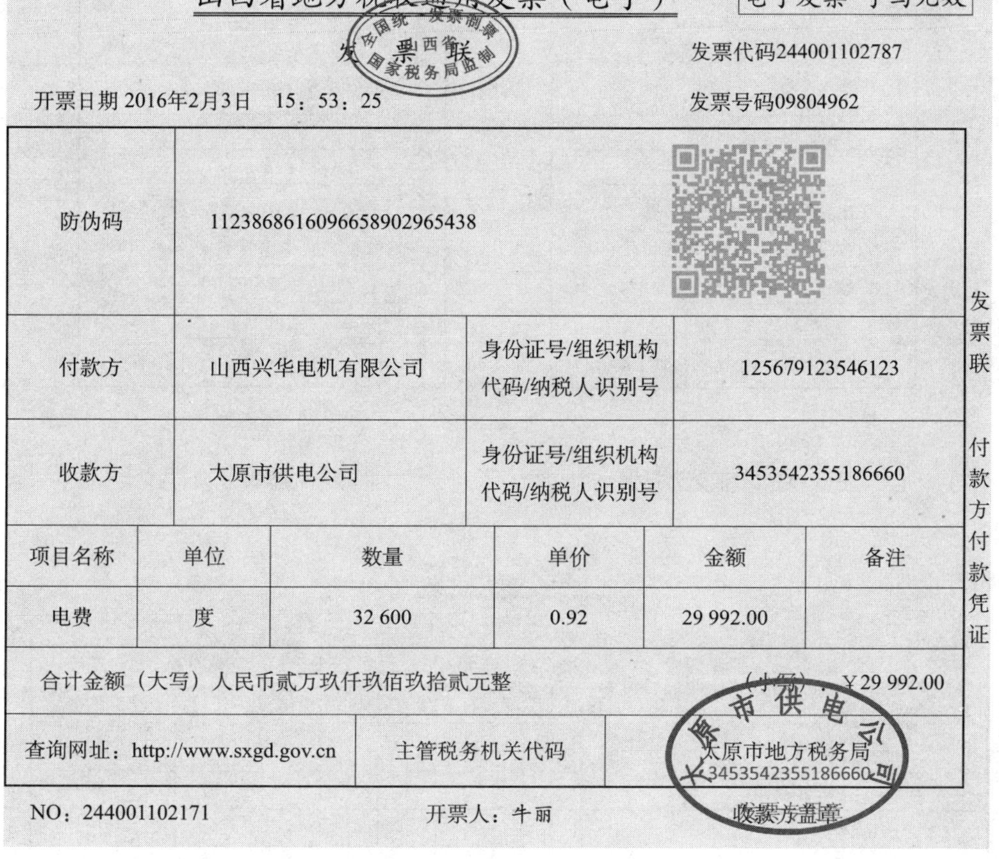

山西省地方税收通用发票（电子）　　电子发票　手写无效

发票联　　　　发票代码244001102787

开票日期 2016年2月3日　15：53：25　　　　发票号码09804962

防伪码	1123868616096658902965438		
付款方	山西兴华电机有限公司	身份证号/组织机构代码/纳税人识别号	125679123546123
收款方	太原市供电公司	身份证号/组织机构代码/纳税人识别号	3453542355186660

项目名称	单位	数量	单价	金额	备注
电费	度	32 600	0.92	29 992.00	
合计金额（大写）人民币贰万玖仟玖佰玖拾贰元整				（小写）￥29 992.00	

查询网址：http://www.sxgd.gov.cn	主管税务机关代码	太原市地方税务局 3453542355186660

NO：244001102171　　开票人：牛丽　　收款方盖章

发票联　付款方付款凭证

图5-4　通用电子发票

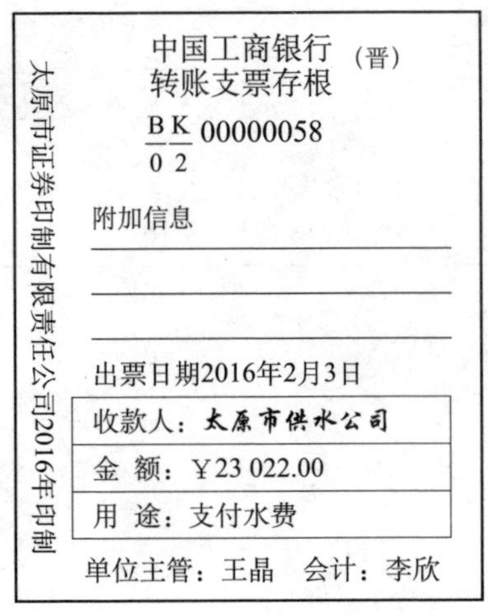
中国工商银行 （晋）
转账支票存根
$\frac{BK}{02}$ 00000058
附加信息
出票日期2016年2月3日
收款人：太原市供水公司
金 额：￥23 022.00
用 途：支付水费
单位主管：王晶 会计：李欣
太原市证券印制有限责任公司2016年印制

图5-5 银行支票存根

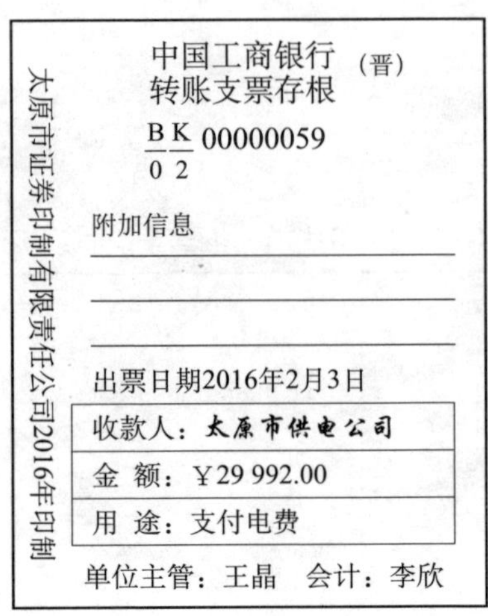
中国工商银行 （晋）
转账支票存根
$\frac{BK}{02}$ 00000059
附加信息
出票日期2016年2月3日
收款人：太原市供电公司
金 额：￥29 992.00
用 途：支付电费
单位主管：王晶 会计：李欣
太原市证券印制有限责任公司2016年印制

图5-6 银行支票存根

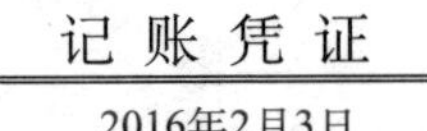
记 账 凭 证

2016年2月3日 记字第002号

摘要	总账科目	明细科目	借方									✓	贷方									✓
			百	十	万	千	百	十	元	角	分		百	十	万	千	百	十	元	角	分	
缴纳水电费	应付账款				5	3	0	1	4	0	0											
	银行存款	工行													5	3	0	1	4	0	0	
合计				￥	5	3	0	1	4	0	0			￥	5	3	0	1	4	0	0	

附单据4张

会计主管 记账 复核 制单 李欣

图5-7 记账凭证

C．2月8日，向本溪物资公司购入矽钢片100 000千克，单价为10元，标准件及零配件12 500件，单价为40元，增值税率为17%。材料已验收入库，货款通过网上电子银行转账支付。

03870002　　辽宁省增值税专用发票　　№ 02356001

发票联　　开票日期：2016年2月8日

购货单位	名称：	山西兴华电机有限责任公司	密码区	2/1+<<395120-994b*02 4-99809+<605425948<0 *8544-943+119-21310 777888654 -5-0<48>2+564658>2>			
	纳税人识别号：	125679123546123					
	地址、电话：	山西省太原市并州路001号 0351-1234567					
	开户银行及账户	中国工商银行太原市二营盘支行 1234567891011121					
货物或应税劳务名称	规格型号	单位	数量	单价	金额	税率	税额
矽钢片		千克	100 000	10.00	1 000 000	17%	170 000
标准件及零配件		件	12 500	40.00	500 000	17%	85 000
合计					1 500 000		255 000
价税合计（大写）	⊗ 壹佰柒拾伍万伍仟元整（小写）￥1 755 000.00						
销货单位	名称：	辽宁本溪物资公司	备注				
	纳税人识别号：	565123544687463					
	地址、电话：	辽宁本溪市地工路1号086-414-4832000					
	开户行及账号：	中国工商银行辽宁本溪市支行 1239875623140215					

第二联　发票联　购货方记账凭证

收款人：　　复核：　　开票人：吴为　　销货单位：辽宁本溪物资公司

图5-8　增值税专用发票

收料单

供应单位：辽宁本溪物资公司　　收料仓库：1号仓库

发票号码：　　2016年2月8日　　第001号

材料编号	材料名称	规格	单位	数量		金额			
				应收	实收	单价	金额	运费	合计
	矽钢片		千克	100 000	100 000	10	1 000 000		1 000 000
合计							1 000 000		1 000 000

②会计记账联

仓库负责人：　　经办人：张宏　　收料人：李敏

图5-9　收料单

收料单

供应单位：辽宁本溪物资公司　　收料仓库：2号仓库

发票号码：　　2016年2月8日　　第002号

材料编号	材料名称	规格	单位	数量		金额			
				应收	实收	单价	金额	运费	合计
	标准件及零配件		件	12 500	12 500	40	500 000		500 000
合计							500 000		500 000

②会计记账联

仓库负责人：　　经办人：王兵　　收料人：赵阳

图5-10　收料单

中国工商银行 网上银行电子回单

业务类型：网银汇款回单　　2016年2月8日					
付款方	账号	1234567891011121	收款方	账号	1239875623140215
	全称	山西兴华电机有限责任公司		全称	辽宁本溪物资公司
	开户银行	中国工商银行太原市二营盘支行		开户银行	中国工商银行辽宁本溪市支行
	行号	0312		行号	0416
金额		RMB：1 755 000.00			
		人民币（大写）：壹佰柒拾伍万伍仟元整			
流水号		8580114785	验证码		029804
摘要		网银转账			

中国工商银行 电子回单专用章

图5-11　网上银行电子回单

记账凭证

2016年2月8日 记字第003号

摘要	总账科目	明细科目	借方									✓	贷方									✓
			百	十	万	千	百	十	元	角	分		百	十	万	千	百	十	元	角	分	
购买原材料付款	原材料	原料及主要材料（矽钢片）	1	0	0	0	0	0	0	0	0											
		外购零配件（标准件及零配件）		5	0	0	0	0	0	0	0											
	应交税费	应交增值税（进项税额）		2	5	5	0	0	0	0	0											
	银行存款	工行											1	7	5	5	0	0	0	0	0	
合计			1	7	5	5	0	0	0	0	0		1	7	5	5	0	0	0	0	0	

附单据4张

会计主管 记账 复核 制单 李欣

图5-12 记账凭证

D．2月9日，开出转账支票缴纳上月的增值税、个人所得税、企业所得税、城建税和教育费附加。

中华人民共和国 （2016） 地

城市维护建设税等 专用税收缴款书 X地申 №

隶属关系：

注册类型：股份制 填发日期：2016年2月9日 征收机关：太原市地方税务局 第二营业 所

缴款单位（人）			预算科目	
	代码	125679123546123	编码	
	全称	山西兴华电机有限责任公司	名称	
	开户银行	中国工商银行太原市二营盘支行	级次	
	账号	1234567891011121	收款国库	

税款所属日期 2016年1月1日至1月31日	税款限缴日期 2016年2月9日

计征依据		征收率	实缴税额										
项目名称	计征金额	（%）	亿	千	百	十	万	千	百	十	元	角	分
城市维护建设税	67 320	7%						4	7	1	2	4	0
教育费附加	67 320	3%						2	0	1	9	6	0
企业所得税							5	9	6	6	5	7	5
个人所得税									9	0	2	0	0
金额合计（大写）仟 ×佰×拾陆万柒仟贰佰玖拾玖元柒角伍分						¥	6	7	2	9	9	7	5

缴款单位（人）（盖章） 经办人（章）	税务机关（盖章） 填票人（章）	上列款项已收妥并划转收款单位账户 国库（银行）盖章 年 月 日	备注

山西兴华电机有限责任公司 财务专用章

（无银行收讫章无效） 逾期不缴按税法规定加收滞纳金

第六联（收据）国库（经收处）收款盖章交缴款单位（人）作完税凭证

图5-13 专用税收缴款书

中华人民共和国　(2016) X 国申　国

增值税　专用税收缴款书　№

隶属关系：

注册类型：股份制　填发日期：2016年2月9日　征收机关：太原市国家税务局

缴款单位（人）			预算科目		
	代码	125679123546123		编码	
	全称	山西兴华电机有限责任公司		名称	
	开户银行	中国工商银行太原市二营盘支行		级次	
	账号	1234567891011121	收款国库		

税款所属日期2016年1月1日至1月31日　税款限缴日期 2016 年2月9日

品目名称	计税金额	税率或征收率	销项税额	进项税额	已交税额	亿	千	百	十	万	千	百	十	元	角	分
增值税		17%	401 200	333 880						6	7	3	2	0	0	0
金额合计（大写）×亿× 仟 ×佰陆万柒仟叁佰贰拾元零角零分									¥	6	7	3	2	0	0	0

缴款单位（人）（盖章）经办人（章）	税务机关（盖章）填票人（章）	上列款项已收妥并划转收款单位账户 国库（银行）盖章　年　月　日	备注

（无银行收讫章无效）　逾期不缴按税法规定加收滞纳金

第六联（收据）国库（经收处）收款盖章交缴款单位（人）作完税凭证

山西兴华电机有限责任公司 财务专用章

图5-14　专用税收缴款书

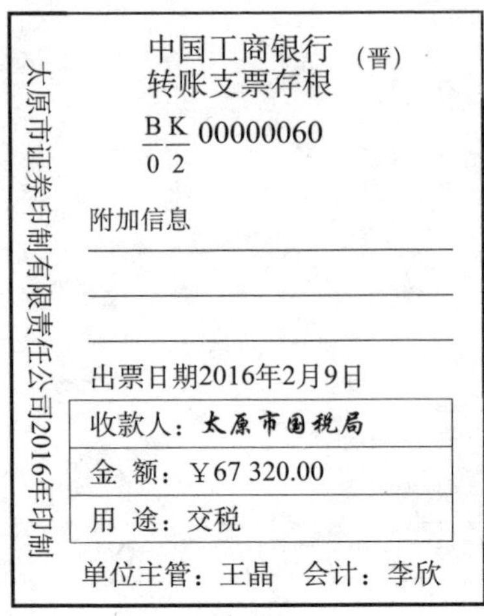

中国工商银行 (晋)
转账支票存根

$\frac{BK}{02}$ 00000060

附加信息

出票日期2016年2月9日

收款人：太原市国税局

金 额：￥67 320.00

用 途：交税

单位主管：王晶 会计：李欣

太原市证券印制有限责任公司2016年印制

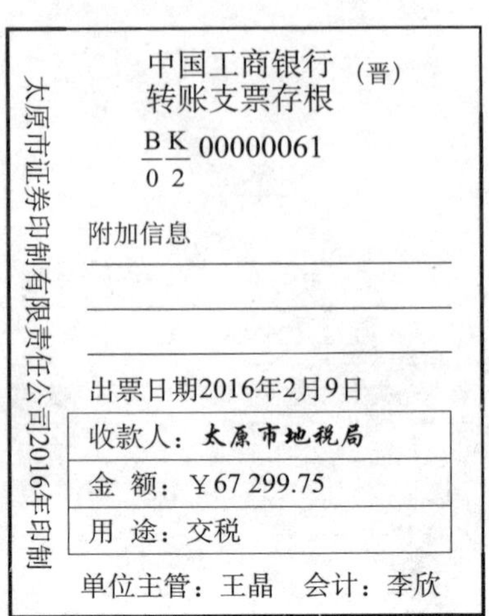

中国工商银行 (晋)
转账支票存根

$\frac{BK}{02}$ 00000061

附加信息

出票日期2016年2月9日

收款人：太原市地税局

金 额：￥67 299.75

用 途：交税

单位主管：王晶 会计：李欣

太原市证券印制有限责任公司2016年印制

图5-15 转账支票存根

记 账 凭 证

2016年2月9日 记字第004号

摘要	总账科目	明细科目	借方									✓	贷方									✓
			百	十	万	千	百	十	元	角	分		百	十	万	千	百	十	元	角	分	
上缴上月税款	应交税费	未交增值税			6	7	3	2	0	0	0											
		应交城建税				4	7	1	2	4	0											
		应交教育费附加				2	0	1	9	6	0											
		应交企业所得税			5	9	6	6	5	7	5											
		代扣代缴个人所得税					9	0	2	0	0											
	银行存款	工行												1	3	4	6	1	9	7	5	
合计			￥	1	3	4	6	1	9	7	5		￥	1	3	4	6	1	9	7	5	

附单据4张

会计主管 记账 复核 制单 李欣

图5-16 记账凭证

E．2月10日，用银行存款支付上月职工工资128 760.40元，上交社保局四险一金81 810.80元，其中个人负担为24 697.60元，企业负担为57 113.20元。

太原市证券印制有限责任公司2016年印制

中国工商银行（晋）
转账支票存根

$\frac{BK}{02}$ 00000062

附加信息

出票日期2016年2月10日

收款人：山西兴华电机有限责任公司
金 额：￥128 760.40
用 途：发放工资

单位主管：王晶 会计：李欣

图5-17 转账支票存根

太原市证券印制有限责任公司2016年印制

中国工商银行（晋）
转账支票存根

$\frac{BK}{02}$ 00000063

附加信息

出票日期2016年2月10日

收款人：太原市社保局
金 额：￥81 810.80
用 途：支付四险一金

单位主管：王晶 会计：李欣

图5-18 转账支票存根

记账凭证

2016年2月10日 记字第005号

摘要	总账科目	明细科目	借方									✓	贷方									✓
			百	十	万	千	百	十	元	角	分		百	十	万	千	百	十	元	角	分	
支付上月工资	应付职工薪酬	工资		1	2	8	7	6	0	4	0											
	银行存款	工行												1	2	8	7	6	0	4	0	
合计			￥	1	2	8	7	6	0	4	0		￥	1	2	8	7	6	0	4	0	

附单据1张

会计主管 记账 复核 制单 李欣

图5-19 记账凭证

记账凭证

2016年2月10日 记字第006号

摘要	总账科目	明细科目	借方 百	十	万	千	百	十	元	角	分	√	贷方 百	十	万	千	百	十	元	角	分	√
上缴上月四险一金	应付职工薪酬	社会保险			4	9	3	9	5	2	0											
		住房公积金				7	7	1	8	0	0											
		工资			2	4	6	9	7	6	0											
	银行存款	工行													8	1	8	1	0	8	0	
合计				¥	8	1	8	1	0	8	0			¥	8	1	8	1	0	8	0	

附单据1张

会计主管 记账 复核 制单 李欣

图5-20 记账凭证

F．2 月 12 日，公司接受山西盛大公司捐赠的新机器设备一台，其公允价值为 10 万元，预计设备残值为 4 000 元，预计使用年限为 5 年，未取得增值税发票，该设备交付机修车间使用。

固定资产转移单

捐赠单位：山西盛大公司 2016年2月12日

接受单位：山西兴华电机有限责任公司 调拨单号：

调拨原因或依据		捐赠				调拨方式	无偿	
固定资产名称	规格型号	单位	数量	预计使用年限	已使用年限	原值	计提折旧	净值
机器设备		台	1	5	0			
捐赠单位						接受单位		
公章 财务： 经办：		山西盛大有限公司（公章）财务专用章				公章 财务： 经办：	山西兴华电机有限责任公司 财务专用章	

会计主管：王晶 稽核： 制单：李欣

图5-21 固定资产转移单

雪花会计师事务所文件

晋［2016］ 字第005号

资产评估报告

山西兴华电机有限责任公司：

我单位接受贵单位委托，依据《中华人民共和国国有资产评估办法》《中华人民共和国注册会计师法》和《企业会计准则》等的规定，对贵公司接受山西盛大公司捐赠的机器设备一台进行评估。原始价值为110 000元，固定资产按现行市价确定价值为100 000元（含税价）。

评估员：王晓玲

中国注册会计师：赵军伟

雪花会计师事务所

专用章

2016年2月12日

图5-22　资产评估报告

名师指导

企业接收捐赠的固定资产，如果捐赠方提供了有关凭据的，按照凭据上标明的金额加上应支付的相关税费，作为入账价值；如果捐赠方未提供有关凭据的，应按照公允价值入账。公允价值的确定可以参照有活跃市价的同行业类似资产，也可以委托注册会计师事务所评估确定。该笔业务就是把注册会计师评估确认的价值作为原值入账的，同时由于是接受的捐赠，贷方记入“营业外收入”账户。

记 账 凭 证

2016年2月12日　　　　记字第007号

摘要	总账科目	明细科目	借方									✓	贷方									✓
			百	十	万	千	百	十	元	角	分		百	十	万	千	百	十	元	角	分	
接受捐赠机器	固定资产	机器设备		1	0	0	0	0	0	0	0											
	营业外收入													1	0	0	0	0	0	0	0	
合计			¥	1	0	0	0	0	0	0	0		¥	1	0	0	0	0	0	0	0	

附单据2张

会计主管　　记账　　复核　　制单 李欣

图5-23　记账凭证

G．2月13日，从山东无棣绝缘材料股份有限公司购入各类线材、绝缘材料各20 000米，单价分别为每米10元、6元。材料已验收入库，货款通过网上电子银行转账支付。

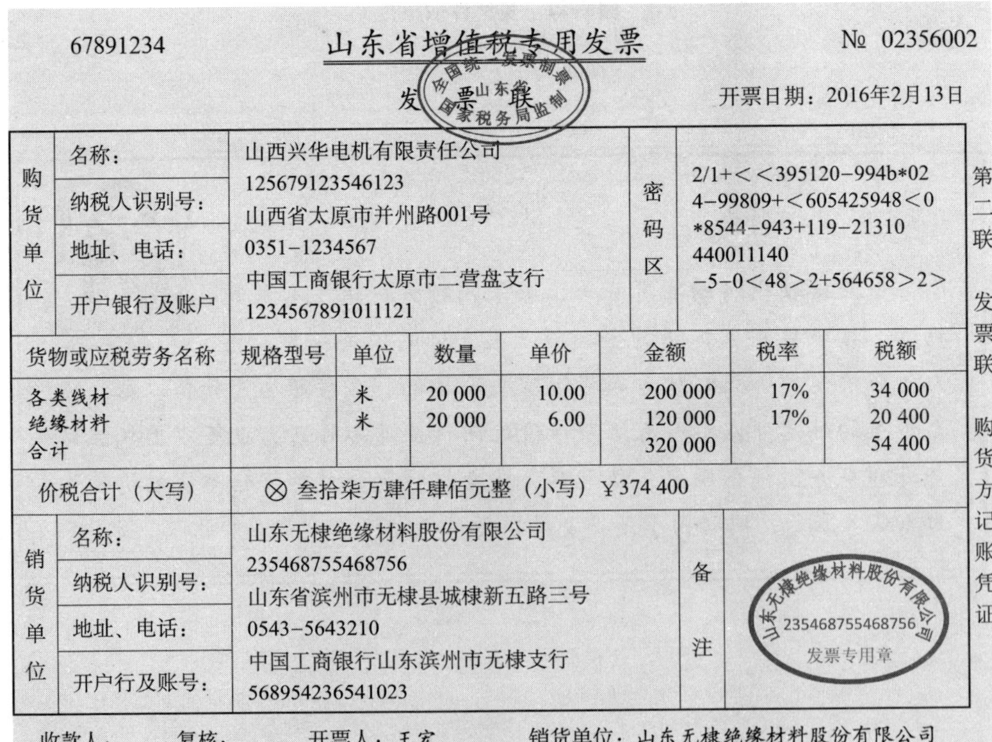

67891234　　**山东省增值税专用发票**　　№ 02356002

发 票 联　　开票日期：2016年2月13日

（全国统一发票监制章 山东省 国家税务局监制）

购货单位			密码区
	名称：	山西兴华电机有限责任公司	2/1+<<395120-994b*02
	纳税人识别号：	125679123546123	4-99809+<605425948<0
	地址、电话：	山西省太原市并州路001号 0351-1234567	*8544-943+119-21310 440011140
	开户银行及账户	中国工商银行太原市二营盘支行 1234567891011121	-5-0<48>2+564658>2>

货物或应税劳务名称	规格型号	单位	数量	单价	金额	税率	税额
各类线材		米	20 000	10.00	200 000	17%	34 000
绝缘材料		米	20 000	6.00	120 000	17%	20 400
合计					320 000		54 400
价税合计（大写）	⊗ 叁拾柒万肆仟肆佰元整（小写）￥374 400						

销货单位			备注
	名称：	山东无棣绝缘材料股份有限公司	山东无棣绝缘材料股份有限公司 235468755468756 发票专用章
	纳税人识别号：	235468755468756	
	地址、电话：	山东省滨州市无棣县城棣新五路三号 0543-5643210	
	开户行及账号：	中国工商银行山东滨州市无棣支行 568954236541023	

收款人：　　复核：　　开票人：王宏　　销货单位：山东无棣绝缘材料股份有限公司

第二联 发票联 购货方记账凭证

图5-24　增值税专用发票

收 料 单

2016年2月13日 第003号

供应单位：山东无棣绝缘材料股份有限公司 收料仓库：2号仓库

材料编号	材料名称	规格	单位	数量		金额			
				应收	实收	单价	金额	运费	合计
	各类线材		米	20 000	20 000	10	200 000		200 000
	绝缘材料		米	20 000	20 000	6	120 000		120 000
合计									320 000

②会计记账联

仓库负责人： 经办人：王兵 收料人：赵阳

图5-25 收料单

中国工商银行 网上银行电子回单

业务类型：网银汇款回单		2016年2月13日			
付款方	账号	1234567891011121	收款方	账号	568954236541023
	全称	山西兴华电机有限责任公司		全称	山东无棣绝缘材料股份有限公司
	开户银行	中国工商银行太原市二营盘支行		开户银行	中国工商银行山东滨州市无棣支行
	行号	0312		行号	0575
金额		RMB：374 400.00			
		人民币（大写）：叁拾柒万肆仟肆佰元整			
流水号		8580113530		验证码	0698834
摘要		网银转账			

中国工商银行 电子回单专用章

图5-26 网上银行电子回单

记 账 凭 证

2016年2月13日　　　　记字第008号

摘要	总账科目	明细科目	借方									✓	贷方									✓
			百	十	万	千	百	十	元	角	分		百	十	万	千	百	十	元	角	分	
购买材料付款	原材料	辅助材料（各类线材）		2	0	0	0	0	0	0	0											
		辅助材料（绝缘材料）		1	2	0	0	0	0	0	0											
	应交税费	应交增值税（进项税额）			5	4	4	0	0	0	0											
	银行存款	工行												3	7	4	4	0	0	0	0	
合计			¥	3	7	4	4	0	0	0	0		¥	3	7	4	4	0	0	0	0	

附单据3张

会计主管　　　　记账　　　　复核　　　　制单 李欣

图5-27　记账凭证

H．2月14日，公司管理部门因使用期满经批准报废一批电脑设备，该设备原价为10万元，已累计折旧10万元。在清理过程中，以银行存款支付清理费用1 000元。

山西兴华电机有限责任公司固定资产清理报废单

2016年2月14日

名称及型号	单位	数量	原始价值	已提折旧	净值	预计使用年限	实际使用年限	支付清理费用	收回变价收入
电脑	台	15	100 000	100 000	0	10	10	1 000	
建造单位			建造年份				报废原因		已到使用年限

图5-28　固定资产清理报废单

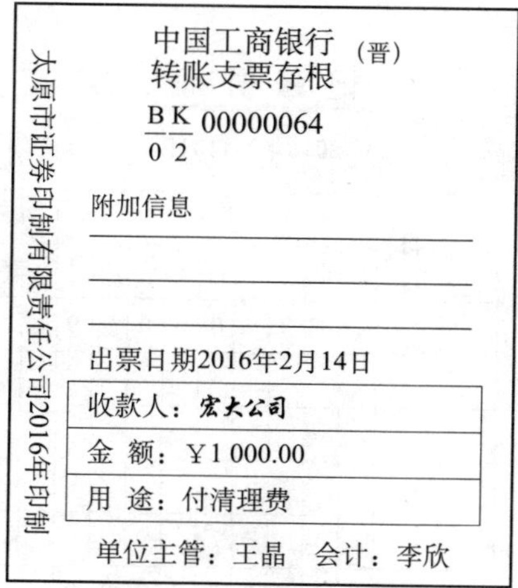
中国工商银行 （晋）
转账支票存根
BK/02 00000064
附加信息
出票日期2016年2月14日

收款人：宏大公司
金 额：￥1 000.00
用 途：付清理费

单位主管：王晶　会计：李欣

太原市证券印制有限责任公司2016年印制

图5-29　转账支票存根

名师指导

固定资产出售、转让、报废或毁损要通过"固定资产清理"账户进行核算。一般分以下几步进行：首先，将固定资产的净值转入"固定资产清理"账户的借方，同时冲销已经计提的折旧和固定资产减值准备；其次，将发生的清理费用记入"固定资产清理"的借方，如果有变价收入的话记入该账户的贷方；最后，将清理净收益或净损失转入营业外收支账户。

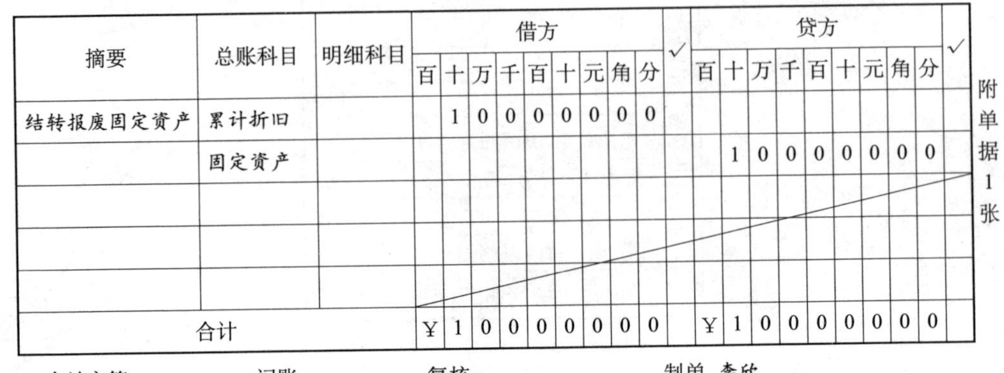

记账凭证

2016年2月14日　　　　记字第009 $\frac{1}{3}$ 号

摘要	总账科目	明细科目	借方									✓	贷方									✓
			百	十	万	千	百	十	元	角	分		百	十	万	千	百	十	元	角	分	
结转报废固定资产	累计折旧			1	0	0	0	0	0	0	0											
	固定资产													1	0	0	0	0	0	0	0	
合计			¥	1	0	0	0	0	0	0	0		¥	1	0	0	0	0	0	0	0	

附单据1张

会计主管　　记账　　复核　　制单 李欣

图5-30　记账凭证

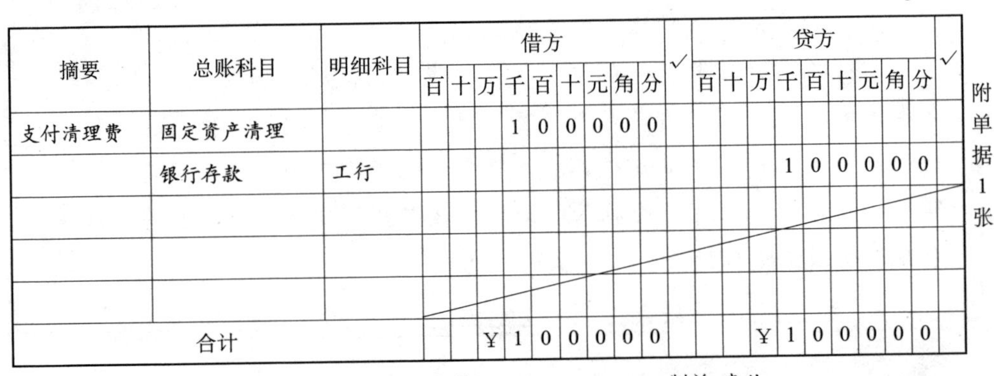

记账凭证

2016年2月14日　　　　记字第009 $\frac{2}{3}$ 号

摘要	总账科目	明细科目	借方									✓	贷方									✓
			百	十	万	千	百	十	元	角	分		百	十	万	千	百	十	元	角	分	
支付清理费	固定资产清理					1	0	0	0	0	0											
	银行存款	工行														1	0	0	0	0	0	
合计					¥	1	0	0	0	0	0				¥	1	0	0	0	0	0	

附单据1张

会计主管　　记账　　复核　　制单 李欣

图5-31　记账凭证

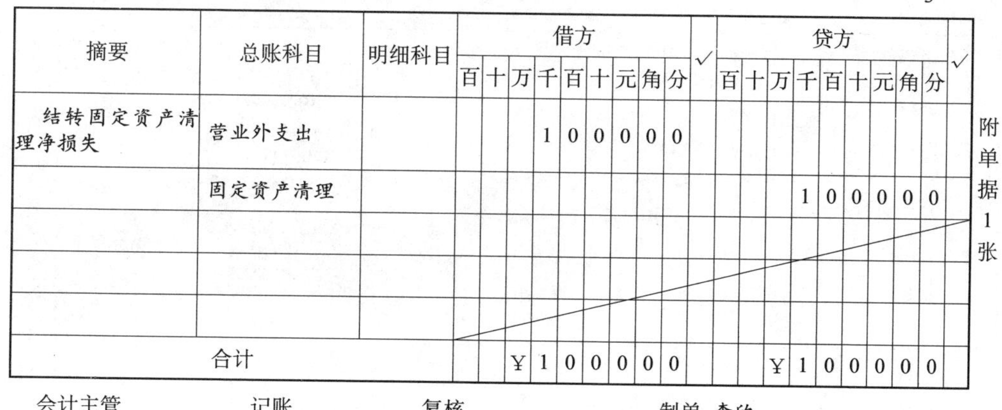

记账凭证

2016年2月14日　　　　记字第009 $\frac{3}{3}$ 号

摘要	总账科目	明细科目	借方 百	十	万	千	百	十	元	角	分	✓	贷方 百	十	万	千	百	十	元	角	分	✓
结转固定资产清理净损失	营业外支出					1	0	0	0	0	0											
	固定资产清理															1	0	0	0	0	0	
合计					¥	1	0	0	0	0	0				¥	1	0	0	0	0	0	

附单据1张

会计主管　　记账　　复核　　制单 李欣

图5-32 记账凭证

I. 2月15日，向浙江象山县精密模具厂购买转子铜7 000千克，单价为70元，材料已验收入库，货款尚未支付。

收料单

供应单位：浙江象山县精密模具厂　　　　收料仓库：1号仓库

发票号码：　　2016年2月15日　　第004号

材料编号	材料名称	规格	单位	数量 应收	实收	金额 单价	金额	运费	合计
	转子铜			7 000	7 000	70	490 000		490 000
合计									490 000

②会计记账联

仓库负责人：　　经办人：张宏　　收料人：李敏

图5-33 收料单

44000866141　　**浙江省增值税专用发票**　　№ 02356003

发票联

开票日期：2016年2月15日

购货单位			密码区	
	名称：	山西兴华电机有限责任公司		2/1+<<395120-994b*02
	纳税人识别号：	125679123546123		4-99809+<605425948<0
	地址、电话：	山西省太原市并州路001号 0351-1234567		*8544-943+119-21310
	开户银行及账户	中国工商银行太原市二营盘支行 1234567891011121		440011140 -5-0<48>2+564658>2>

货物或应税劳务名称	规格型号	单位	数量	单价	金额	税率	税额
转子铜		千克	7 000	70	490 000	17%	83 300
合计					490 000		83 300
价税合计（大写）	⊗ 伍拾柒万叁仟叁佰元整（小写）￥573 300						

销货单位			备注
	名称：	浙江象山县精密模具厂	浙江象山县精密模具厂 565123544687463 发票专用章
	纳税人识别号：	565123544687463	
	地址、电话：	浙江省宁波市象山县贤庠镇 0574-465661095	
	开户行及账号：	中国工商银行浙江象山支行 1233265123645423	

收款人：　　复核：　　开票人：孔一　　销货单位：浙江象山县精密模具厂

第二联　发票联　购货方记账凭证

图5-34　增值税专用发票

记 账 凭 证

2016年2月15日　　记字第010号

摘要	总账科目	明细科目	借方									✓	贷方									✓
			百	十	万	千	百	十	元	角	分		百	十	万	千	百	十	元	角	分	
购买材料款未付	原材料	原料及主要材料（转子铜）		4	9	0	0	0	0	0	0											
	应交税费	应交增值税（进项税）			8	3	3	0	0	0	0											
	应付账款	浙江象山县精密模具厂												5	7	3	3	0	0	0	0	
合计			￥	5	7	3	3	0	0	0	0		￥	5	7	3	3	0	0	0	0	

附单据2张

会计主管　　记账　　复核　　制单 李欣

图5-35　记账凭证

J．2月16日，生产车间为生产YR250M直接领料，其中矽钢片12 589千克，定子铜785千克，铸件9 748千克，轴料158千克，轴承63套，标准件及零配件393件，绝缘材料1 577米，铝板材731千克，各类线材631米。

领料单位：生产车间　　　　领料单　　　　凭证编号：

用　　途：制造YR250M　　　　2016年2月16日　　　　发料仓库：1号仓库

材料类别	材料编号	材料名称及规格	计量单位	数量		单价	金额（元）
				请领	实发		
矽钢片			千克	12 589	12 589		
定子铜			千克	785	785		
铸件			千克	9 748	9 748		
备注						合计	

仓库负责人：　　　　经办人：张彦　　　　领料人：刘兵

图5-36　领料单

领料单位：生产车间　　　　领料单　　　　凭证编号：

用　　途：制造YR250M　　　　2016年2月16日　　　　发料仓库：2号仓库

材料类别	材料编号	材料名称及规格	计量单位	数量		单价	金额（元）
				请领	实发		
轴料			千克	158	158		
轴承		.	套	63	63		
标准件及零配件			件	393	393		
绝缘材料			米	1 577	1 577		
铝板材			千克	731	731		
各类线材			米	631	631		
备注						合计	

仓库负责人：　　　　经办人：张彦　　　　领料人：刘兵

图5-37　领料单

K．2月17日，生产车间为生产YR250S直接领料，其中矽钢片21 269千克，定子铜1 326千克，铸件16 470千克，轴料266千克，轴承107套，标准件及零配件665件，绝缘材料2 664米，铝板材1 236千克，各类线材1 066米。

领料单

领料单位：生产车间　　凭证编号：

用　　途：制造YR250S　　2016年2月17日　　发料仓库：1号仓库

材料类别	材料编号	材料名称及规格	计量单位	数量		单价	金额（元）
				请领	实发		
矽钢片			千克	21 269	21 269		
定子铜			千克	1 326	1 326		
铸件			千克	16 470	16 470		
备注						合计	

仓库负责人：　　经办人：张彦　　领料人：刘兵

图5-38　领料单

领料单

领料单位：生产车　　凭证编号：

用　　途：制造YR250S　　2016年2月17日　　发料仓库：2号仓库

材料类别	材料编号	材料名称及规格	计量单位	数量		单价	金额（元）
				请领	实发		
轴料			千克	266	266		
轴承			套	107	107		
标准件及零配件			件	665	665		
绝缘材料			米	2 664	2 664		
铝板材			千克	1 236	1 236		
各类线材			米	1 066	1 066		
备注						合计	

仓库负责人：　　经办人：张彦　　领料人：刘兵

图5-39　领料单

名师指导

企业发出的材料不管用途如何，均应办理必要的手续并填制发料凭证，据以进行发出材料的核算。各种发料凭证是进行原材料发出总分类核算的依据，由于企业材料的日常领发业务频繁，为了简化核算工作，平时一般只登记材料明细分类账，反映各种材料的收发和结存情况，月末根据当月的发料凭证，按照领用部门和用途进行分类汇总，编制“发料凭证汇总表”进行材料发出的总分类核算。所以，在第J、K、M和N笔业务都不需要编制记账凭证，在第5.1.2中根据发料汇总表编制记账凭证。在此列出发料凭证是为了让读者更进一步了解现实的核算过程。

L. 2月19日，公司向山东鑫利精密设备制造公司销售YR250M型号电机100台，单价为8 240元，YR250S型号电机80台，单价15 300元，总计2 048 000元，增值税率为17%，货款通过转账存入银行。

4400356678 **山西省增值税专用发票** № 02356004

（印章：全国统一发票监制章 山西省国家税务局监制）发票联

开票日期：2016年2月19日

购货单位	名称：	山东鑫利精密设备制造公司	密码区	2/1+＜＜395120-994b*02
	纳税人识别号：	3698655652321232		4-99809+＜605425948＜0
	地址、电话：	山东省枣庄市滕州市西岗镇南孔庄 0632-4063987		*8544-943+119-21310440 011140
	开户银行及账户	中国工商银行山东枣庄市支行 2112354533326512		-5-0＜48＞2+564658＞2＞

货物或应税劳务名称	规格型号	单位	数量	单价	金额	税率	税额
YR250M型号电机		台	100	8 240	824 000	17%	140 080
YR250S型号电机		台	80	15 300	1 224 000	17%	208 080
合计					2 048 000		348 160
价税合计（大写）	⊗ 贰佰叁拾玖万陆仟壹佰陆拾元整				（小写）￥2 396 160		

销货单位	名称：	山西兴华电机有限责任公司	备注	（印章：山西兴华电机有限责任公司 125679123546123 发票专用章）
	纳税人识别号：	125679123546123		
	地址、电话：	山西省太原市并州路001号0351-1234567		
	开户行及账号：	中国工商银行太原市二营盘支行 1234567891011121		

收款人： 复核： 开票人：赵芳 销货单位：山西兴华电机有限责任公司

第四联 记账联 销货方记账凭证

图5-40 增值税专用发票

中国工商银行 进账单（收账通知）3

2016年2月19日 第044号

付款人	全称	山东鑫利精密设备制造公司	收款人	全称	山西兴华电机有限责任公司
	账号	2112354533326512		账号	1234567891011121
	开户银行	中国工商银行山东省枣庄市支行		开户银行	中国工商银行太原市二营盘支行

人民币（大写）：贰佰叁拾玖万陆仟壹佰陆拾元整

亿	千	百	十	万	千	百	十	元	角	分
	¥	2	3	9	6	1	6	0	0	0

票据种类	转账支票
票据张数	壹

复核 记账

收款人开户银行签章

中国工商银行太原市二营盘支行 2016.2.19 转讫 (1)

此联是收款人开户银行交给收款人的收账通知

图5-41 收账通知

山西兴华电机有限责任公司电机出库单

2016年2月19日

产品名称	计量单位	数量	单位成本	金额
YR250M型号电机	台	100		
YR250S型号电机	台	80		
合计		180		

销售部门负责人： 发货人： 提货人：李新 制单：王红

图5-42 出库单

记 账 凭 证

2016年2月19日 记字第011号

摘要	总账科目	明细科目	借方									✓	贷方									✓
			百	十	万	千	百	十	元	角	分		百	十	万	千	百	十	元	角	分	
销售YR250系列产品一批	银行存款	工行	2	3	9	6	1	6	0	0	0											
	主营业务收入	250M												8	2	4	0	0	0	0	0	
		250S											1	2	2	4	0	0	0	0	0	
	应交税费	应交增值税（销项税额）												3	4	8	1	6	0	0	0	
合计			2	3	9	6	1	6	0	0	0		2	3	9	6	1	6	0	0	0	

附单据3张

会计主管 记账 复核 制单 李欣

图5-43 记账凭证

M. 2 月 18 日，生产车间生产 YR280 系列产品直接领用主要材料如下：280M 投产 100 件，直接领用矽钢片 27 539 千克，定子铜 1 717 千克，转子铜 1 577 千克，铸件 21 325 千克；280S 投产 100 件，直接领用矽钢片 39 296 千克，定子铜 1 633 千克，转子铜 2 813 千克，铸件 30 429 千克。

领料单位：生产车间　　**领料单**　　凭证编号：

用　途：制造YR280M　　2016年2月18日　　发料仓库：1号仓库

材料类别	材料编号	材料名称及规格	计量单位	数量		单价	金额（元）
				请领	实发		
矽钢片			千克	27 539	27 539		
定子铜			千克	1 717	1 717		
转子铜			千克	1 577	1 577		
铸件			千克	21 325	21 325		
备注						合计	

仓库负责人：　　经办人：张彦　　领料人：刘兵

图5-44　领料单

领料单位：生产车间　　**领料单**　　凭证编号：

用　途：制造YR280S　　2016年2月18日　　发料仓库：1号仓库

材料类别	材料编号	材料名称及规格	计量单位	数量		单价	金额（元）
				请领	实发		
矽钢片			千克	39 296	39 296		
定子铜			千克	1 633	1 633		
转子铜			千克	2 813	2 813		
铸件			千克	30 429	30 429		
备注						合计	

仓库负责人：　　经办人：张彦　　领料人：刘兵

图5-45　领料单

N. 2 月 20 日，YR280 系列产品共同领用外购零配件以及辅助材料，其中领用轴料 1 395 千克，轴承 893 套，标准件及零配件 5 568 件，绝缘材料 20 790 米，各类线材 10 242 米。

领料单

领料单位：生产车间　　　　凭证编号：

用　　途：制造YR280系列　　2016年2月20日　　发料仓库：2号仓库

材料类别	材料编号	材料名称及规格	计量单位	数量		单价	金额（元）
				请领	实发		
轴料			千克	1 395	1 395		
轴承			套	893	893		
标准件及零配件			件	5 568	5 568		
绝缘材料			米	20 790	20 790		
各类线材			米	10 242	10 242		
备注						合计	

仓库负责人：　　　　经办人：张秀　　　　领料人：刘兵

图5-46　领料单

O．2 月 22 日，为新建幼儿园购买托幼用品 3 000 元。

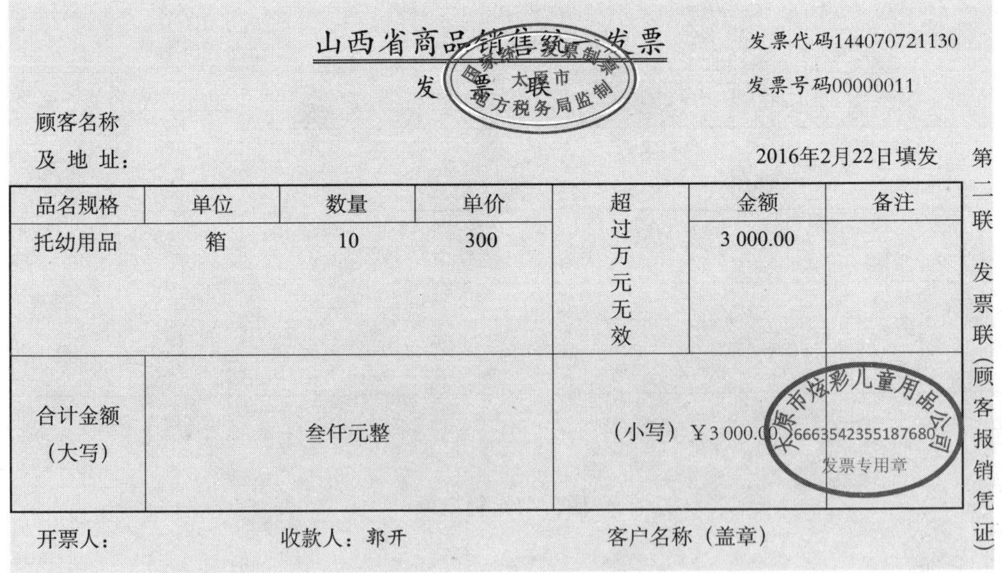

山西省商品销售统一发票

发票联

发票代码144070721130

发票号码00000011

顾客名称
及 地 址：

2016年2月22日填发

品名规格	单位	数量	单价	超过万元无效	金额	备注
托幼用品	箱	10	300		3 000.00	
合计金额（大写）	叁仟元整			（小写）￥3 000.00		

开票人：　　　　收款人：郭开　　　　客户名称（盖章）

第二联 发票联（顾客报销凭证）

图5-47　商品销售统一发票

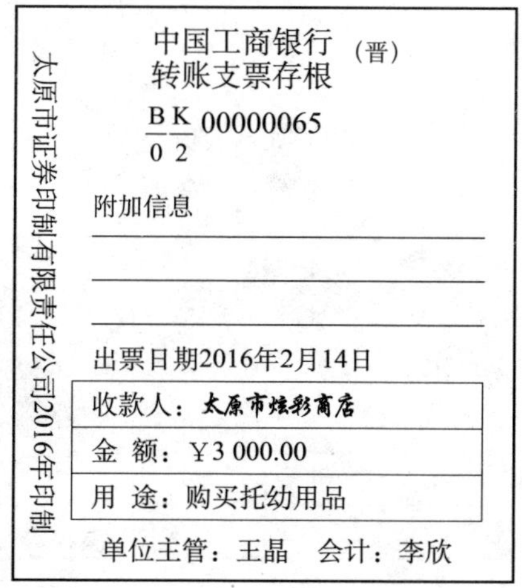
中国工商银行 （晋）
转账支票存根
BK/02 00000065
附加信息
出票日期2016年2月14日
收款人：太原市炫彩商店
金 额：￥3 000.00
用 途：购买托幼用品
单位主管：王晶　会计：李欣
太原市证券印制有限责任公司2016年印制

图5-48　银行支票存根

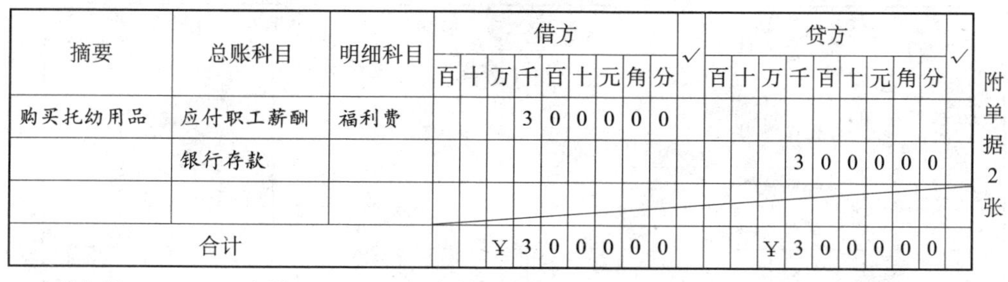

记 账 凭 证

2016年2月22日　　记字第012号

摘要	总账科目	明细科目	借方									✓	贷方									✓
			百	十	万	千	百	十	元	角	分		百	十	万	千	百	十	元	角	分	
购买托幼用品	应付职工薪酬	福利费				3	0	0	0	0	0											
	银行存款															3	0	0	0	0	0	
合计					￥	3	0	0	0	0	0				￥	3	0	0	0	0	0	

附单据2张

会计主管　　记账　　复核　　制单 李欣

图5-49　记账凭证

P．2月23日，生产车间领用量具等低值易耗品10件，价值3 000元，辅助车间领用机修备件10件，价值2 100元，销售部门领用包装物230件，价值3 413.60元。

领料单

凭证编号：

用途：生产产品　　　　2016年2月23日　　　　发料仓库：2号仓库

材料类别	领用部门	材料名称及规格	计量单位	数量		单价	金额（元）
				请领	实发		
低值易耗品	生产车间	量具	件	10	10	300	3 000
机修备件	机修车间	备品、备件	件	10	10	210	2 100
包装物	销售部门		件	230	230	14.84	3 413.60
备注						合计	8 513.60

仓库负责人：　　　　经办人：张彦　　　　领料人：刘兵

图5-50　领料单

记 账 凭 证

2016年2月23日　　　　记字第013号

摘要	总账科目	明细科目	借方									✓	贷方									✓
			百	十	万	千	百	十	元	角	分		百	十	万	千	百	十	元	角	分	
各部门领用材料及周转材料	制造费用					3	0	0	0	0	0											
	辅助生产成本					2	1	0	0	0	0											
	销售费用					3	4	1	3	6	0											
	原材料	备品备件														2	1	0	0	0	0	
	周转材料	包装物														3	4	1	3	6	0	
		低值易耗品														3	0	0	0	0	0	
合计					¥	8	5	1	3	6	0				¥	8	5	1	3	6	0	

附单据1张

会计主管　　记账　　复核　　制单 李欣

图5-51　记账凭证

Q. 2月28日，销售给西安华立设备有限公司YR280M型号电机20台，单价18 360元，YR280S型号电机10台，单价25 750元，增值税率为17%，货款已收到并存入银行。

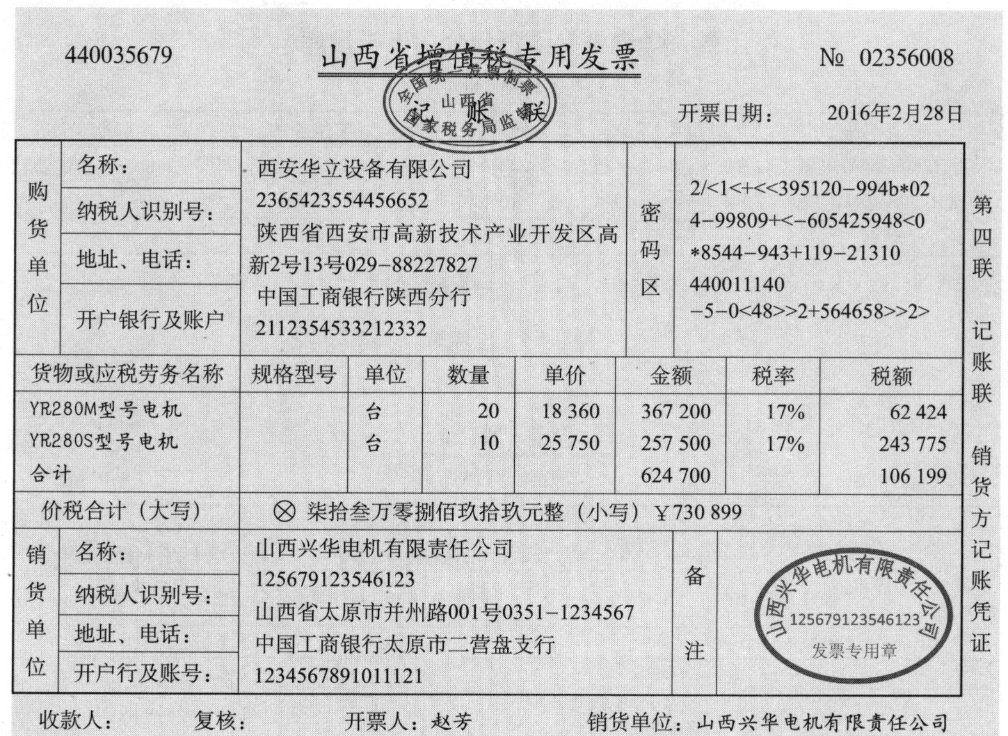

440035679　　山西省增值税专用发票　　№ 02356008

记账联　　开票日期：2016年2月28日

购货单位	名称：	西安华立设备有限公司	密码区	2/<1<+<<395120-994b*02 4-99809+<-605425948<0 *8544-943+119-21310 440011140 -5-0<48>>2+564658>>2>
	纳税人识别号：	2365423554456652		
	地址、电话：	陕西省西安市高新技术产业开发区高新2号13号029-88227827		
	开户银行及账户	中国工商银行陕西分行 2112354533212332		

货物或应税劳务名称	规格型号	单位	数量	单价	金额	税率	税额
YR280M型号电机		台	20	18 360	367 200	17%	62 424
YR280S型号电机		台	10	25 750	257 500	17%	243 775
合计					624 700		106 199
价税合计（大写）	⊗ 柒拾叁万零捌佰玖拾玖元整（小写）￥730 899						

销货单位	名称：	山西兴华电机有限责任公司	备注	
	纳税人识别号：	125679123546123		
	地址、电话：	山西省太原市并州路001号0351-1234567		
	开户行及账号：	中国工商银行太原市二营盘支行 1234567891011121		

收款人：　　复核：　　开票人：赵芳　　销货单位：山西兴华电机有限责任公司

第四联　记账联　销货方记账凭证

图5-52　增值税专用发票

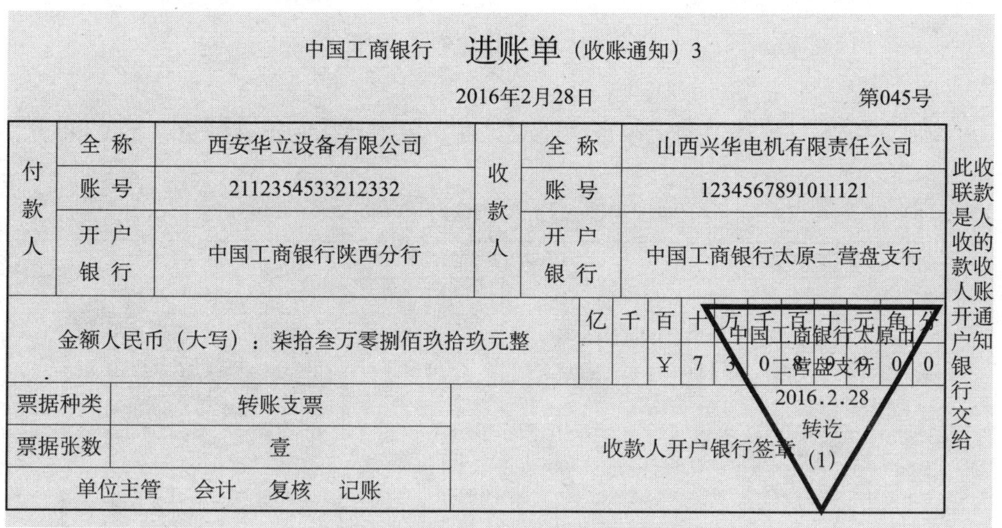

中国工商银行　进账单（收账通知）3

2016年2月28日　　第045号

付款人	全称	西安华立设备有限公司	收款人	全称	山西兴华电机有限责任公司
	账号	2112354533212332		账号	1234567891011121
	开户银行	中国工商银行陕西分行		开户银行	中国工商银行太原二营盘支行

金额人民币（大写）：柒拾叁万零捌佰玖拾玖元整	亿	千	百	十	万	千	百	十	元	角	分
			￥	7	3	0	8	9	9	0	0

票据种类	转账支票	收款人开户银行签章
票据张数	壹	
单位主管　会计　复核　记账		

此联是收款人开户银行交给收款人的收账通知

图5-53　收账通知

山西兴华电机有限责任公司电机出库单

2016年2月28日

产品名称	计量单位	数量	单位成本	金额
YR280M型号电机	台	20		
YR280S型号电机	台	10		
合计		30		

销售部门负责人： 发货人： 提货人：李刚 制单：李敏

图5-54 出库单

记 账 凭 证

2016年2月28日 记字第014号

摘要	总账科目	明细科目	借方									✓	贷方									✓
			百	十	万	千	百	十	元	角	分		百	十	万	千	百	十	元	角	分	
销售YR280系列产品一批	银行存款	工行		7	3	0	8	9	9	0	0											
	主营业务收入	280M												3	6	7	2	0	0	0	0	
		280S												2	5	7	5	0	0	0	0	
	应交税费	应交增值税（销项税额）												1	0	6	1	9	9	0	0	
合计			¥	7	3	0	8	9	9	0	0		¥	7	3	0	8	9	9	0	0	

附单据3张

会计主管 记账 复核 制单 李欣

图5-55 记账凭证

R．2月28日，通过网上银行偿还所欠浙江象山县精密模具厂货款573 300元。

中国工商银行 网上银行电子回单

业务类型：网银汇款回单		2016年2月28日			
付款方	账号	1234567891011121	收款方	账号	1233265123645423
	全称	山西兴华电机有限责任公司		全称	浙江象山县精密模具厂
	开户银行	中国工商银行太原市二营盘支行		开户银行	中国工商银行浙江象山支行
	行号	0312		行号	0518
金额		RMB：573 300.00 人民币（大写）：伍拾柒万叁仟叁佰元整			
流水号		8580290759	验证码		0988453
摘要		网银转账			

中国工商银行 电子回单专用章

图5-56 网上银行电子回单

记账凭证

2016年2月28日　　　　记字第015号

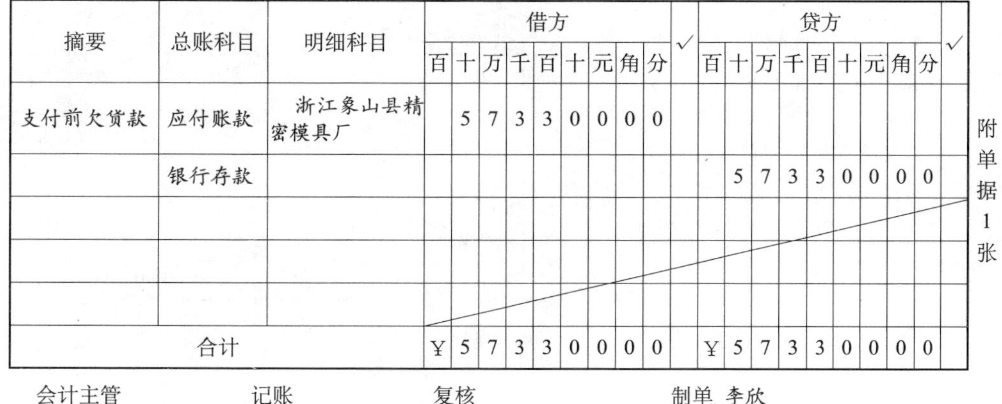

摘要	总账科目	明细科目	借方									✓	贷方									✓
			百	十	万	千	百	十	元	角	分		百	十	万	千	百	十	元	角	分	
支付前欠货款	应付账款	浙江象山县精密模具厂		5	7	3	3	0	0	0	0											
	银行存款													5	7	3	3	0	0	0	0	
合计			¥	5	7	3	3	0	0	0	0		¥	5	7	3	3	0	0	0	0	

附单据1张

会计主管　　记账　　复核　　制单 李欣

图5-57 记账凭证

S．2月29日摊销本月租赁费2 400元。

名师指导

在企业的经营过程中，往往款项的支付和受益期不一致，有些费用是先支付后收益，而有些费用又是先受益后支付，为正确计算期间损益，企业会计一般采用权责发生制为基础确认收入和费用。本企业上月支付租赁费用时，记入“预付账款”账户的借方，本月摊销时记入该账户的贷方。

表5-1 租赁费用摊销表

2016年2月29日

费用项目	应借科目	本月摊销金额（元）
租赁费摊销	管理费用	2 400

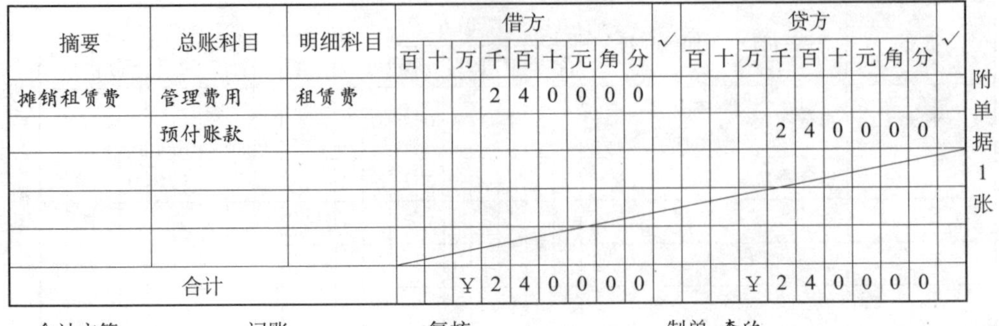

记 账 凭 证

2016年2月29日　　　　记字第016号

摘要	总账科目	明细科目	借方									✓	贷方									✓
			百	十	万	千	百	十	元	角	分		百	十	万	千	百	十	元	角	分	
摊销租赁费	管理费用	租赁费				2	4	0	0	0	0											
	预付账款															2	4	0	0	0	0	
合计					¥	2	4	0	0	0	0				¥	2	4	0	0	0	0	

附单据1张

会计主管　　记账　　复核　　制单 李欣

图5-58　记账凭证

T. 2 月 29 日，摊销本月无形资产，月摊销额为 10 000 元。

表5-2　无形资产摊销表

2016年2月29日

费用项目	应借科目	本月摊销金额（元）
专利权摊销	管理费用	10 000

记 账 凭 证

2016年2月29日　　　　记字第017号

摘要	总账科目	明细科目	借方									✓	贷方									✓
			百	十	万	千	百	十	元	角	分		百	十	万	千	百	十	元	角	分	
摊销无形资产	管理费用				1	0	0	0	0	0	0											
	累计摊销														1	0	0	0	0	0	0	
合计				¥	1	0	0	0	0	0	0			¥	1	0	0	0	0	0	0	

附单据1张

会计主管　　记账　　复核　　制单 李欣

图5-59　记账凭证

5.1.2 企业产品成本核算的账务处理

名师指导

工业企业的基本生产经营活动就是产品的生产和销售。在产品的生产过程中要发生各种耗费，主要包括原料及主要材料、辅助材料、燃料等支出，直接生产人员及生产车间管理人员工资以及其他一些支出，固定资产的折旧等。会计的主要任务就是将这些费用归集和分配到一定种类和数量的产品上，并计算出完工产品的总成本和单位成本。

本节就围绕山西兴华电机有限公司生产四种产品所发生的全部费用进行归集和分配，让读者掌握成本核算的基本原理。

山西兴华电机有限责任公司本月主要生产 YR250 系列和 YR280 系列的电机产品，其中 YR250M 1 月投产 180 件，YR250S 1 月投产 160 件，1 月没有完工，全部在产，在产品的完工率为 70%，2 月末全部完工。YR280M 2 月投产 100 件，YR280S 2 月投产 100 件，2 月末两种产品均完工 50 件，在产 50 件，在产品完工率 40%。

生产费用的归集和分配

产品生产成本的核算是通过产品成本明细账户进行的，明细账户要按照成本项目开设专栏，一般设置材料费用、工资费用和制造费用等专栏。对于生产过程中发生的费用，如果是某一种产品的直接计入费用，直接计入明细账户的对应专栏，如果是几种产品共同负担的间接计入费用，则应采用适当的分配方法，分配后计入对应的栏目。诸如生产车间为了组织管理生产活动发生的折旧、机修等费用，先通过“制造费用”核算后，再转入相关产品成本明细账户。

(1) 材料费用的分配

A．根据5.1.1中有关业务领料单分别按照二级账户编制了三张发料数量汇总表：

表5-3 原料及主要材料发料数量汇总表

2016年2月29日

领料单位	材料名称	用途	单位	数量
生产车间	矽钢片	250M	千克	12 589
	矽钢片	250S	千克	21 269
	矽钢片	280M	千克	27 539
	矽钢片	280S	千克	39 296
生产车间	定子铜	250M	千克	785
	定子铜	250S	千克	1 326
	定子铜	280M	千克	1 717
	定子铜	280S	千克	1 633
生产车间	铸件	250M	千克	9 748
	铸件	250S	千克	16 470
	铸件	280M	千克	21 325
	铸件	280S	千克	30 429
生产车间	转子铜	280M	千克	1 577
	转子铜	280S	千克	2 813

表5-4 外购零配件发料数量汇总表

2016年2月29日

领料单位	材料名称	用途	单位	数量
生产车间	轴料	250M	千克	158
	轴料	250S	千克	266
	轴料	280系列共同领用	千克	1 395
生产车间	轴承	250M	套	63
	轴承	250S	套	107
	轴承	280系列共同领用	套	893
生产车间	标准件及零配件	250M	件	393
	标准件及零配件	250S	件	665
	标准件及零配件	280系列共同领用	件	5 568

表5-5　辅助材料发料数量汇总表

2016年2月29日

领料单位	材料名称	用途	单位	数量
生产车间	绝缘材料	250M	米	1 577
	绝缘材料	250S	米	2 664
	绝缘材料	280系列共同领用	米	20 790
生产车间	铝板材	250M	千克	731
	铝板材	250S	千克	1 236
生产车间	各类线材	250M	米	631
	各类线材	250S	米	1 066
	各类线材	280系列共同领用	米	10 242

B．采用月末一次加权平均法，计算发出材料的加权平均单位成本。

月末发出材料的计价方法有几种?

按照《企业会计准则》的规定，发出材料的计价方法通常有：个别计价法、先进先出法和加权平均法。由于材料的来源各不相同，材料取得的方法、时间、地点和市场环境等不同，即使同一品种、规格的材料，价格也各不相同，所以企业要根据材料收发的频繁程度和数量，选择合适的计价方法核算发出材料的成本，一般采用较多的是月末一次加权平均法。

$$加权平均单位成本=\frac{月初结存实际成本+本月购入材料实际成本}{月初材料结存数量+本月购入材料数量}$$

表5-6　加权平均单位成本计算表

金额单位：元

材料名称	期初结存		本月购入		本月合计		
	数量	金额	数量	金额	数量	金额	月末加权平均单价
矽钢片	45 235	457 970.20	100 000	1 000 000	145 235	1 457 970.20	10.04
定子铜	15 063	1 210 308.20	0	0	15 063	1 210 308.20	80.35
转子铜	0	0	7 000	490 000	7 000	490 000	70
铸件	94 032	608 187.04	0	0	94 032	608 187.04	6.47
轴料	4 005	320 400	0	0	4 005	320 400	80
轴承	1 405	140 500	0	0	1 405	140 500	100
标准件及零配件	4 276	172 624.62	12 500	500 000	16 776	672 624.62	40.09
绝缘材料	35 104	210 624	20 000	120 000	55 104	330 624	6
铝材	8 044	138 759	0	0	8 044	138 759	17.25
各类线材	11 044	110 440	20 000	200 000	31 044	310 440	10

C．计算发出材料的实际总成本，分配材料费用并编制记账凭证。

表5-7　原料及主要材料费用分配表　　金额单位：元

应借科目 / 应贷科目		基本生产成本												合计
		250M			250S			280M			280S			
		数量	单价	金额	数量	单价	金额	数量	单价	金额	数量	单价	金额	
原材料	矽钢片	12 589	10.04	126 393.56	21 269	10.04	213 540.76	27 539	10.04	276 491.56	39 296	10.04	394 531.84	1 010 957.72
	转子铜	0		0	0		0	1 577	70.00	110 390	2 813	70.00	196 910	307 300.00
	定子铜	785	80.35	63 074.75	1 326	80.35	106 544.10	1 717	80.35	137 960.95	1 633	80.35	131 211.55	438 791.35
	铸件	9 748	6.47	63 069.56	16 470	6.47	106 560.90	21 325	6.47	137 972.75	30 429	6.47	196 875.63	504 478.84
合计				252 537.87			426 645.76			662 815.26			919 529.02	2 261 527.91

记 账 凭 证

2016年2月29日　　记字第018号

摘要	总账科目	明细科目	借方									✓	贷方									✓
			百	十	万	千	百	十	元	角	分		百	十	万	千	百	十	元	角	分	
分配材料费用	基本生产成本	250M		2	5	2	5	3	7	8	7											
		250S		4	2	6	6	4	5	7	6											
		280M		6	6	2	8	1	5	2	6											
		280S		9	1	9	5	2	9	0	2											
	原材料	原料及主要材料（矽钢片）											1	0	1	0	9	5	7	7	2	
		原料及主要材料（转子铜）												3	0	7	3	0	0	0	0	
		原料及主要材料（定子铜）												4	3	8	7	9	1	3	5	
		原料及主要材料（铸件）												5	0	4	4	7	8	8	4	
合计			2	2	6	1	5	2	7	9	1		2	2	6	1	5	2	7	9	1	

附单据2张

会计主管　　记账　　复核　　制单 李欣

图5-60 记账凭证

名师指导

从外购零配件和下面的辅助材料发料汇总表可以看出，有直接领用的，也有共同领用的。对于直接领用的原材料，可以直接记入产品成本明细账；而对于间接领用的原材料应当采用适当的分配方法进行分配后，再记入产品成本明细账。对于与产品产量直接有联系的辅助性材料可以按照产品产量比例分配；对于耗用在原材料上的辅助材料则可以按照原材料耗用量或消耗费用的比例分配。该企业的外购零配件和辅助材料都是耗用在原材料上的，所以按照主要材料费用比例进行分配。

表5-8　外购零配件发料凭证汇总表　　金额单位：元

项目		250M			250S			280共同领用			合计
		数量	单价	金额	数量	单价	金额	数量	单价	金额	
原材料	轴料	158	80.00	12 640.00	266	80.00	21 280.00	1 395	80.00	111 600.00	145 520.00
	轴承	63	100.00	6 300.00	107	100.00	10 700.00	893	100.00	89 300.00	106 300.00
	标准件及零配件	393	40.09	15 755.37	665	40.09	26 659.85	5 568	40.09	223 221.12	265 636.34
合计				34 695.37			58 639.85			424 121.12	517 456.34

表5-9　外购零配件费用分配表

2016年2月29日　　金额单位：元

应借科目		直接计入	间接计入				材料费用合计
			耗用材料	轴料分配金额（分配率0.07）	轴承分配金额（分配率0.06）	标件分配金额（分配率0.14）	
基本生产成本	250M	34 695.37					34 695.37
	250S	58 639.85					58 639.85
	280M		662 815.26	46 358.51	37 406.66	92 794.14	176 559.31
	280S		919 529.02	65 241.49	51 893.34	130 426.98	247 561.81
	小计	93 335.22	1 582 344.28	111 600.00	89 300.00	223 221.12	517 456.34

记 账 凭 证

2016年2月29日　　记字第019号

摘要	总账科目	明细科目	借方									✓	贷方									✓
			百	十	万	千	百	十	元	角	分		百	十	万	千	百	十	元	角	分	
分配外购零配件费用	基本生产成本	250M			3	4	6	9	5	3	7											
		250S			5	8	6	3	9	8	5											
		280M		1	7	6	5	5	9	3	1											
		280S		2	4	7	5	6	1	8	1											
	原材料	外购零配件（轴料）												1	4	5	5	2	0	0	0	
		外购零配件（轴承）												1	0	6	3	0	0	0	0	
		外购零配件（标准件及零配件）												2	6	5	6	3	6	3	4	
合计			¥	5	1	7	4	5	6	3	4		¥	5	1	7	4	5	6	3	4	

附单据2张

会计主管　　记账　　复核　　制单 李欣

图5-61　记账凭证

表5-10 辅助材料发料汇总表

2016年2月29日　　　　金额单位：元

项目		250M			250S			280共同领用			合计
		数量	单价	金额	数量	单价	金额	数量	单价	金额	
原材料	绝缘材料	1 577	6.00	9 462.00	2 664	6.00	15 984	20 790	6.00	124 740	150 186.00
	铝板材	731	17.25	12 609.75	1 236	17.25	21 321	0		0	33 930.75
	各类线材	631	10.00	6 310.00	1 066	10.00	10 660	10 242	10.00	102 420	119 390.00
合计				28 381.75			47 965			227 160	303 506.75

表5-11 辅助材料费用分配表

2016年2月29日　　　　单位：元

应借科目		直接计入	间接计入			材料费用合计
			耗用材料	绝缘材料分配金额（分配率0.08）	各类线材分配金额（分配率0.14）	
基本生产成本	250M	28 381.75				28 381.75
	250S	47 965.00				47 965.00
	280M		662 815.26	53 025.22	39 768.92	92 794.14
	280S		919 529.02	71 714.78	62 651.08	134 365.86
	小计		1 582 344.28	124 740.00	102 420.00	303 506.75

记 账 凭 证

2016年2月29日　　　　记字第020号

摘要	总账科目	明细科目	借方									✓	贷方									✓
			百	十	万	千	百	十	元	角	分		百	十	万	千	百	十	元	角	分	
分配辅助材料费用	基本生产成本	250M			2	8	3	8	1	7	5											
		250S			4	7	9	6	5	0	0											
		280M			9	2	7	9	4	1	4											
		280S		1	3	4	3	6	5	8	6											
	原材料	辅助材料（绝缘材料）												1	5	0	1	8	6	0	0	
		辅助材料（铝板材）													3	3	9	3	0	7	5	
		辅助材料（各类线材）												1	1	9	3	9	0	0	0	
合计			¥	3	0	3	5	0	6	7	5		¥	3	0	3	5	0	6	7	5	

附单据2张

会计主管　　记账　　复核　　制单 李欣

图5-62 记账凭证

(2) 外购动力费用的分配

名师指导

外购动力包括企业生产产品耗费的电费和水费，如果水电费在产品成本中比重较大时可以在生产成本明细账中专门设置“燃料和动力”项目单独反映，如果所占比重不大，则可以简化处理，以间接费用记入“制造费用”账户。一般情况水电费是根据耗用量的记录在各个受益部门进行分配的。该企业的水电费在成本中所占比重较小，就直接记入制造费用账户了。其余按照耗用数量分别记入辅助生产部门、管理部门和销售部门的相关账户。

2月29日，根据各部门水表、电表读数，核算本月水电费，其中用电情况如下：生产车间39 000度，机修车间4 000度，管理部门5 000度，销售部门1 000度，每度0.92元；用水情况如下：生产车间4 500吨，机修车间500吨，管理部门1 000吨，销售部门1 000吨，每吨4.50元。

表5-12　部门用电清单

2016年2月29日

用电部门	用途	用电量（度）	单价	金额（元）
生产车间	生产用	39 000	0.92	35 880
机修车间	机修用	4 000	0.92	3 680
销售部门	管理用	1 000	0.92	920
管理部门	管理用	5 000	0.92	4 600
合计		49 000		45 080

表5-13　部门用水清单

2016年2月29日

用电部门	用途	用水量（吨）	单价	金额（元）
生产车间	生产用	4 500	4.50	20 250
机修车间	机修用	500	4.50	2 250

续表

用电部门	用途	用水量（吨）	单价	金额（元）
销售部门	管理用	1 000	4.50	4 500
管理部门	管理用	1 000	4.50	4 500
合计		7 000		31 500

表5-14 水电耗费分配表

2016年2月29日　　单位：元

应借科目		成本或费用项目	直接计入
制造费用	基本生产车间	水电费	56 130
辅助生产成本	机修车间	水电费	5 930
销售费用		水电费	5 420
管理费用		水电费	9 100
合计			76 580

记 账 凭 证

2016年2月29日　　记字第021号

摘要	总账科目	明细科目	借方 百	十	万	千	百	十	元	角	分	✓	贷方 百	十	万	千	百	十	元	角	分	✓
分配水电费	制造费用				5	6	1	3	0	0	0											
	辅助生产成本					5	9	3	0	0	0											
	管理费用					9	1	0	0	0	0											
	销售费用					5	4	2	0	0	0											
	应付账款														7	6	5	8	0	0	0	
合计				¥	7	6	5	8	0	0	0			¥	7	6	5	8	0	0	0	

附单据3张

会计主管　　记账　　复核　　制单 李欣

图5-63 记账凭证

(3) 职工薪酬费用的分配

名师指导

职工薪酬的分配，是将企业职工的薪酬作为一种费用，按照它的用途和发生部门进行归集和分配。职工薪酬大部分应该计入产品成本和期间费用，但也有一些如生活福利部门人员的工资是计入职工福利费的。计时工资一般属于间接计入费用，在只生产一种产品时直接记入该种产品的明细账户；在生产多种产品时，属于间接计入费用，一般可以按照生产工时、机器工时等比例分配后计入，该企业由于原材料比重大，所以人工费用按照本月产品耗用的原材料金额为标准进行分配。

A．根据“工资单”（略）编制“应付职工薪酬结算汇总表”。

表5-15 应付职工薪酬结算汇总表

2016年2月29日 单位：元

部门	应付职工薪酬				各种扣款				实发数
	基本工资	奖金	津贴	合计	社会保险	住房公积金	个人所得税	合计	
基本生产车间	120 000	12 000	21 040	153 040	16 834.40	7 652	420	24 906.40	128 133.60
车间管理人员	5 000	300	300	5 600	616.00	280	18	914.00	4 686.00
辅助生产车间	6 600	450	450	7 500	825.00	375	15	1 215.00	6 285.00
销售部门	24 000	2 000	2 000	28 000	3 080.00	1 400	180	4 660.00	23 340.00
管理部门	27 000	1 500	1 500	30 000	3 300.00	1 500	669	5 469.00	24 531.00
合计	182 600	16 250	25 290	224 140	24 655.40	11 207	1 302	37 164.40	186 975.60

B．按照职工薪酬计提职工福利等及四险一金，并按照用途分配计入相关成本、费用。

表5-16 各项计提汇总表

2016年2月29日

单位：元

部门	职工薪酬	计提职工福利费（2%）	计提工会经费（2%）	计提职工教育经费（1.5%）	合计
基本生产车间	153 040	3 060.80	3 060.80	2 295.60	161 457.20
车间管理人员	5 600	112.00	112.00	84.00	5 908.00
辅助生产车间	7 500	150.00	150.00	112.50	7 912.50
销售部门	28 000	560.00	560.00	420.00	29 540.00
管理部门	30 000	600.00	600.00	450.00	31 650.00
合计	224 140	4 482.80	4 482.80	3 362.10	236 467.70

表5-17 四险一金计提表

2016年2月29日

单位：元

部门	职工薪酬	单位负担					个人负担				
		养老保险	医疗保险	失业保险	公积金	合计	养老保险	医疗保险	失业保险	公积金	合计
基本生产车间	153 040	30 608	15 304	3 060.80	7 652	56 624.80	12 243.20	3 060.80	1 530.40	7 652	24 486.40
车间管理人员	5 600	1 120	560	112.00	280	2 072.00	448.00	112.00	56.00	280	896.00
辅助生产车间	7 500	1 500	750	150.00	375	2 775.00	600.00	150.00	75.00	375	1 200.00
销售部门	28 000	5 600	2 800	560.00	1 400	10 360.00	2 240.00	560.00	280.00	1 400	4 480.00
管理部门	30 000	6 000	3 000	600.00	1 500	11 100.00	2 400.00	600.00	300.00	1 500	4 800.00
合计	224 140	44 828	22 414	4 482.80	11 207	82 931.80	17 931.20	4 482.80	2 241.40	11 207	35 862.40

表5-18　应付职工薪酬汇总表

2016年2月29日　　单位：元

部门	职工薪酬	计提职工福利费	计提工会经费	计提职工教育经费	计提四险一金	合计
基本生产车间	153 040	3 060.80	3 060.80	2 295.60	56 624.80	218 082.00
车间管理人员	5 600	112.00	112.00	84.00	2 072.00	7 980.00
辅助生产车间	7 500	150.00	150.00	112.50	2 775.00	10 687.50
销售部门	28 000	560.00	560.00	420.00	10 360.00	39 900.00
管理部门	30 000	600.00	600.00	450.00	11 100.00	42 750.00
合计	224 140	4 482.80	4 482.80	3 362.10	82 931.80	319 399.50

表5-19　职工薪酬费用分配表

2016年2月29日　　单位：元

应借科目		成本项目或费用项目	直接计入	间接计入			合计
				耗用原材料	分配率	分配金额	
基本生产成本	250M	直接人工		315 614.99		22 093.05	22 093.05
	250S	直接人工		533 250.61		37 327.54	37 327.54
	280M	直接人工		932 168.71		65 251.81	65 251.81
	280S	直接人工		1 301 456.70		93 409.60	93 409.60
	小计			3 082 491.01	0.07	218 082.00	218 082.00
辅助生产成本		工资	10 687.50				10 687.50
制造费用		工资	7 980.00				7 980.00
管理费用		工资	42 750.00				42 750.00
销售费用		工资	39 900.00				39 900.00
合计			101 317.50			218 082.00	319 399.50

记 账 凭 证

2016年2月29日　　　　记字第022 $\frac{1}{2}$ 号

摘要	总账科目	明细科目	借方									✓	贷方									✓
			百	十	万	千	百	十	元	角	分		百	十	万	千	百	十	元	角	分	
分配职工薪酬	基本生产成本	250M			2	2	0	9	3	0	5											
		250S			3	7	3	2	7	5	4											
		280M			6	5	2	5	1	8	1											
		280S			9	3	4	0	9	6	0											
	辅助生产成本				1	0	6	8	7	5	0											
	制造费用					7	9	8	0	0	0											
	销售费用				3	9	9	0	0	0	0											
	管理费用				4	2	7	5	0	0	0											
合计			¥	3	1	9	3	9	9	5	0											

附单据1张

会计主管　　　　记账　　　　复核　　　　制单 李欣

图5-64 记账凭证

记 账 凭 证

2016年2月29日　　　　记字第022 $\frac{2}{2}$ 号

摘要	总账科目	明细科目	借方									✓	贷方									✓
			百	十	万	千	百	十	元	角	分		百	十	万	千	百	十	元	角	分	
	应付职工薪酬	工资												2	2	4	1	4	0	0	0	
		职工福利费														4	4	8	2	8	0	
		工会经费														4	4	8	2	8	0	
		教育经费														3	3	6	2	1	0	
		四险一金													8	2	9	3	1	8	0	
合计													¥	3	1	9	3	9	9	5	0	

附单据1张

会计主管　　　　记账　　　　复核　　　　制单 李欣

图5-65 记账凭证

职工福利费如何提取和使用?

职工福利费是指企业为职工提供的福利，如为补助职工食堂、生活困难的职工等从成本费用中提取计入应付职工薪酬的金额。计提的比例可以根据历史经验数据和实际情况合理预计。当实际发生额大于预计金额的，应当补提；当实际发生额小于预计金额的，应当冲回多提的应付职工薪酬。该企业是按照2%的比例预提的。

(4) 固定资产折旧费的分配

2月29日，计提各部门固定资产折旧，编制固定资产折旧费计算表如下：

表5-20 固定资产折旧费计算表

2016年2月29日 单位：元

使用部门	固定资产折旧项目	1月折旧额	1月增加固定资产		1月减少固定资产		2月折旧额
			原值	折旧额	原值	折旧额	
基本生产车间	房屋、建筑物	36 000					36 000
	机器设备	120 000					120 000
	合计	156 000					156 000
机修车间	房屋、建筑物	6 000					6 000
	机器设备	4 000					4 000
	合计	10 000					10 000
销售部	房屋、建筑物	4 000					4 000
	管理用设备	12 000					12 000
	合计	16 000					16 000
管理部门	房屋、建筑物	20 000					20 000
	管理用设备	48 000	105 000	1 750			49 750
	合计	68 000					69 750
合计		250 000					251 750

每月如何计算折旧？

一般来讲，企业应对所有固定资产计提折旧，除了已提足折旧继续使用的和单独估价作为固定资产入账的土地。为了简化折旧的计算工作，月份内增加的固定资产当月不提折旧，月份内减少的固定资产当月照提折旧。具体计算时，可以在上月计提折旧的基础上，对上月固定资产情况进行调整后计算当月计提的折旧额。

表5-21　折旧费用分配表

2016年2月29日　　　　单位：元

应借科目		成本或费用项目	合计
制造费用	基本生产车间	折旧费	156 000
辅助生产成本	机修车间	折旧费	10 000
销售费用		折旧费	16 000
管理费用		折旧费	69 750
合计			251 750

记账凭证

2016年2月29日　　　　记字第023号

摘要	总账科目	明细科目	借方 百	十	万	千	百	十	元	角	分	✓	贷方 百	十	万	千	百	十	元	角	分	✓
计提本月折旧费用	制造费用			1	5	6	0	0	0	0	0											
	辅助生产成本				1	0	0	0	0	0	0											
	销售费用				1	6	0	0	0	0	0											
	管理费用				6	9	7	5	0	0	0											
	累计折旧													2	5	1	7	5	0	0	0	
合计			¥	2	5	1	7	5	0	0	0		¥	2	5	1	7	5	0	0	0	

附单据2张

会计主管　　记账　　复核　　制单 李欣

图5-66　记账凭证

固定资产折旧的方法

企业应当根据固定资产所含经济利益的预期实现方式选择折旧方法，可选择的折旧方法包括年限平均法、工作量法、年数总和法和双倍余额递减法。折旧方法一经选择，不得随意变更。如果变更，应当在会计报表附注中予以说明。

(5) 其他费用支出

月末用库存现金支付各部门办公费共 2 157.50 元，其中车间管理部门 829.25 元，机修车间 300 元，管理部门 628.25 元，销售部门 400 元。

表5-22　山西兴华电机有限责任公司费用报销单

2016年2月29日

事由	部门办公费支出	
金额	人民币（大写）：贰仟壹佰伍拾柒元伍角	
审核意见	同意付款　　领导人签章：刘强	
单位	管理部门	经办人：魏玲
备注		

记 账 凭 证

2016年2月29日　　记字第024号

摘要	总账科目	明细科目	借方									✓	贷方									✓
			百	十	万	千	百	十	元	角	分		百	十	万	千	百	十	元	角	分	
支付办公费用	制造费用						8	2	9	2	5											
	辅助生产成本						3	0	0	0	0											
	管理费用						6	2	8	2	5											
	销售费用						4	0	0	0	0											
	库存现金															2	1	5	7	5	0	
合计					¥	2	1	5	7	5	0				¥	2	1	5	7	5	0	

附单据2张

会计主管　　记账　　复核　　制单 李欣

图5-67　记账凭证

(6) 辅助生产费用的分配

名师指导

辅助生产费用是指为基本生产车间、企业行政管理部门等单位服务而进行的产品生产和劳务供应。辅助生产费用的归集和分配一般通过“辅助生产成本”。辅助生产费用的分配方法有直接分配法、顺序分配法、交互分配法、代数分配法等。由于该企业的辅助生产车间只提供维修服务，可以采用直接分配法，按照受益单位所耗数量进行分配后，从“辅助生产成本”账户的贷方转入有关账户的借方。辅助生产费用的分配是通过编制辅助生产费用分配表进行的。

表5-23　辅助生产成本明细账

车间：机修车间　　　　单位：元

2016年		摘要	材料费	水电费	薪酬费	折旧费	办公费	合计	转出
月	日								
2	23	分配材料费用	2 100					2 100.00	
2	29	分配水电费		5 930				5 930.00	
2	29	分配职工薪酬			10 687.50			10 687.50	
2	29	分配折旧费				10 000		10 000.00	
2	29	支付办公费					300	300.00	
2	29	结转机修费用							29 017.50
		合计	2 100	5 930	10 687.50	10 000	300	29 017.50	29 017.50

表5-24　辅助生产提供劳务情况表

车间：机修车间　　　　2016年2月29日

供应对象	机修工时（小时）
基本生产车间	450
销售部门	20
管理部门	30
合计	500

表5-25 辅助生产费用分配表

2016年2月29日　　金额单位：元

辅助生产车间名称			机修车间	合计
待分配费用			29 017.50	29 017.50
耗费分配率			58.035	
基本生产车间	借“制造费用”科目	数量	450	
		金额	26 115.75	26 115.75
销售部门	借“销售费用”科目	数量	20	
		金额	1 160.70	1 160.70
管理部门	借“管理费用”科目	数量	30	
		金额	1 741.05	1 741.05
合计			29 017.50	29 017.50

记账凭证

2016年2月29日　　记字第025号

摘要	总账科目	明细科目	借方									✓	贷方									✓
			百	十	万	千	百	十	元	角	分		百	十	万	千	百	十	元	角	分	
分配辅助生产费用	制造费用				2	6	1	1	5	7	5											
	管理费用					1	7	4	1	0	5											
	销售费用					1	1	6	0	7	0											
	辅助生产成本														2	9	0	1	7	5	0	
合计				¥	2	9	0	1	7	5	0			¥	2	9	0	1	7	5	0	

附单据3张

会计主管　　记账　　复核　　制单 李欣

图5-68 记账凭证

(7) 制造费用的分配

名师指导

边学边做

基本生产车间发生的制造费用是产品成本的组成部分，在只生产一种产品的车间，制造费用可以直接计入该产品的成本；在生产多种产品的车间，制造费用则应采用既合理又较简便的方法进行分配。一般常用的方法有生产工时比例法、生产工人工资比例法、机器工时比例法等。方法一经确定，不得任意变更。该企业由于产品工艺过程和性质的原因，采用消耗原材料比例法进行分配。制造费用的分配是通过编制制造费用分配表进行的。

表5-26　制造费用明细账

车间：基本生产车间　　　　单位：元

2016年		摘要	材料费	水电费	薪酬费	折旧费	办公费	机修费	合计	转出
月	日									
2	23	分配材料费用	3 000						3 000	
2	29	分配水电费		56 130					56 130	
2	29	分配职工薪酬			7 980				7 980	
2	29	分配折旧费				156 000			156 000	
2	29	支付办公费					829.25		829.25	
2	29	分配机修费用						26 115.75	26 115.75	
2	29	结转制造费用								250 055
		合计	3 000	56 130	7 980	156 000	829.25	26 115.75	250 055	250 055

表5-27　制造费用分配表

车间：基本生产车间　　　　2016年2月29日　　　　单位：元

应借科目	明细科目	耗用原材料	分配率	分配金额
基本生产成本	250M	315 614.99	0.08	25 249.20
	250S	533 250.61	0.08	42 659.49
	280M	932 168.71	0.08	74 573.50
	280S	1 301 456.70	0.08	107 572.81
合计		3 082 491.01	0.08	250 055.00

记账凭证

2016年2月29日　　　　记字第026号

摘要	总账科目	明细科目	借方									✓	贷方									✓
			百	十	万	千	百	十	元	角	分		百	十	万	千	百	十	元	角	分	
分配制造费用	基本生产成本	250M			2	5	2	4	9	2	0											
		250S			4	2	6	5	9	4	9											
		280M			7	4	5	7	3	5	0											
		280S		1	0	7	5	7	2	8	1											
	制造费用													2	5	0	0	5	5	0	0	
合计			¥	2	5	0	0	5	5	0	0		¥	2	5	0	0	5	5	0	0	

附单据1张

会计主管　　　　记账　　　　复核　　　　制单 李欣

图5-69　记账凭证

(8) 生产费用在完工产品和在产品之间的分配

名师指导

企业生产产品过程中发生的各种费用，已经在各种产品之间进行了分配，在此基础上还需要在完工产品和在产品之间进行分配，计算出各种完工产品的成本，从“基本生产成本”所属明细账户的贷方转出，记入有关账户的借方。这一过程的账务处理一般应该分为三步进行：首先，通过生产成本明细账计算出累计发生的生产费用总额；其次，按照一定的方法，将生产费用在完工产品和在产品之间进行分配；最后，计算并结转完工产品的总成本和单位成本。

A. 各种产品发生的相关费用在产品成本明细账中记录如下。

表5-28　产品成本明细账

产品名称：YR250M　　完工180件，在产0件　　单位：元

2016年		摘要	直接材料	直接人工	制造费用	合计
月	日					
2	1	期初余额	747 860.50	55 710.05	83 213.77	886 784.32
2	29	分配材料费用	315 614.99			315 614.99
2	29	分配人工费用		22 093.05		22 093.05
2	29	分配制造费用			25 249.20	25 249.20
		合计	1 063 475.49	77 803.10	108 462.97	1 249 741.56

表5-29　产品成本明细账

产品名称：YR250S　　完工160件，在产0件　　单位：元

2016年		摘要	直接材料	直接人工	制造费用	合计
月	日					
2	1	期初余额	1 263 826.44	94 128.70	140 599.48	1 498 554.62
2	29	分配材料费用	533 250.61			533 250.61
2	29	分配人工费用		37 327.54		37 327.54
2	29	分配制造费用			42 659.49	42 659.49
		合计	1 797 077.05	131 456.24	183 258.97	2 111 792.26

表5-30　产品成本明细账

产品名称：YR280M　　完工50件，在产50件　　单位：元

2016年		摘要	直接材料	直接人工	制造费用	合计
月	日					
2	1	期初余额	0	0	0	0
2	29	分配材料费用	932 168.71			932 168.71
2	29	分配人工费用		65 251.81		65 251.81
2	29	分配制造费用			74 573.50	74 573.50
		合计	932 168.71	65 251.81	74 573.50	1 071 994.02

表5-31 产品成本明细账

产品名称：YR280S　　完工50件，在产50件　　单位：元

2016年		摘要	直接材料	直接人工	制造费用	合计
月	日					
2	1	期初余额	0	0	0	0
2	29	分配材料费用	1 301 456.69			1 301 456.69
2	29	分配人工费用		93 409.60		93 409.60
2	29	分配制造费用			107 572.81	107 572.81
		合计	1 301 456.69	93 409.60	107 572.81	1 502 439.10

B．生产费用在完工产品和在产品之间的分配。

名师指导

月末生产费用要在完工产品与在产品之间分配，当月末在产品数量较大时，可以采用约当产量比例法进行分配。采用此方法时在产品既要计算原材料费用，又要计算工资等费用。本月月末在产品达50%，应采用约当产量比例法分配生产费用，由于250系列产品原材料随完工进度不断投入，所以全部费用都需要按照约当产量比例进行分配。

本企业产品原材料和加工费随加工进度陆续投入，在产品完工程度为40%。250系列全部完工，不需要计算在产品成本。

280系列在产品成本计算：

在产品约当产量＝在产品数量 × 完工百分比

某项费用分配率＝该项费用总额/（完工产品产量＋在产品约当产量）

a．计算月末在产品约当产量。

280M约当产量=50×40%=20（件）

280S约当产量=50×40%=20（件）

b．分配原材料费用。

280M：原材料费用分配率 =932 168.71/（50+20）=13 316.70

完工产品原材料费用 =13 316.70 × 50=665 835（元）

在产品原材料费用 =932 168.71–665 835=266 333.71（元）

280S：原材料费用分配率 =1 301 456.69/（50+20）=18 592.24

完工产品原材料费用 =18 592.24 × 50=929 612（元）

在产品原材料费用 =1 301 456.69–929 612=371 844.69（元）

c．分配工资费用。

280M：工资费用分配率 =65 251.81/（50+20）=932.17

完工产品工资费用 =932.17 × 50=46 608.50（元）

在产品工资费用 =65 251.81–46 608.50=18 643.31（元）

280S：工资费用分配率 =93 409.60/（50+20）=1 334.42

完工产品工资费用 =1 334.42 × 50=66 721（元）

在产品工资费用 =93 409.60−66 721=26 688.60（元）

d．分配制造费用。

280M：制造费用分配率 =74 573.50/（50+20）=1 065.34

完工产品制造费用 =1 065.34 × 50=53 267（元）

在产品制造费用 =74 573.50−53 267=21 306.50（元）

280S：制造费用分配率 =107 572.81/（50+20）=1 536.75

完工产品制造费用 = 1 536.75 × 50=76 837.50（元）

在产品制造费用 =107 572.81−76 837.50=30 735.31（元）

完工百分比如何测定？

采用约当产量比例法必须正确测算完工比率，测算正确与否，直接影响到分配结果的准确性。一般情况下可以按照平均进度 50% 测算或者由技术人员根据实际情况测算。

C．计算并结转完工产品总成本，编制成本计算单。

表5-32　完工产品成本计算单

产品名称：YR250M　　完工180件　　单位：元

项　目	期初余额	本期发生额	累计生产费用	单位成本	完工产品成本
直接材料	747 860.50	315 614.99	1 063 475.49	5 908.20	1 063 475.49
直接人工	55 710.05	22 093.05	77 803.10	432.23	77 803.10
制造费用	83 213.77	25 249.20	108 462.97	602.57	108 462.97
合计	886 784.32	362 957.24	1 249 741.56	6 943.00	1 249 741.56

表5-33　完工产品成本计算单

产品名称：YR250S　　完工160件　　单位：元

项　目	期初余额	本期发生额	累计生产费用	单位成本	完工产品成本
直接材料	1 263 826.44	533 250.61	1 797 077.05	11 231.73	1 797 077.05
直接人工	94 128.7	37 327.54	131 456.24	821.60	131 456.24
制造费用	140 599.48	42 659.49	183 258.97	1 145.37	183 258.97
合计	1 498 554.62	613 237.64	2 111 792.26	13 198.70	2 111 792.26

表5-34　完工产品和在产品成本计算单

产品名称：YR280M　　完工50件，在产50件　　单位：元

项　目	本期发生额	累计生产费用	单位成本	完工产品成本	月末在产品成本
直接材料	932 168.71	932 168.71	13 316.70	665 835.00	266 333.71
直接人工	65 251.81	65 251.81	932.17	46 608.50	18 643.31
制造费用	74 573.50	74 573.50	1 065.34	53 267.00	21 306.50
合计	1 071 994.02	1 071 994.02	15 314.21	765 710.50	306 283.52

表5-35 完工产品和在产品成本计算单

产品名称：YR280S　　　　完工50件，在产50件　　　　单位：元

项　目	本期发生额	累计生产费用	单位成本	完工产品成本	月末在产品成本
直接材料	1 301 456.69	1 301 456.69	18 592.24	929 612.00	371 844.69
直接人工	93 409.60	93 409.60	1 334.42	66 721.00	26 688.60
制造费用	107 572.81	107 572.81	1 536.75	76 837.50	30 735.31
合计	1 502 439.10	1 502 439.10	21 463.41	1 073 170.50	429 268.60

记 账 凭 证

2016年2月29日　　　　记账第027号

摘要	总账科目	明细科目	借方									✓	贷方									✓
			百	十	万	千	百	十	元	角	分		百	十	万	千	百	十	元	角	分	
结转完工产品成本	库存商品	250M	1	2	4	9	7	4	1	5	6											
		250S	2	1	1	1	7	9	2	2	6											
		280M		7	6	5	7	1	0	5	0											
		280S	1	0	7	3	1	7	0	5	0											
	基本生产成本	250M											1	2	4	9	7	4	1	5	6	
		250S											2	1	1	1	7	9	2	2	6	
		280M												7	6	5	7	1	0	5	0	
		280S											1	0	7	3	1	7	0	5	0	
合计			5	2	0	0	4	1	4	8	2		5	2	0	0	4	1	4	8	2	

附单据4张

会计主管　　　记账　　　复核　　　制单 李欣

图5-70 记账凭证

(9) 商品销售成本的核算

名师指导

生产过程结束计算出完工产品成本结转入库后，就可以销售了，商品的销售成本一般不需要专门计算，但是由于每批产品的产量和费用多少不同，即使同一种产品，完工成本也会各不相同，一般销售成本的核算按照存货发出方法进行，该企业采用加权平均法核算销售成本。

表5-36　商品销售成本汇总表

项目	YR250M		YR250S		YR280M		YR280S	
	数量（台）	金额（元）	数量（台）	金额（元）	数量（台）	金额（元）	数量（台）	金额（元）
月初结存	0	0	0	0	0	0	0	0
本月入库	180	1 249 741.56	160	2 111 792.26	50	765 710.50	50	1 073 170.50
单位成本		6 943.00		13 198.70		15 314.21		21 463.41
商品销售成本	100	694 300.00	80	1 055 896.00	20	306 284.20	10	214 634.10

记 账 凭 证

2016年2月29日　　记账第028号

摘要	总账科目	明细科目	借方									✓	贷方									✓
			百	十	万	千	百	十	元	角	分		百	十	万	千	百	十	元	角	分	
结转商品销售成本	主营业务成本	250M		6	9	4	3	0	0	0	0											
		250S	1	0	5	5	8	9	6	0	0											
		280M		3	0	6	2	8	4	2	0											
		280S		2	1	4	6	3	4	1	0											
	库存商品	250M												6	9	3	4	0	0	0	0	
		250S											1	0	5	5	8	9	6	0	0	
		280M												3	0	6	2	8	4	2	0	
		280S												2	1	4	6	3	4	1	0	
合计			2	2	2	7	1	1	1	4	3		2	2	2	7	1	1	1	4	3	

附单据1张

会计主管　　记账　　复核　　制单 李欣

图5-71　记账凭证

名师指导

生产成本的核算要考虑企业生产过程的特点和成本管理的要求，在产品成本计算工作中按照成本计算对象的不同，形成三种不同的成本计算方法：以产品品种为计算对象的品种法，以产品批别为计算对象的分批法，以产品生产步骤为计算对象的分步法。该企业采用了品种法核算产品的生产成本。品种法是大多数企业采用的成本计算的方法。为了使读者更清晰、更直观地了解品种法下产品成本核算的全过程，我们绘制了图5-72。

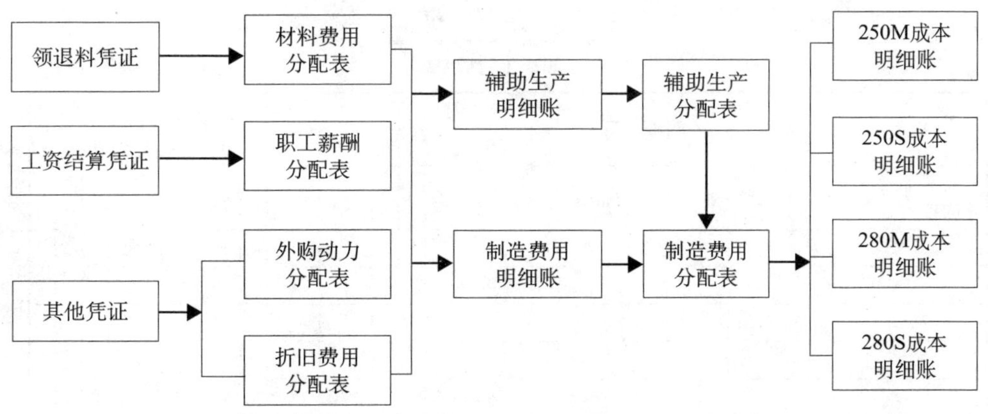

图5-72　品种法下产品成本核算过程

5.1.3　企业月末流转税的核算及纳税申报

(1) 月末根据账簿记录计算并结转应纳的增值税

表5-37　应交增值税计算表

2016年2月29日　　　　单位：元

项目				销售额	税额	备注
销项税额	应税货物	货物名称	适用税率			
		YR250M	17%	824 000	140 080	
		YR250S	17%	1 224 000	208 080	
		YR280M	17%	367 200	62 424	
		YR280S	17%	257 500	43 775	
		小计		2 672 700	454 359	
	应税劳务					
	1					
	2					
进项税额	本期进项税额发生额			392 700		
	进项税额转出					
	1					
	2					
应纳税额				61 659		

记账凭证

2016年2月29日　　　　　　　　　　记账第029号

摘要	总账科目	明细科目	借方									✓	贷方									✓
			百	十	万	千	百	十	元	角	分		百	十	万	千	百	十	元	角	分	
结转本月未交增值税	应交税费	转出未交增值税			6	1	6	5	9	0	0											
	应交税费	未交增值税													6	1	6	5	9	0	0	
合计				¥	6	1	6	5	9	0	0			¥	6	1	6	5	9	0	0	

附单据1张

会计主管　　　　记账　　　　复核　　　　制单 李欣

图5-73　记账凭证

（2）根据计算结果填制增值税纳税申报表

增值税纳税申报表

（适用于增值税一般纳税人）

税款所属时间：自2016年2月1日至2016年2月29日　　　　填表日期：2016年2月29日

纳税人识别号	125679123546123		所属行业：工业 金额单位：元至角分			
纳税人名称	山西兴华电机有限责任公司（公章）	法定代表人姓名	马建平	注册地址	山西省太原市并州北路001号	营业地址	山西省太原市并州北路001号
开户银行及账号	中国工商银行太原二营盘支行 1234567891011121	企业登记注册类型	有限责任公司	电话号码	0351-1234567	

	项目	栏次	一般货物及劳务		即征即退货物及劳务	
			本月数	本年累计	本月数	本年累计
销售额	（一）按适用税率征税货物及劳务销售额	1				
	其中：应税货物销售额	2	2 672 700			
	应税劳务销售额	3				
	纳税检查调整的销售额	4				
	（二）按简易征收办法征税货物销售额	5				
	其中：纳税检查调整的销售额	6				

续表

销售额	（三）免、抵、退办法出口货物销售额	7			—	—
	（四）免税货物及劳务销售额	8			—	—
	其中：免税货物销售额	9			—	
	免税劳务销售额	10			—	—
税款计算	销项税额	11	454 359			
	进项税额	12	392 700			
	上期留抵税额	13		—		—
	进项税额转出	14				
	免抵退货物应退税额	15			—	—
	按适用税率计算的纳税检查应补缴税额	16			—	—
	应抵扣税额合计	17=12+13－14－15+16	392 700	—		—
	实际抵扣税率	18（如17<11，则为17，否则为11）	392 700			
	应纳税额	19=11－18	61 659			
	期末留抵税额	20=17－18		—		—
	简易征收办法计算的应纳税额	21				
	按简易征收办法计算的纳税检查应补缴税额	22			—	—
	应纳税额减征额	23				
	应纳税额合计	24=19+21－23				
税款缴纳	期初未缴税额（多缴为负数）	25				
	实收出口开具专用缴款书退税额	26			—	—
	本期已缴税额	27=28+29+30+31				
	①分次预缴税额	28		—		—
	②出口开具专用缴款书预缴税额	29		—	—	—
	③本期缴纳上期应纳税额	30				
	④本期缴纳欠缴税额	31				
	期末未缴税额（多缴为负数）	32=24+25+26－27				
	其中：欠缴税额（≥0）	33=25+26－27		—		—
	本期应补（退）税额	34=24－28－29		—		—
	即征即退实际退税额	35	—	—		
	期初未缴查补税额	36			—	—
	本期入库查补税额	37			—	—
	期末未缴查补税额	38=16+22+36－37			—	—

续表

<table>
<tr><td>授权声明</td><td>如果你已委托代理人申报，请填写下列资料：
为代理一切税务事宜，现授权
（地址） 为本纳税人的代理申报人，任何与本申报表有关的往来文件，都可寄于此人。
授权人签字：</td><td>申报人声明</td><td>此纳税申报表是根据《中华人民共和国增值税暂行条例》的规定填报的，我相信它是真实的、可靠的、完整的。
声明人签字：王晶</td></tr>
</table>

图5-74 增值税纳税申报表

(3) **根据应纳增值税额计算并结转城市维护建设税和教育费附加**

表5-38 城建税及教育费附加计算表

计税依据	税率	税额（元）
61 659	7%	4 316.13
61 659	3%	1 849.77
合计		6 165.90

记 账 凭 证

2016年2月29日 记字第030号

摘要	总账科目	明细科目	借方 百	十	万	千	百	十	元	角	分	✓	贷方 百	十	万	千	百	十	元	角	分	✓
计算并结转城建税及教育费附加	税金及附加	城建税				4	3	1	6	1	3											
		教育费附加				1	8	4	9	7	7											
	应交税费	应交城建税														4	3	1	6	1	3	
		应交教育费附加														1	8	4	9	7	7	
合计					¥	6	1	6	5	9	0				¥	6	1	6	5	9	0	

附单据1张

会计主管 记账 复核 制单 李欣

图5-75 记账凭证

（4）计算并结转代扣代缴个人所得税

企业在月末申报附加税种时，还要将代扣代缴的个人所得税也一并计算申报。根据应付职工薪酬结算表的记录编制凭证如图 5-76 所示。

记 账 凭 证

2016年2月29日　　　　记字第031号

摘要	总账科目	明细科目	借方									✓	贷方									✓
			百	十	万	千	百	十	元	角	分		百	十	万	千	百	十	元	角	分	
计算并结转代扣代缴个人所得税	应付职工薪酬					1	3	0	2	0	0											
	应交税费	代扣代缴个人所得税														1	3	0	2	0	0	
合计					¥	1	3	0	2	0	0				¥	1	3	0	2	0	0	

附单据1张

会计主管　　记账　　复核　　制单 李欣

图5-76 记账凭证

个人所得税

个人所得税是指国家为了调节个人收入，贯彻公平税负，实施合理负担，采用分项征收制，对我国居民的境内、境外所得以及非居民的境内所得征收的一种税。

个人所得税的纳税办法，有自行申报纳税和代扣代缴两种。代扣代缴是指负有扣缴税款义务的单位或者个人，在向个人支付应纳税所得时，应计算应纳税额，从其所得中扣除并缴入国库，同时向税务机关报送扣缴个人所得税报告表。

（5）根据计算结果填制综合纳税申报表

地方税（费）综合申报表

F−0010　　　　填报日期：2016年2月29日　　　　金额单位：人民币元

<table>
<tr><td>纳税人编码</td><td colspan="4">125679123546123</td><td colspan="2">纳税人名称</td><td colspan="3">山西兴华电机有限责任公司</td></tr>
<tr><td>地　　址</td><td colspan="2">山西省太原市并州路001号</td><td>邮政编码</td><td>030000</td><td>业 别</td><td>工业</td><td>经济性质</td><td colspan="2">有限责任公司</td></tr>
<tr><td>开 户 银 行</td><td colspan="2">中国工商银行太原市二营盘支行</td><td>银行账号</td><td colspan="4">1234567891011121</td><td>电　　话</td><td>0351−1234567</td></tr>
<tr><td>管 理 分 局</td><td colspan="2"></td><td>管 理 科</td><td colspan="4"></td><td>专 管 员</td><td>李伟</td></tr>
<tr><td>税种登记情　况</td><td colspan="9">1．营业税□2．企业所得税□3．个人所得税□4．资源税□5．土地增值税□6．房产税□7．城镇土地使用税□8．车船税□9．城市维护建设税□10．印花税□11．屠宰税□12．煤炭水资源补偿费□13．文化事业建设费□14．河道工程维护管理费□15．林业建设基金□16．价格调控基金□17．残疾人就业保障金□18．教育费附加□（税种登记表中由税务机关填写的部分）</td></tr>
<tr><td>税（费）种</td><td>税目</td><td>税（费）款所属时间</td><td>计税（费）依据或课税（费）数量</td><td>税（费）率或单位税（费）额</td><td>本期应纳税（费）额</td><td>累计欠缴或已缴税（费）额</td><td>减免税（费额）</td><td colspan="2">本期应纳税（费）额合计</td></tr>
<tr><td>城建税</td><td></td><td>2016.2</td><td>61 659</td><td>7%</td><td>4 316.13</td><td></td><td></td><td colspan="2"></td></tr>
<tr><td>教育费附加</td><td></td><td>2016.2</td><td>61 659</td><td>3%</td><td>1 849.77</td><td></td><td></td><td colspan="2"></td></tr>
<tr><td></td><td></td><td></td><td></td><td></td><td></td><td></td><td></td><td colspan="2"></td></tr>
<tr><td></td><td></td><td></td><td></td><td></td><td></td><td></td><td></td><td colspan="2"></td></tr>
<tr><td></td><td></td><td></td><td></td><td></td><td></td><td></td><td></td><td colspan="2"></td></tr>
<tr><td></td><td></td><td></td><td></td><td></td><td></td><td></td><td></td><td colspan="2"></td></tr>
<tr><td></td><td></td><td></td><td></td><td></td><td></td><td></td><td></td><td colspan="2"></td></tr>
<tr><td></td><td></td><td></td><td></td><td></td><td></td><td></td><td></td><td colspan="2"></td></tr>
<tr><td rowspan="4">企业所得税</td><td>税款所属时间</td><td>收入额或利润总额</td><td>应税所得率或纳税调整额</td><td>应纳税所得额</td><td>税率</td><td>应纳所得税额</td><td>累计欠缴或已缴税额</td><td>减免税额</td><td>期末应补（退）税额</td></tr>
<tr><td></td><td></td><td></td><td></td><td></td><td></td><td></td><td></td><td></td></tr>
<tr><td></td><td></td><td></td><td></td><td></td><td></td><td></td><td></td><td></td></tr>
<tr><td></td><td></td><td></td><td></td><td></td><td></td><td></td><td></td><td></td></tr>
<tr><td rowspan="3">个人所得税</td><td>税款所属时间</td><td>所得项目</td><td>收入额</td><td>应纳税所得额</td><td>税率</td><td>速算扣除数</td><td>应纳税额</td><td>已扣缴税额</td><td>期末应补（退）税额</td></tr>
<tr><td>2016.2</td><td></td><td></td><td></td><td></td><td></td><td>1 302.00</td><td></td><td></td></tr>
<tr><td></td><td></td><td></td><td></td><td></td><td></td><td></td><td></td><td></td></tr>
<tr><td>授权代理人</td><td colspan="4">（如果你已委托代理人申报，请填写下列资料）
为代理一切税务事宜，现授权＿＿＿＿（地址）为本纳税人代理申报人。任何与本报表有关的往来文件，都可寄与此。
授权人签字：＿＿＿＿</td><td>声明</td><td colspan="4">我声明：此纳税申报表是根据税收法律、法规的规定填报的，我确信它是真实的、可靠的、完整的。
声明人签字：王晶</td></tr>
</table>

会计主管签字：王晶　　　　代理申报人签字：　　　　纳税人盖章：

图5−77　地方税综合申报表

5.1.4 企业月末损益结转的账务处理

名师指导

月末损益核算需要设置“本年利润”账户，该账户用来核算企业本年度内实现的净利润或亏损。贷方登记会计期末各类收益账户结转的金额；借方登记会计期末各类成本、费用账户结转的金额。该账户期末出现贷方余额，反映本会计期间实现的净利润；如果期末出现借方余额，反映本会计期间发生的亏损。年度终了，应将“本年利润”的余额转入“利润分配”账户。

账结法与表结法

企业计算本月利润和本年累计利润，可以采用“账结法”或“表结法”。账结法是指在每个会计期末将损益类账户净发生额结转到“本年利润”账户中，损益类账户月末不留余额，资产负债表上反映的是账户的实际余额。表结法是指在 1 ～ 11 月份期间，各损益类账户的余额在账务处理上暂不结转至“本年利润”账户，而是在利润表中按收入、支出结出净利润，然后将净利润在资产负债表中的未分配利润行中列示，到 12 月份年终结算时，再将各损益类账户的余额结转至“本年利润”，结转后各损益类账户的余额为零。我国一般采用“账结法”。

（1）月末编制内部转账单，结转收入

表5-39 内部转账单

2016年2月29日 单位：元

摘要	转账项目	结账前余额
结转收入到本年利润账户	主营业务收入	2 672 700
结转收入到本年利润账户	营业外收入	100 000
合计		2 772 700

记 账 凭 证

2016年2月29日 记字第032号

摘要	总账科目	明细科目	借方									✓	贷方									✓
			百	十	万	千	百	十	元	角	分		百	十	万	千	百	十	元	角	分	
结转收入到本年利润账户	主营业务收入		2	6	7	2	7	0	0	0	0											
	营业外收入			1	0	0	0	0	0	0	0											
	本年利润												2	7	7	2	7	0	0	0	0	
合计			2	7	7	2	7	0	0	0	0		2	7	7	2	7	0	0	0	0	

附单据1张

会计主管 记账 复核 制单 李欣

图5-78 记账凭证

（2）月末编制内部转账单，结转费用

表5-40 内部转账单

2016年2月29日 单位：元

摘要	转账项目	结账前余额
结转费用到本年利润账户	主营业务成本	2 271 114.30
结转费用到本年利润账户	税金及附加	6 165.90
结转费用到本年利润账户	管理费用	136 369.30
结转费用到本年利润账户	销售费用	66 294.30
结转费用到本年利润账户	营业外支出	1 000.00
合计		2 480 943.80

记账凭证

2016年2月29日　　记字第033号

摘要	总账科目	明细科目	借方									✓	贷方									✓
			百	十	万	千	百	十	元	角	分		百	十	万	千	百	十	元	角	分	
结转费用到本年利润账户	本年利润		2	4	8	0	9	4	3	8	0											
	主营业务成本												2	2	7	1	1	1	4	3	0	
	税金及附加															6	1	6	5	9	0	
	管理费用													1	3	6	3	6	9	3	0	
	销售费用														6	6	2	9	4	3	0	
	营业外支出															1	0	0	0	0	0	
合计			2	4	8	0	9	4	3	8	0		2	4	8	0	9	4	3	8	0	

附单据1张

会计主管　　记账　　复核　　制单 李欣

图5-79 记账凭证

(3) **计算并结转所得税费用以及纳税申报**

记账凭证

2016年2月29日　　记字第034号

摘要	总账科目	明细科目	借方									✓	贷方									✓
			百	十	万	千	百	十	元	角	分		百	十	万	千	百	十	元	角	分	
计算本月应纳企业所得税	所得税费用				7	2	9	3	9	0	5											
	应交税费	应交企业所得税													7	2	9	3	9	0	5	
合计				¥	7	2	9	3	9	0	5			¥	7	2	9	3	9	0	5	

附单据1张

会计主管　　记账　　复核　　制单 李欣

图5-80 记账凭证

记账凭证

2016年2月29日　　记字第035号

摘要	总账科目	明细科目	借方									✓	贷方									✓
			百	十	万	千	百	十	元	角	分		百	十	万	千	百	十	元	角	分	
结转所得税费用到本年利润账户	本年利润				7	2	9	3	9	0	5											
	所得税费用														7	2	9	3	9	0	5	
合计				¥	7	2	9	3	9	0	5			¥	7	2	9	3	9	0	5	

附单据1张

会计主管　　记账　　复核　　制单 李欣

图5-81 记账凭证

中华人民共和国企业所得税年度纳税申报表（A类）

税款所属期间：2016年2月1日至2016年2月29日

纳税人名称：

纳税人识别号：125679123546123　　　　金额单位：元（列至角分）

类别	行次	项目	金额
利润总额计算	1	一、营业收入（填附表一）	2 672 700.00
	2	减：营业成本（填附表二）	2 271 114.30
	3	税金及附加	6 165.90
	4	销售费用（填附表二）	66 294.30
	5	管理费用（填附表二）	136 369.30
	6	财务费用（填附表二）	0
	7	资产减值损失	
	8	加：公允价值变动收益	
	9	投资收益	
	10	二、营业利润	192 756.20
	11	加：营业外收入（填附表一）	100 000.00
	12	减：营业外支出（填附表二）	1 000.00
	13	三、利润总额（10+11–12）	291 756.20
应纳税所得额计算	14	加：纳税调整增加额（填附表三）	
	15	减：纳税调整减少额（填附表三）	
	16	其中：不征税收入	
	17	免税收入	
	18	减计收入	
	19	减、免税项目所得	
	20	加计扣除	
	21	抵扣应纳税所得额	
	22	加：境外应税所得弥补境内亏损	
	23	纳税调整后所得（13+14–15+22）	
	24	减：弥补以前年度亏损（填附表四）	
	25	应纳税所得额（23–24）	291 756.20
应纳税额计算	26	税率（25%）	72 939.05
	27	应纳所得税额（25×26）	
	28	减：减免所得税额（填附表五）	
	29	减：抵免所得税额（填附表五）	
	30	应纳税额（27–28–29）	
	31	加：境外所得应纳所得税额（填附表六）	
	32	减：境外所得抵免所得税额（填附表六）	
	33	实际应纳所得税额（30+31–32）	

续表

类别	行次	项目	金额
应纳税额计算	34	减：本年累计实际已预缴的所得税额	
	35	其中：汇总纳税的总机构分摊预缴的税额	
	36	汇总纳税的总机构财政调库预缴的税额	
	37	汇总纳税的总机构所属分支机构分摊的预缴税额	
	38	合并纳税（母子体制）成员企业就地预缴比例	
	39	合并纳税企业就地预缴的所得税额	
	40	本年应补（退）的所得税额（33–34）	
附列资料	41	以前年度多缴的所得税额在本年抵减额	
	42	以前年度应缴未缴在本年入库所得税额	
纳税人公章： 经办人：王晶 申报日期：2016年2月29日		代理申报中介机构公章： 经办人及执业证件号码： 代理申报日期：年 月 日	主管税务机关受理专用章： 受理人： 受理日期：年 月 日

图5–82　企业所得税年度纳税申报表

(4) 2月份净利润的计算

营业利润 = 营业收入 − 营业成本 − 税金及附加 − 销售费用 − 管理费用 − 财务费用

利润总额 = 营业利润 + 营业外收入 − 营业外支出

净利润 = 利润总额 − 所得税费用

2 月份营业利润 =2 672 700−2 271 114.30−6 165.90−66 294.30−136 369.30

=192 756. 20（元）

2 月份利润总额 =192 756.20+100 000−1 000=291 756.20（元）

2 月份净利润 =291 756.20−72 939.05=218 817.15（元）

5.2　会计账簿的登记

登记会计账簿是会计核算的一个重要环节，会计账簿能为企业日常经营管理提供分类的会计信息和定期编制会计报表的数据。在这个环节上，会计人员要登记的账簿有日记账簿、明细账簿和总分类账簿。

5.2.1 日记账簿的登记

(1) 库存现金日记账的登记

库存现金 日记账

2016年 月	日	凭证 种类	号数	摘要	对方科目	借方	贷方	借或贷	余额
1	1			期初余额				借	100000
1	11	记	005	提备用金	银行存款	100000		借	200000
1	20	记	015	支付差旅费	其他应收款		100000	借	100000
1	21	记	029	购办公用品	管理费用		78000	借	22000
1	31			本月合计		100000	178000	借	22000
2	1	记	001	提取备用金	银行存款	200000		借	222000
2	29	记	024	支付办公费用	制造费用等		215750	借	6250
2	29	记		本月合计		200000	215750	借	6250

图5-83 库存现金日记账

(2) 银行存款日记账的登记

银行存款 日记账

2016年 月	日	凭证 种类	号数	摘要	对方科目	借方	贷方	借或贷	余额
1	1			期初余额				借	5288125
1	9	记	002	收到前欠货款	应收账款	65000000		借	11788125
1	9	记	003	支付上月税费	应交税费		2585870 0	借	9202942 5
1	10	记	004	收到前前欠货款	应收账款	71050000		借	163079425
1	11	记	005	提备用金	库存现金		100000	借	162979425
1	11	记	006	支付上月工资	应付职工薪酬		19761700	借	143217725
1	11	记	007	支付代扣保险	应付职工薪酬		12553050	借	130664675
1	11	记	008	开设采购专户	其他货币资金		1000000	借	129664675
1	12	记	009	预付货款	预付账款		6000000	借	123664675
1	12	记	010	预收帐款	应收账款	30000000		借	153664675
1	12	记	012	收到货款	主营业务收入	87000000		借	240664675
1	15	记	013	支付货款	原材料		915150 0	借	231513175
1	16	记	014	代垫运费	应收账款		500000	借	231013175
1	21	记	016	收到货款	应收账款	159620000		借	390633175
1	21	记	019	购进固定资产	固定资产		12285000	借	378348175
1	21	记	028	支付会议费	管理费用		1100000	借	377248175
1	31	记	030	支付电话费	管理费用		1500000	借	375748175
1	31	记	031	支付培训费	应付职工薪酬		550000	借	375198175
1	31	记	033	支付租赁费	预付账款		1200000	借	373998175
				本月合计		412670000	89559950	借	373998175
2	1	记	001	提取备用金	库存现金		200000	借	373798175
2	3	记	002	缴纳水电费	应付账款		5301400	借	368496775
				过次页		000	5501400	借	368496775

图5-84 银行存款日记账

银行存款 日记账

2016年		凭证		摘要	对方科目	借方										贷方										借或贷	余额									
月	日	种类	号数			千	百	十	万	千	百	十	元	角	分	千	百	十	万	千	百	十	元	角	分		千	百	十	万	千	百	十	元	角	分
				承前页									0	0	0				5	5	0	1	4	0	0	借		3	6	8	4	9	6	7	7	5
2	8	记	003	购买原材料	原材料、应交税费												1	7	5	5	0	0	0	0	0	借		1	9	2	9	9	6	7	7	5
2	9	记	004	上缴上月税款	应交税费													1	3	4	6	1	9	7	5	借		1	7	9	5	3	4	8	0	0
2	10	记	005	支付上月工资	应付职工薪酬													1	2	8	7	6	0	4	0	借		1	6	6	6	5	8	7	6	0
2	10	记	006	上缴上月四险一金	应付职工薪酬														8	1	8	1	0	8	0	借		1	5	8	4	7	7	6	8	0
2	13	记	008	购买原材料	原材料、应交税费													3	7	4	4	0	0	0	0	借		1	2	1	0	3	7	6	8	0
2	14	记	009	支付清理费	固定资产清理															1	0	0	0	0		借		1	2	0	9	3	7	6	8	0
2	19	记	011	销售YR250系列产品一批	主营业务收入等		2	3	9	6	1	6	0	0	0											借		3	6	0	5	5	3	6	8	0
2	22	记	012	购买托幼用品	应付职工薪酬															3	0	0	0	0	0	借		3	6	0	2	5	3	6	8	0
2	28	记	014	销售YR280系列产品一批	主营业务收入等			7	3	0	8	9	9	0	0											借		4	3	3	3	4	3	5	8	0
2	28	记	015	支付前欠货款	应付账款													5	7	3	3	0	0	0	0	借		3	7	6	0	1	3	5	8	0
				本月合计			3	1	2	7	0	5	9	0	0		3	1	0	6	9	0	4	9	5	借		3	7	6	0	1	3	5	8	0

图5-85 银行存款日记账

5.2.2 明细分类账的登记

明细分类账是根据总账所属的明细账户开设账页，分类、连续地登记经济业务，为企业经营管理提供详细、具体的核算资料。由于企业经济业务纷繁复杂，所以明细分类账的账页也很多，本节由于篇幅的原因，在此不进行明细账页的示范登记了，请读者根据第四章的登记方法自行练习。

5.2.3 总分类账的登记

(1)"丁字账"的制作

将本月发生的全部业务，根据前面的记账凭证制作"丁字账"。由于篇幅原因，在此略去本月丁字账的示范登记过程，请读者根据第四章的登记方法自行练习，熟练掌握。

(2)科目汇总表的编制

会计人员每月在制作完"丁字账"后，根据"丁字账"的记录，编制如下科目汇总表：

表5-41 科目汇总表

科汇第1号　　2016年2月1日至2月29日　　单位：元

选择时间区间：2016年2月		
起始时间：2月1日		
终止时间：2月29日		
本期借方发生额	科目名称	本期贷方发生额
2 000.00	库存现金	2 157.50
3 127 059.00	银行存款	3 106 904.95
2 310 000.00	原材料	3 084 591.00
0.00	周转材料	6 413.60
5 200 414.82	库存商品	2 271 114.30
29 017.50	辅助生产成本	29 017.50
3 550 628.00	基本生产成本	5 200 414.82
100 000.00	固定资产	100 000.00
100 000.00	累计折旧	251 750.00
1 000.00	固定资产清理	1 000.00
0.00	累计摊销	10 000.00
626 314.00	应付账款	649 880.00
588 978.75	应交税费	596 424.95
214 873.20	应付职工薪酬	319 399.50
2 672 700.00	主营业务收入	2 672 700.00
2 271 114.30	主营业务成本	2 271 114.30
136 369.30	管理费用	136 369.30
66 294.30	销售费用	66 294.30
250 055.00	制造费用	250 055.00
0.00	预付账款	2 400.00
100 000.00	营业外收入	100 000.00
1 000.00	营业外支出	1 000.00
72 939.05	所得税费用	72 939.05
6 165.90	税金及附加	6 165.90
2 553 882.85	本年利润	2 772 700.00
23 980 805.97	合计	23 980 805.97

(3) 总账的登记

公司的总账会计，在每月末就要根据前面编制好的科目汇总表，登记总分类账簿。由于篇幅原因，2 月份的总账将不在这里反映了，将与 3 月份的总账一并展示。

5.3 财务报表的编制

5.3.1 编表前的准备工作

(1) 对账与结账

名师指导

每个月末都要进行对账和结账。对账包括日记账、明细账、总账的记录内容与相关会计凭证的核对，各类账簿之间有关发生额和余额的核对，请一一检查前面有关账簿的记录有无错误，是否正确，只有保证账账相符、账证相符才能接着进行下一步的结账工作。

结账就是在对账后，将各个账户的借方发生额、贷方发生额分别合计，然后再结合期初余额，得出期末余额，并在最后一笔账目记录下，画一红线作出结账标记。

(2) 试算平衡表的编制

根据本月账簿的有关记录，编制本月的试算平衡表如下：

表5-42　试算平衡表

2016年2月29日　　单位：元

科目名称	期初余额		本期发生额		期末余额	
	借方	贷方	借方	贷方	借方	贷方
库存现金	220.00		2 000.00	2 157.50	62.50	
银行存款	3 739 981.75		3 127 059.00	3 106 904.95	3 760 135.80	
其他货币资金	10 000.00				10 000.00	
应收账款	4 329 617.00				4 329 617.00	

续表

科目名称	期初余额		本期发生额		期末余额	
	借方	贷方	借方	贷方	借方	贷方
应收票据	2 000 000.00				2 000 000.00	
预付账款	12 000.00			2 400.00	9 600.00	
其他应收款	191 000.00				191 000.00	
原材料	3 417 813.06		2 310 000.00	3 084 591.00	2 643 222.06	
库存商品			5 200 414.82	2 271 114.30	2 929 300.52	
周转材料	20 980.00			6 413.60	14 566.40	
在途物资						
基本生产成本	2 385 338.94		3 550 628.00	5 200 414.82	735 552.12	
辅助生产成本			29 017.50	29 017.50		
固定资产	39 605 000.00		100 000.00	100 000.00	39 605 000.00	
累计折旧		16 750 000.00	100 000.00	251 750.00		16 901 750.00
固定资产清理			1 000.00	1 000.00		
在建工程	457 020.00				457 020.00	
无形资产	600 000.00				600 000.00	
累计摊销		190 000.00		10 000.00		200 000.00
应付票据		3 773 590.00				3 773 590.00
应付账款		8 989 939.00	626 314.00	649 880.00		9 013 505.00
其他应付款		27 000.00				27 000.00
应付职工薪酬		227 924.75	214 873.20	319 399.50		332 451.05
应交税费		134 619.75	588 978.75	596 424.95		142 065.95
短期借款		500 000.00				500 000.00
长期借款		1 000 000.00				1 000 000.00
实收资本		22 000 000.00				22 000 000.00
资本公积		600 000.00				600 000.00
盈余公积		800 000.00				800 000.00
本年利润		178 997.25	2 553 882.85	2 772 700.00		397 814.40
利润分配（未分配利润）		1 596 900.00				1 596 900.00
制造费用			250 055.00	250 055.00		
主营业务收入			2 672 700.00	2 672 700.00		
主营业务成本			2 271 114.30	2 271 114.30		
税金及附加			6 165.90	6 165.90		

续表

科目名称	期初余额		本期发生额		期末余额	
	借方	贷方	借方	贷方	借方	贷方
销售费用			66 294.30	66 294.30		
管理费用			136 369.30	136 369.30		
营业外收入			100 000.00	100 000.00		
营业外支出			1 000.00	1 000.00		
所得税费用			72 939.05	72 939.05		
合计	56 768 970.75	56 768 970.75	23 980 805.97	23 980 805.97	52 785 076.40	52 785 076.40

5.3.2 财务报表的编制

(1) 2月份资产负债表的编制

表5-43 资产负债表

会小企01表

编制单位：山西兴华电机有限责任公司　　2016年2月29日　　单位：元

资 产	期末余额	期初余额	负债和所有者权益	期末余额	期初余额
流动资产：			流动负债：		
货币资金	3 770 198.30	529 881.25	短期借款	500 000.00	500 000.00
短期投资			应付票据	3 773 590.00	1 987 000.00
应收票据	2 000 000.00	2 000 000.00	应付账款	90 135 05.00	8 700 000.00
应收账款	4 329 617.00	5 690 117.00	预收账款		
预付账款	9 600.00		应付职工薪酬	332 451.05	337 511.25
应收股利			应交税费	142 065.95	258 587.00
应收利息			应付利息		
其他应收款	191 000.00	191 000.00	应付利润		
存货	6 322 641.10	5 519 980.00	其他应付款	27 000.00	27 000.00
其中：原材料	2 643 222.06	3 572 500.00	其他流动负债		
在产品	735 552.12	0.00	流动负债合计	13 788 612.00	11 810 098.00
库存商品	2 929 300.52	1 920 000.00	非流动负债：		
周转材料	14 566.40	27 480.00	长期借款	1 000 000.00	1 000 000.00
其他流动资产			长期应付款		
流动资产合计	16 623 056.40	13 929 978.25	递延收益		
非流动资产：			其他非流动负债		

续表

资 产	期末余额	期初余额	负债和所有者权益	期末余额	期初余额
长期债券投资			非流动负债合计	1 000 000.00	1 000 000.00
长期股权投资			负债合计	14 788 612.00	12 810 098.25
固定资产原价	39 605 000.00	39 500 000.00	所有者权益（或股东权益）：		
减：累计折旧	16 901 750.00	16 500 000.00	实收资本（或股本益）：	22 000 000.00	22 000 000.00
固定资产账面价值	22 703 250.00	23 000 000.00	资本公积	600 000.00	600 000.00
在建工程	457 020.00	457 020.00	盈余公积	800 000.00	800 000.00
工程物资			未分配利润	1 994 714.40	1 596 900.00
固定资产清理			所有者权益（或股东权益）合计	25 394 714.40	24 996 900.00
生产性生物资产					
无形资产	400 000.00	420 000.00			
开发支出					
长期待摊费用					
其他非流动资产					
非流动资产合计	23 560 270.00	23 877 020.00			
资产总计	40 183 326.40	37 806 998.25	负债和所有者权益（或股东权益）总计	40 183 326.40	37 806 998.25

（2）2月份利润表的编制

表5-44 利润表

会小企02表

编制单位：山西兴华电机有限责任公司　　2016年2月　　单位：元

项 目	本年累计金额	本月金额
一、营业收入	5 032 700.00	2 672 700.00
减：营业成本	4 191 114.30	2 271 114.00
税金及附加	12 897.90	6 165.90
其中：消费税		

续表

项　目	本年累计金额	本月金额
城市维护建设税	9 028.53	4 316.13
资源税		
土地增值税		
城镇土地使用税、房产税、车船税、印花税		
教育费附加、矿产资源补偿费、排污费	3 869.37	1 849.77
销售费用	118 320.30	66 294.30
其中：商品维修费		
广告费和业务宣传费		
管理费用	278 948.30	136 369.30
其中：开办费		
业务招待费		
研究费用		
财务费用		
其中：利息费用（收入以“-”号填列）		
加：投资收益（损失以“-”号填列）		
二、营业利润（亏损以“-”号填列）	431 419.20	192 756.20
加：营业外收入	100 000.00	100 000.00
其中：政府补助		
减：营业外支出	100 000.00	100 000.00
其中：坏账损失		
无法收回的长期债券投资损失		
无法收回的长期股权投资损失		
自然灾害等不可抗力因素造成的损失		
税收滞纳金		
三、利润总额（亏损总额以“-”号填列）	530 419.20	291 756.20
减：所得税费用	132 604.80	72 939.05
四、净利润（净亏损以“-”号填列）	397 814.40	218 817.15

(3) 2月份现金流量表的编制

表5-45 现金流量表

会小企03表

编制单位：山西兴华电机有限责任公司 2016年2月 单位：元

项　目	本年累计金额	本月金额
一、经营活动产生的现金流量：		
销售产成品、商品、提供劳务收到的现金	7 253 759.00	3 127 059.00
收到其他与经营活动有关的现金		
购买原材料、商品、接受劳务支付的现金	2 907 229.00	2 755 714.00
支付的职工薪酬	542 218.70	213 571.20
支付的税费	393 206.75	134 619.75
支付其他与经营活动有关的现金	46 937.50	2 157.50
经营活动产生的现金流量净额	3 364 167.05	20 996.55
二、投资活动产生的现金流量：		
收回短期投资、长期债券投资和长期股权投资收到的现金		
取得投资收益收到的现金		
处置固定资产、无形资产和其他非流动资产收回的现金净额	−1 000.00	−1 000.00
短期投资、长期债券投资和长期股权投资支付的现金		
购建固定资产、无形资产和其他非流动资产支付的现金	122 850	
投资活动产生的现金流量净额	−123 850	−1 000.00
三、筹资活动产生的现金流量：		
取得借款收到的现金		
吸收投资者投资收到的现金		
偿还借款本金支付的现金		
偿还借款利息支付的现金		
分配利润支付的现金		
筹资活动产生的现金流量净额		
四、现金净增加额	3 240 317.05	19 996.55
加：期初现金余额	529 881.25	3 750 201.75
五、期末现金余额	3 770 198.30	3 770 198.30

第六章　2016年3月份经济业务的账务处理

本月是2016年的第三个月，是会计季度的结束月，企业在这个月除了日常的生产、销售业务之外，还要对全季的账务进行核对，进行财产物资的清查，并编制财务报表。为此，本章做账的重点是指导大家掌握季度结算的会计处理，在对本季度账务核对的基础上，结算出本季度的总利润，并通过财产清查在保证账账相符、账实相符的基础上完成季度报表的编制工作。最后结清当季账簿。

6.1　会计凭证的编制

6.1.1　企业往来业务的账务处理

以下是山西兴华电机有限责任公司2016年3月发生的有关往来业务，会计人员要根据原始凭证进行账务处理。

A. 3月9日，上交上月有关税款。

中 华 人 民 共 和 国　(2016) X 地 申　地

城市维护建设税等　专用税收缴款书　№

隶属关系：

注册类型：有限责任公司　填发日期：2016年3月9日　征收机关：太原市地方税务局第二营业所

缴款单位（人）			预算科目	
	代　码	125679123546123	编码	
	全　称	山西兴华电机有限责任公司	名称	
	开户银行	中国工商银行太原市二营盘支行	级次	
	账　号	1234567891011121	收款国库	

税款所属日期2016年2月1日至2月29日　税款限缴日期 2016年3月9日

计征依据		征收率	实缴税额										
项目名称	计征金额	(%)	亿	千	百	十	万	千	百	十	元	角	分
城乡维护建设税	61 659	7%						4	3	1	6	1	3
教育费附加	61 659	3%						1	8	4	9	7	7
企业所得税	72 939.05						7	2	9	3	9	0	5
个人所得税	1 302							1	3	0	2	0	0
金额合计（大写）亿 仟 ×佰×拾捌万零肆佰零陆元玖角伍分						¥	8	0	4	0	6	9	5

缴款单位（人） （盖章） 经办人（章）	税务机关 （盖章） 填票人（章）	上列款项已收妥并划转收款单位账户 国库（银行）盖章 年 月 日	备注

山西兴华电机有限责任公司 ★ 财务专用章

（无银行收讫章无效）　逾期不缴按税法规定加收滞纳金

图6-1　专用税收缴款书

中华人民共和国

增值税 专用税收缴款书 (2016) X 国申 №　国

隶属关系：

注册类型：股份制　　填发日期：2016年3月9日　　征收机关：太原市国家税务局

缴款单位（人）			预算科目		
	代码	125679123546123		编码	
	全称	山西兴华电机有限责任公司		名称	
	开户银行	中国工商银行太原市二营盘支行		级次	
	账号	1234567891011121	收款国库		
税款所属日期2016年2月1日至2月29日			税款限缴日期2016年3月9日		

品目名称	计税金额	税率或征收率	销项税额	进项税额	已交税额	实缴税额 亿	千	百	十	万	千	百	十	元	角	分
增值税		17%	454 359	392 700						6	1	6	5	9	0	0
金额合计（大写）亿 仟 佰 拾陆万壹仟陆佰伍拾玖元零角零分									¥	6	1	6	5	9	0	0

缴款单位（人）（盖章）经办人（章）	税务机关（盖章）填票人（章）	上列款项已收妥并划转收款单位账户 国库（银行）盖章 年 月 日	备注

山西兴华电机有限责任公司 财务专用章

（无银行收讫章无效）　　逾期不缴按税法规定加收滞纳金

图6-2　专用税收缴款书

中国工商银行（晋）
转账支票存根
$\frac{BK}{02}$ 20498066
附加信息
出票日期2016年3月9日

收款人：太原市地税局
金 额：￥80 406.95
用 途：支付所得税、城建税等

单位主管：王晶 会计：李欣

太原市证券印制有限责任公司2016年印制

图6–3 转账支票存根

中国工商银行（晋）
转账支票存根
$\frac{BK}{02}$ 20498067
附加信息
出票日期2016年3月9日

收款人：太原市国税局
金 额：￥61 659.00
用 途：支付增值税

单位主管：王晶 会计：李欣

太原市证券印制有限责任公司2016年印制

图6–4 转账支票存根

记账凭证

2016年3月9日 记字第001号

摘要	总账科目	明细科目	借方									✓	贷方									✓
			百	十	万	千	百	十	元	角	分		百	十	万	千	百	十	元	角	分	
上缴上月税款	应交税费	未交增值税			6	1	6	5	9	0	0											
		应交城建税				4	3	1	6	1	3											
		应交教育费附加				1	8	4	9	7	7											
		应交企业所得税			7	2	9	3	9	0	5											
		代扣代缴个人所得税				1	3	0	2	0	0											
	银行存款	工行												1	4	2	0	6	5	9	5	
合计			￥	1	4	2	0	6	5	9	5		￥	1	4	2	0	6	5	9	5	

附单据4张

会计主管 记账 复核 制单 李欣

图6–5 记账凭证

B．3 月 10 日支付上月水电费。

山西省地方税收通用发票（电子）　　电子发票　手写无效

发　票　联

发票代码244001102171

开票日期 2016年3月10日　　15：53：25　　发票号码09804513

防伪码	1123868616096651426595643		
付款方	山西兴华电机有限责任公司	身份证号/组织机构代码/纳税人识别号	
收款方	太原市供电公司	身份证号/组织机构代码/纳税人识别号	3453542355186660

项目名称	单位	数量	单价	金额	备注
电费	度	49 000	0.92	45 080	
合计金额（大写）人民币肆万伍仟零玖拾贰元整				（小写）：￥45 080.00	
查询网址：http://www.sxgd.gov.cn		主管税务机关代码		太原市地方税务局	

发票联　付款方付款凭证

NO：244001102171　　开票人：牛丽　　收款方盖章

图6-6　通用电子发票

中国工商银行（晋）
转账支票存根

$\frac{BK}{02}$ 20498068

附加信息

出票日期2016年3月10日

收款人：太原市供电公司
金　额：￥45 080.00
用　途：支付电费

单位主管：王晶　会计：李欣

太原市证券印制有限责任公司2016年印制

图6-7　转账支票存根

山西省地方税收通用发票（电子）

电子发票 手写无效

发 票 联

（全国统一发票监制章 山西省国家税务局监制）

发票代码244001102178

开票日期 2016年3月10日　　15：53：28

发票号码09804519

防伪码	1123868614786901426595723				
付款方	山西兴华电机有限责任公司	身份证号/组织机构代码/纳税人识别号			
收款方	太原市供水公司	身份证号/组织机构代码/纳税人识别号	2223542355187654		
项目名称	单位	数量	单价	金额	备注
水费	吨	7 000	4.50	31 500	
合计金额（大写）人民币叁万壹仟伍佰元整				（小写）：￥31 500.00	
查询网址：http://www.sxgs.gov.cn		主管税务机关代码		太原市地方税务局	

发票联　付款方付款凭证

NO：244001102178　　开票人：王颖　　收款方盖章

（太原市供水公司 2223542355187654 发票专用章）

图6-8　通用电子发票

中国工商银行　（晋）

转账支票存根

$\frac{BK}{02}$ 20498069

附加信息

出票日期2016年3月10日

收款人：	太原市供水公司
金　额：	￥31 500.00
用　途：	支付水费

单位主管：王晶　会计：李欣

太原市证券印制有限责任公司2016年印制

图6-9　转账支票存根

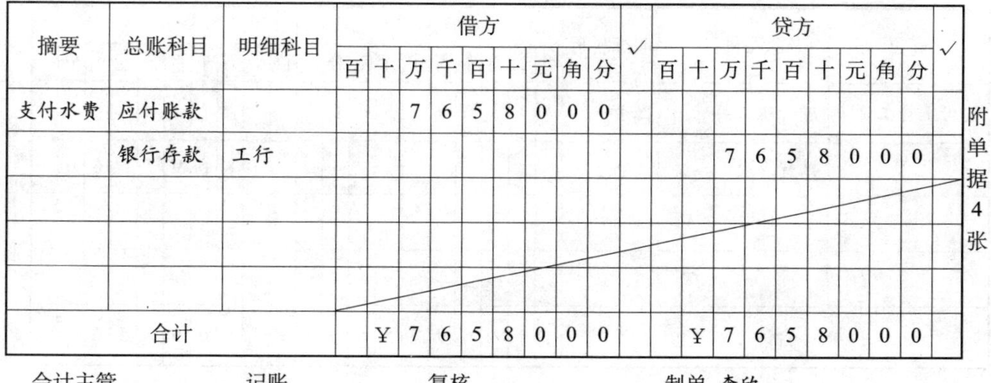

记 账 凭 证

2016年3月10日　　　　记字第002号

摘要	总账科目	明细科目	借方									✓	贷方									✓
			百	十	万	千	百	十	元	角	分		百	十	万	千	百	十	元	角	分	
支付水费	应付账款				7	6	5	8	0	0	0											
	银行存款	工行													7	6	5	8	0	0	0	
合计				¥	7	6	5	8	0	0	0			¥	7	6	5	8	0	0	0	

附单据4张

会计主管　　记账　　复核　　制单 李欣

图6-10 记账凭证

C．3 月 10 日用银行存款支付上月职工工资 186 975.60 元，上交社保局四险一金 118 794.20 元，其中个人负担为 35 862.40 元，企业负担为 82 931.80 元。

中国工商银行（晋）
转账支票存根

$\frac{BK}{02}$ 20498070

附加信息

出票日期2016年3月10日

收款人：山西兴华电机有限责任公司
金 额：￥186 975.60
用 途：支付工资

单位主管：王晶　会计：李欣

太原市证券印制有限责任公司2016年印制

图6–11 转账支票存根

中国工商银行（晋）
转账支票存根

$\frac{BK}{02}$ 20498071

附加信息

出票日期2016年3月10日

收款人：太原市社保局
金 额：￥118 794.20
用 途：支付四险一金

单位主管：王晶　会计：李欣

太原市证券印制有限责任公司2016年印制

图6–12 转账支票存根

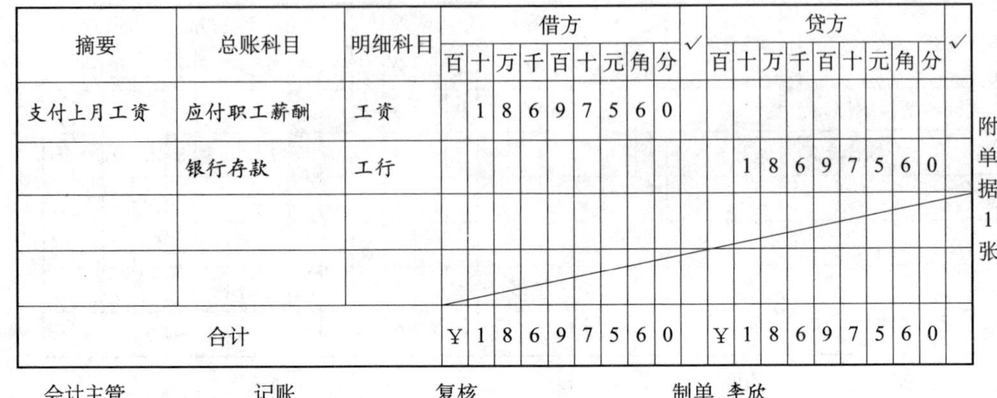

记 账 凭 证

2016年3月10日　　　　记字第003号

摘要	总账科目	明细科目	借方									✓	贷方									✓
			百	十	万	千	百	十	元	角	分		百	十	万	千	百	十	元	角	分	
支付上月工资	应付职工薪酬	工资		1	8	6	9	7	5	6	0											
	银行存款	工行												1	8	6	9	7	5	6	0	
合计			¥	1	8	6	9	7	5	6	0		¥	1	8	6	9	7	5	6	0	

附单据1张

会计主管　　记账　　复核　　制单 李欣

图6-13　记账凭证

记 账 凭 证

2016年3月10日　　　　记字第004号

摘要	总账科目	明细科目	借方									✓	贷方									✓
			百	十	万	千	百	十	元	角	分		百	十	万	千	百	十	元	角	分	
上缴上月四险一金	应付职工薪酬	社会保险			7	1	7	2	4	8	0											
		住房公积金			1	1	2	0	7	0	0											
		工资			3	5	8	6	2	4	0											
	银行存款	工行												1	1	8	7	9	4	2	0	
合计			¥	1	1	8	7	9	4	2	0		¥	1	1	8	7	9	4	2	0	

附单据1张

会计主管　　记账　　复核　　制单 李欣

图6-14　记账凭证

D．3月10日，收到山东鑫利精密设备制造公司前欠货款1 062 617元，存入银行。

中国工商银行 进账单（回单） 3 № 9836650

2016年3月10日 第 18 号

付款人	全称	山东鑫利精密设备制造公司	收款人	全称	山西兴华电机有限责任公司
	账号	2112354533326512		账号	1234567891011121
	开户银行	中国工商银行山东枣庄市支行		开户银行	中国工商银行太原市二营盘支行

人民币（大写）：壹佰零陆万贰仟陆佰壹拾柒元整

千	百	十	万	千	百	十	元	角	分
¥	1	0	6	2	6	1	7	0	0

票据种类：转账支票

票据张数：壹

单位主管 会计 复核 记账

中国工商银行太原市二营盘支行 2016.3.10 转讫 (1)

收款人开户银行签章

此联是出票人开户银行交给出票人的回单

图6-15 进账单

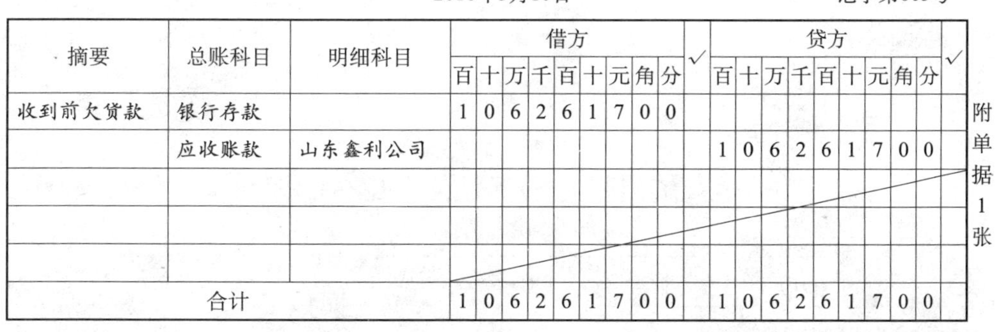

记 账 凭 证

2016年3月10日 记字第005号

摘要	总账科目	明细科目	借方 百	十	万	千	百	十	元	角	分	✓	贷方 百	十	万	千	百	十	元	角	分	✓
收到前欠货款	银行存款		1	0	6	2	6	1	7	0	0											
	应收账款	山东鑫利公司											1	0	6	2	6	1	7	0	0	
合计			1	0	6	2	6	1	7	0	0		1	0	6	2	6	1	7	0	0	

附单据 1 张

会计主管 记账 复核 制单 李欣

图6-16 记账凭证

E．3 月 11 日，向福建广源设备有限公司销售 YR280M 型电机 20 台，每台售价 18 360 元，增值税率 17%，价税合计 429 624 元，货已发出，货款尚未收到。

4400356678　　山西省增值税专用发票　　№ 10562011

全国统一发票监制章 山西省 国家税务局监制

记 账 联　　开票日期：2016年3月11日

<table>
<tr><td>购货单位</td><td colspan="4">名称：福建广源设备有限公司
纳税人识别号：390303859689483
地址、电话：福州市永泰县嵩口街49号 0599-65853259
开户银行及账户：中国工商银行福州市永泰县支行
75019003675573865</td><td>密码区</td><td colspan="3">2/1+<<395120-994b*02
4-99809+<605425948<0
*8544-943+119-21310
440011140
-5-0<48>>2+564658>2>></td></tr>
<tr><td>货物或应税劳务名称</td><td>规格型号</td><td>单位</td><td>数量</td><td>单价</td><td>金额</td><td>税率</td><td>税额</td><td></td></tr>
<tr><td>电机
合计</td><td>YR280M</td><td>台</td><td>20</td><td>18 360.00</td><td>367 200.00
367 200.00</td><td>17%</td><td>62 424.00
62 424.00</td><td></td></tr>
<tr><td>价税合计（大写）</td><td colspan="8">肆拾贰万玖仟陆佰贰拾肆元整　　（小写）￥429 624.00</td></tr>
<tr><td>销货单位</td><td colspan="5">名称：山西兴华电机有限责任公司
纳税人识别号：125679123546123
地址、电话：山西省太原市并州路001号0351-1234567
开户行及账号：中国工商银行太原市二营盘支行
1234567891011121</td><td>备注</td><td colspan="2">山西兴华电机有限责任公司
125679123546123
发票专用章</td></tr>
</table>

第四联 记账联 销货方记账凭证

收款人：　　复核：　　开票人：赵芳　　销货单位：山西兴华电机有限责任公司

图6-17　增值税专用发票

山西兴华电机有限责任公司电机出库单

2016年3月11日

产品名称	计量单位	数量
YR280M型电机	台	20
合计		20

销售部负责人：　　发货人：　　提货人：武丹　　制单：李欣

图6-18　出库单

记 账 凭 证

2016年3月11日　　　　记字第006号

摘要	总账科目	明细科目	借方									✓	贷方									✓
			百	十	万	千	百	十	元	角	分		百	十	万	千	百	十	元	角	分	
销售商品	应收账款	福建广源设备有限公司		4	2	9	6	2	4	0	0											
	主营业务收入	280M												3	6	7	2	0	0	0	0	
	应交税费	应交增值税（销项税额）													6	2	4	2	4	0	0	
合计			¥	4	2	9	6	2	4	0	0		¥	4	2	9	6	2	4	0	0	

附单据2张

会计主管　　　　记账　　　　复核　　　　制单 李欣

图6-19 记账凭证

F．3月11日，通过网上银行转账支付所欠浙江象山县精密模具厂货款1 634 000元。

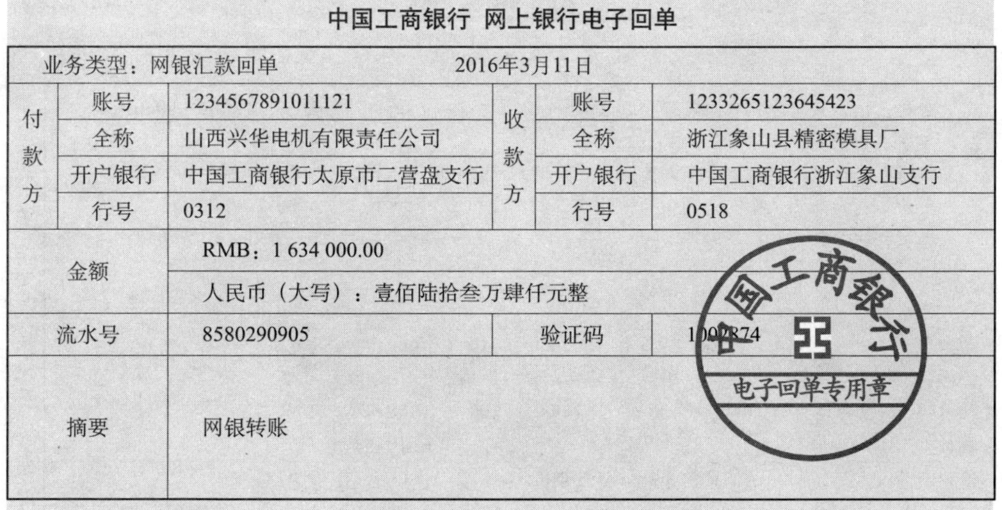

中国工商银行 网上银行电子回单

业务类型：网银汇款回单		2016年3月11日			
付款方	账号	1234567891011121	收款方	账号	1233265123645423
	全称	山西兴华电机有限责任公司		全称	浙江象山县精密模具厂
	开户银行	中国工商银行太原市二营盘支行		开户银行	中国工商银行浙江象山支行
	行号	0312		行号	0518
金额		RMB：1 634 000.00			
		人民币（大写）：壹佰陆拾叁万肆仟元整			
流水号		8580290905		验证码	1002874
摘要		网银转账			

图6-20 网上银行电子回单

记账凭证

2016年3月11日　　　　记字第007号

摘要	总账科目	明细科目	借方									✓	贷方									✓
			百	十	万	千	百	十	元	角	分		百	十	万	千	百	十	元	角	分	
支付欠款	应付账款	浙江象山县精密模具厂	1	6	3	4	0	0	0	0	0											
	银行存款	工行											1	6	3	4	0	0	0	0	0	
合计			1	6	3	4	0	0	0	0	0		1	6	3	4	0	0	0	0	0	

附单据1张

会计主管　　　记账　　　复核　　　制单 李欣

图6-21　记账凭证

G．3月12日，从辽宁本溪物资公司购进矽钢片100 000千克，单价10元，价款1 000 000元；铸件135 000千克，单价6元，价款810 000元，轴承1 000套，单价100元，价款100 000元，增值税进项税额合计324 700元，材料尚未到达，开具3个月的银行承兑汇票。

辽宁省增值税专用发票　　　№ 04259334

（全国统一发票监制章　辽宁省　国家税务局监制）

发票联　　　开票日期：2016年3月12日

购货单位	名称：山西兴华电机有限责任公司 纳税人识别号：125679123546123 地址、电话：山西省太原市并州路001号 0351-1234567 开户银行及账户：中国工商银行太原市二营盘支行 1234567891011121	密码区	2/1+<<395120-994b*02 4-99809+<605425948<0 *8269-434+119-21310 440011140 -5-0<48>>2+564658>2>>

货物或应税劳务名称	规格型号	单位	数量	单价	金额	税率	税额
矽钢片		千克	100 000	10	1 000 000	17%	170 000
铸件		千克	135 000	6	810 000	17%	137 700
轴承		套	1 000	100	100 000	17%	17 000
合计					1 910 000		324 700
价税合计（大写）	贰佰贰拾叁万肆仟柒佰元整				（小写）￥2 234 700.00		

销货单位	名称：辽宁本溪物资公司 纳税人识别号：565123544687463 地址、电话：辽宁本溪市地工路1号 0414-4832000 开户银行及账户：中国工商银行辽宁本溪市支行 1239875623140215	备注	（辽宁本溪物资公司 565123544687463 发票专用章）

收款人：　　复核：　　开票人：吴为　　销货单位：辽宁本溪物资公司

第二联　发票联　购货方记账凭证

图6-22　增值税专用发票（发票联）

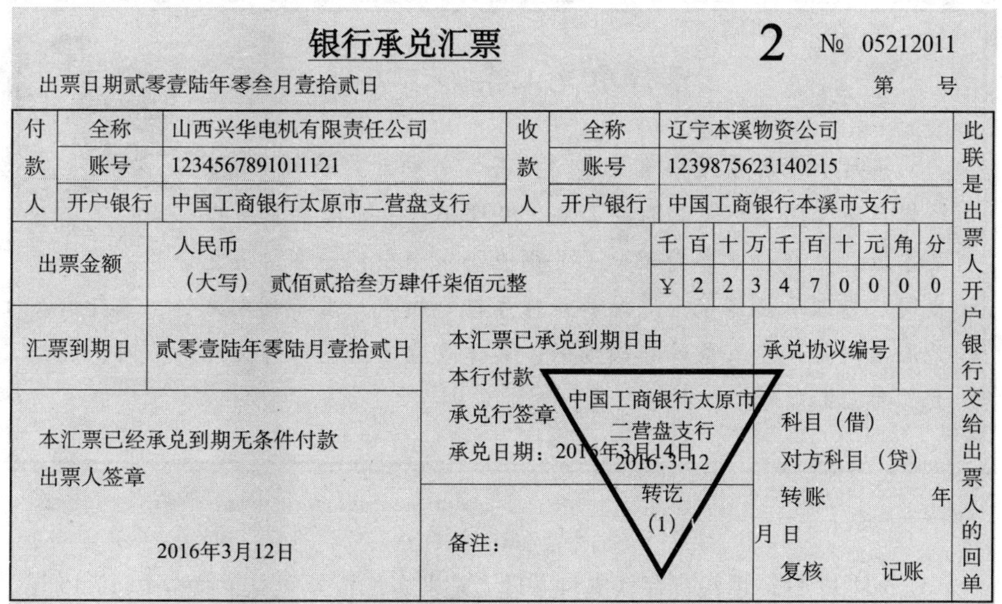

银行承兑汇票　　2　　№ 05212011

出票日期贰零壹陆年零叁月壹拾贰日　　第　　号

付款人	全称	山西兴华电机有限责任公司	收款人	全称	辽宁本溪物资公司
	账号	1234567891011121		账号	1239875623140215
	开户银行	中国工商银行太原市二营盘支行		开户银行	中国工商银行本溪市支行

出票金额	人民币（大写） 贰佰贰拾叁万肆仟柒佰元整	千	百	十	万	千	百	十	元	角	分
		¥	2	2	3	4	7	0	0	0	0

汇票到期日	贰零壹陆年零陆月壹拾贰日	本汇票已承兑到期日由本行付款 承兑行签章 承兑日期：2016年3月14日	承兑协议编号	
本汇票已经承兑到期无条件付款 出票人签章 2016年3月12日		备注：	科目（借） 对方科目（贷） 转账　　年　月　日 复核　　记账	

此联是出票人开户银行交给出票人的回单

图6-23　银行承兑汇票

记 账 凭 证

2016年3月12日　　　　记字第008号

摘要	总账科目	明细科目	借方									✓	贷方									✓
			百	十	万	千	百	十	元	角	分		百	十	万	千	百	十	元	角	分	
购进材料	在途物资	矽钢片	1	0	0	0	0	0	0	0	0											
		铸件		8	1	0	0	0	0	0	0											
		轴承		1	0	0	0	0	0	0	0											
	应交税费	应交增值税（进项税额）		3	2	4	7	0	0	0	0											
	应付票据												2	2	3	4	7	0	0	0	0	
合计			2	2	3	4	7	0	0	0	0		2	2	3	4	7	0	0	0	0	

附单据2张

会计主管　　记账　　复核　　制单 李欣

图6-24　记账凭证

银行承兑汇票如何办理

银行承兑汇票是由承兑申请人签发并向开户银行申请，经银行审查同意承兑的商业汇票，办理银行承兑汇票业务的基本流程包括：业务受理→业务调查→审查审批→签订承兑合同、担保合同，办理承兑保证金冻结和抵押手续→出票→汇票到期兑付。银行承兑汇票的签发是有条件和额度的，具体事宜不同的银行又有所不同，如有需要应去当地银行实地咨询。

H. 3月12日，用银行存款支付办理上述业务的汇票承兑手续费1 117.35元。

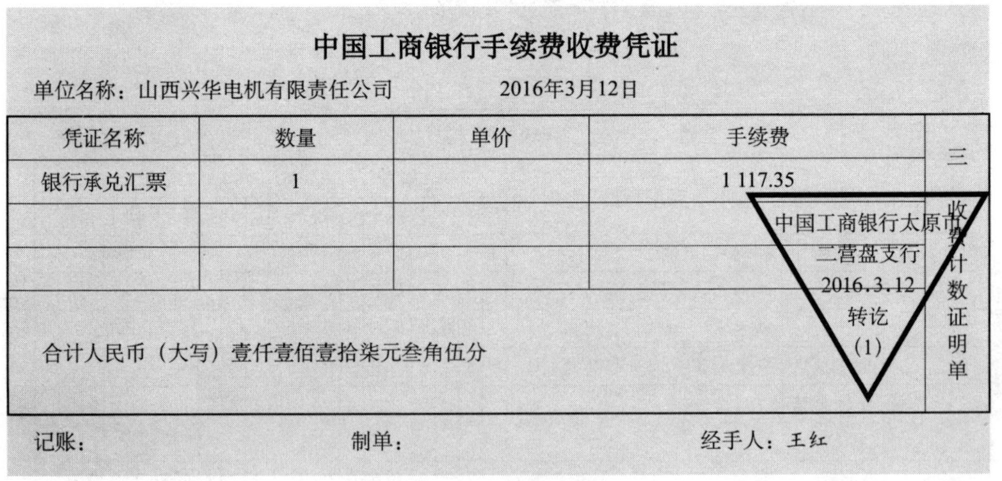

中国工商银行手续费收费凭证

单位名称：山西兴华电机有限责任公司　　2016年3月12日

凭证名称	数量	单价	手续费	三 收费计数证明单
银行承兑汇票	1		1 117.35	
合计人民币（大写）壹仟壹佰壹拾柒元叁角伍分				

中国工商银行太原市二营盘支行 2016.3.12 转讫 (1)

记账：　　制单：　　经手人：王红

图6-25　银行手续费收费凭证

中国工商银行　（晋）
转账支票存根

$\frac{BK}{02}$ 20498072

太原市证券印制有限责任公司2016年印制

附加信息

出票日期2016年3月12日

收款人：工商银行二营盘支行
金　额：￥1 117.35
用　途：支付汇票手续费

单位主管：王晶　会计：李欣

图6-26　转账支票存根

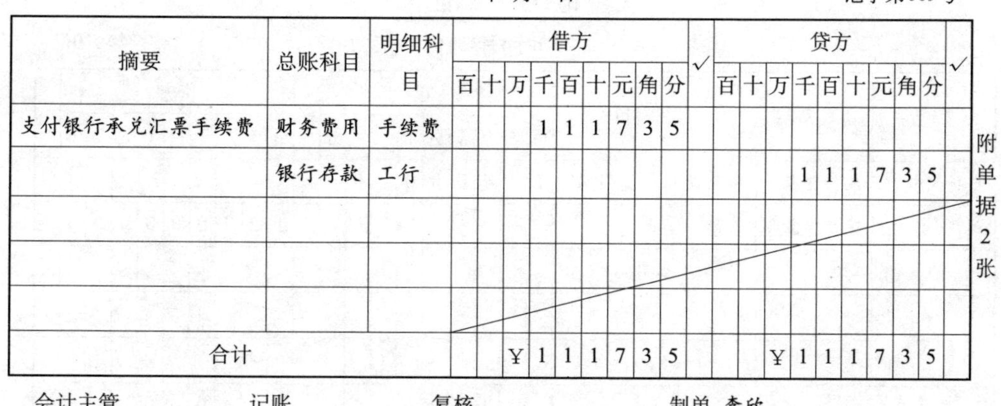

记 账 凭 证

2016年3月12日　　　　记字第009号

摘要	总账科目	明细科目	借方									✓	贷方									✓
			百	十	万	千	百	十	元	角	分		百	十	万	千	百	十	元	角	分	
支付银行承兑汇票手续费	财务费用	手续费				1	1	1	7	3	5											
	银行存款	工行														1	1	1	7	3	5	
合计					￥	1	1	1	7	3	5				￥	1	1	1	7	3	5	

附单据2张

会计主管　　记账　　复核　　制单 李欣

图6-27　记账凭证

I．3月13日，从银行转账支付前欠山西华北设备成套有限公司货款1 240 000元。

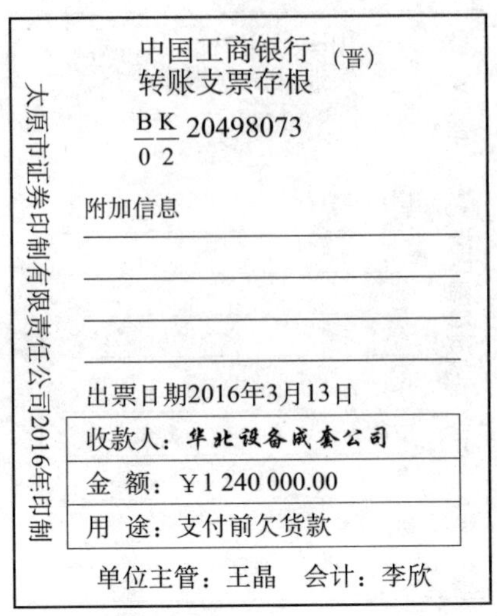
中国工商银行 (晋)
转账支票存根
$\frac{BK}{02}$ 20498073
附加信息

出票日期2016年3月13日
收款人：华北设备成套公司
金 额：¥1 240 000.00
用 途：支付前欠货款
单位主管：王晶 会计：李欣
太原市证券印制有限责任公司2016年印制

图6-28 转账支票存根

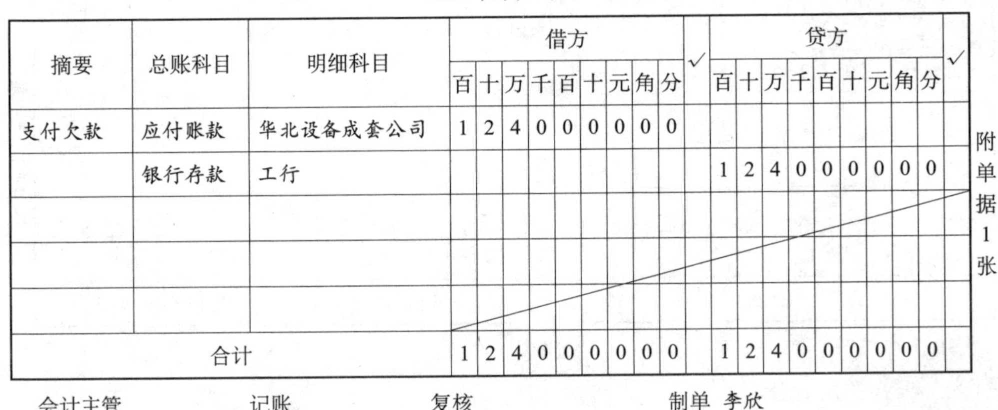
记 账 凭 证

2016年3月13日 记字第010号

摘要	总账科目	明细科目	借方									✓	贷方									✓
			百	十	万	千	百	十	元	角	分		百	十	万	千	百	十	元	角	分	
支付欠款	应付账款	华北设备成套公司	1	2	4	0	0	0	0	0	0											
	银行存款	工行											1	2	4	0	0	0	0	0	0	
合计			1	2	4	0	0	0	0	0	0		1	2	4	0	0	0	0	0	0	

附单据1张

会计主管 记账 复核 制单 李欣

图6-29 记账凭证

J．3月14日，向广东林夕设备有限公司销售YR250M型电机80台，单价8 240元，YR280M型电机20台，单价18 360元，价款共计1 026 400元，增值税174 488元，货物于当天发出，货款收到，存入银行。

4400356678　　山西省增值税专用发票　　№ 1023562012

记　账　联　　开票日期：2016年3月14日

<table>
<tr><td>购货单位</td><td colspan="5">名称：广东林夕设备有限公司
纳税人识别号：390303859689483
地址、电话：中山市西城区威镇49号 0760-65853259
开户银行及账户：中国工商银行中山市威镇分理处 75019003675573865</td><td>密码区</td><td colspan="2">2/1+<<395120-994b*02
4-99809+<605425948<0
*6094-869+441-21310
440011140
-5-0<48>>2+564658>2>></td></tr>
<tr><td colspan="2">货物或应税劳务名称</td><td>规格型号</td><td>单位</td><td>数量</td><td>单价</td><td>金额</td><td>税率</td><td>税额</td></tr>
<tr><td colspan="2">电机</td><td>YZR250M</td><td>台</td><td>80</td><td>8 240</td><td>659 200</td><td>17%</td><td>112 064</td></tr>
<tr><td colspan="2"></td><td>YZR280M</td><td>台</td><td>20</td><td>18 360</td><td>367 200</td><td>17%</td><td>62 424</td></tr>
<tr><td colspan="2">合计</td><td></td><td></td><td></td><td></td><td>1 026 400</td><td></td><td>174 488</td></tr>
<tr><td colspan="2">价税合计（大写）</td><td colspan="7">壹佰贰拾万零捌佰捌拾捌元整　　（小写）￥1 200 888.00</td></tr>
<tr><td>销货单位</td><td colspan="5">名称：山西兴华电机有限责任公司
纳税人识别号：125679123546123
地址、电话：山西省太原市并州路001号 0351-1234567
开户银行及账户：中国工商银行太原市二营盘支行 1234567891011121</td><td>备注</td><td colspan="2"></td></tr>
</table>

收款人：　　复核：　　开票人：赵芳　　销货单位：山西兴华电机有限责任公司

第四联 记账联 销货方记账凭证

图6-30　增值税专用发票

山西兴华电机有限责任公司电机出库单

2016年3月14日

产品名称	计量单位	数量
YR250M型电机	台	80
YR280M型电机	台	20
合计		100

销售部负责人：　　发货人：　　提货人：武丹　　制单：李敏

图6-31　出库单

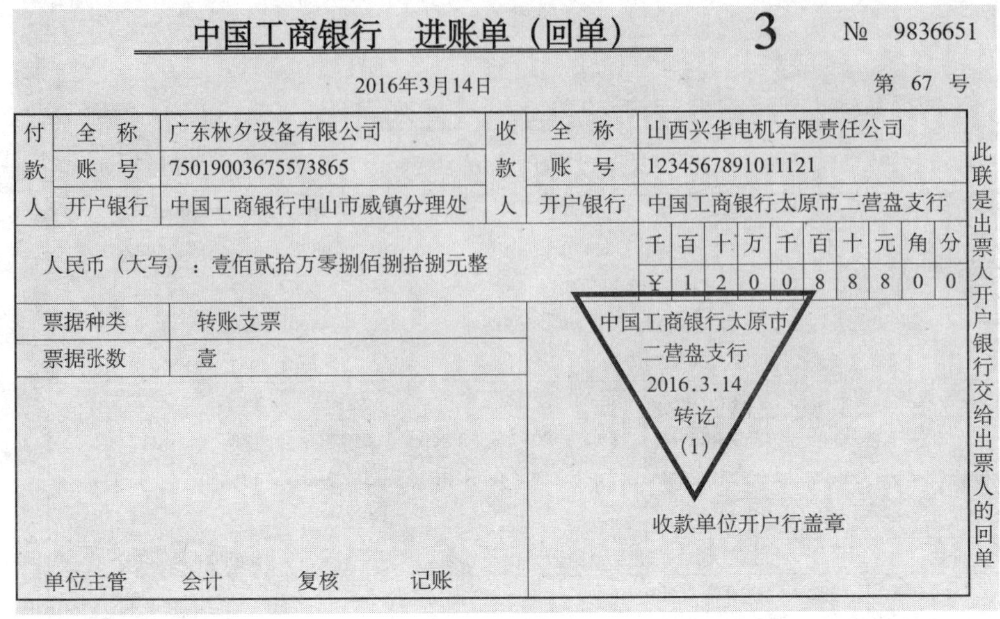

中国工商银行 进账单（回单） 3 № 9836651

2016年3月14日 第 67 号

付款人	全称	广东林夕设备有限公司	收款人	全称	山西兴华电机有限责任公司
	账号	75019003675573865		账号	1234567891011121
	开户银行	中国工商银行中山市威镇分理处		开户银行	中国工商银行太原市二营盘支行

人民币（大写）：壹佰贰拾万零捌佰捌拾捌元整

千	百	十	万	千	百	十	元	角	分
¥	1	2	0	0	8	8	8	0	0

票据种类	转账支票
票据张数	壹

中国工商银行太原市
二营盘支行
2016.3.14
转讫
(1)

收款单位开户行盖章

单位主管 会计 复核 记账

此联是出票人开户银行交给出票人的回单

图6-32 进账单

记账凭证

2016年3月14日 记字第011号

摘要	总账科目	明细科目	借方									✓	贷方									✓
			百	十	万	千	百	十	元	角	分		百	十	万	千	百	十	元	角	分	
销售商品收到款	银行存款	工行	1	2	0	0	8	8	8	0	0											
	主营业务收入	250M型电机												6	5	9	2	0	0	0	0	
		280M型电机												3	6	7	2	0	0	0	0	
	应交税费	应交增值税（销项税额）												1	7	4	4	8	8	0	0	
合计			1	2	0	0	8	8	8	0	0		1	2	0	0	8	8	8	0	0	

附单据3张

会计主管 记账 复核 制单 李欣

图6-33 记账凭证

K．3月15日，从浙江象山县精密模具厂购入定子铜5 600千克，单价80元，价款448 000元，转子铜7 800千克，单价70元，价款546 000元，增值税进项税额168 980元，另支付运费1 440元，材料已经验收入库，全部款项通过网上银行转账支付。

中国工商银行　网上银行电子回单

业务类型：网银汇款回单			2016年3月15日		
付款方	账号	1234567891011121	收款方	账号	12332651236599032
	全称	山西兴华电机有限责任公司		全称	浙江万通联运公司
	开户银行	中国工商银行太原市二营盘支行		开户银行	中国工商银行浙江象山支行
	行号	0312		行号	0318
金额		RMB：1 440.00			
		人民币（大写）：壹仟肆佰肆拾元整			
流水号		8580291028	验证码		0875923
摘要		网银转账			

图6-34　网上银行电子回单

中国工商银行　网上银行电子回单

业务类型：网银汇款回单			2016年3月15日		
付款方	账号	1234567891011121	收款方	账号	1233265123645423
	全称	山西兴华电机有限责任公司		全称	浙江象山县精密模具厂
	开户银行	中国工商银行太原市二营盘支行		开户银行	中国工商银行浙江象山支行
	行号	0312		行号	0318
金额		RMB：1 162 980.00			
		人民币（大写）：壹佰壹拾陆万贰仟玖佰捌拾元整			
流水号		8580291029	验证码		0345912
摘要		网银转账			

图6-35　网上银行电子回单

收料单

供应单位：浙江省象山县精密模具厂　　　　收料仓库：2号仓库

发票号码：　　　　2016年3月15日　　　　第001号

材料编号	材料名称	规格	单位	数量		金额			
				应收	实收	单价	金额	运费	合计
003	定子铜		千克	5 600	5 600	80	448 000	560	448 560
004	转子铜		千克	7 800	7 800	70	546 000	780	546 780
合计							994 000	1 340	995 340

②会计记账联

仓库负责人：　　　　经办人：王宏　　　　收料人：赵敏

图6-36　收料单

浙江省增值税专用发票　　№ 06259554

发票联　　开票日期：　2016年3月15日

购货单位	名称：山西兴华电机有限责任公司 纳税人识别号：125679123546123 地址、电话：山西省太原市并州路001号0351-1234567 开户银行及账户：工商银行太原市二营盘支行 1234567891011121	密码区	2/1+<<395120-994b*02 4-99809+<605425948<0 *8544-943+119-21310 678934520 -5-0<48>>2+564658>2>>

货物或应税劳务名称	规格型号	单位	数量	单价	金额	税率	税额
定子铜		千克	5 600	80	448 000	17%	76 160
转子铜		千克	7 800	70	546 000	17%	92 820
合计					994 000		168 980
价税合计（大写）	壹佰壹拾陆万贰仟玖佰捌拾元整				（小写）￥1 162 980.00		

销货单位	名称：浙江象山县精密模具厂 纳税人识别号：565123544687463 地址、电话：浙江省宁波市象山县贤庠镇　0574-465661095 开户银行及账号：中国工商银行浙江省象山支行 1233265123645423	备注	浙江象山县精密模具厂 565123544687463 发票专用章

收款人：　　复核：　　开票人：孔一　　销货单位：浙江象山县精密模具厂

第二联　发票联　购货方记账凭证

图6-37　增值税专用发票

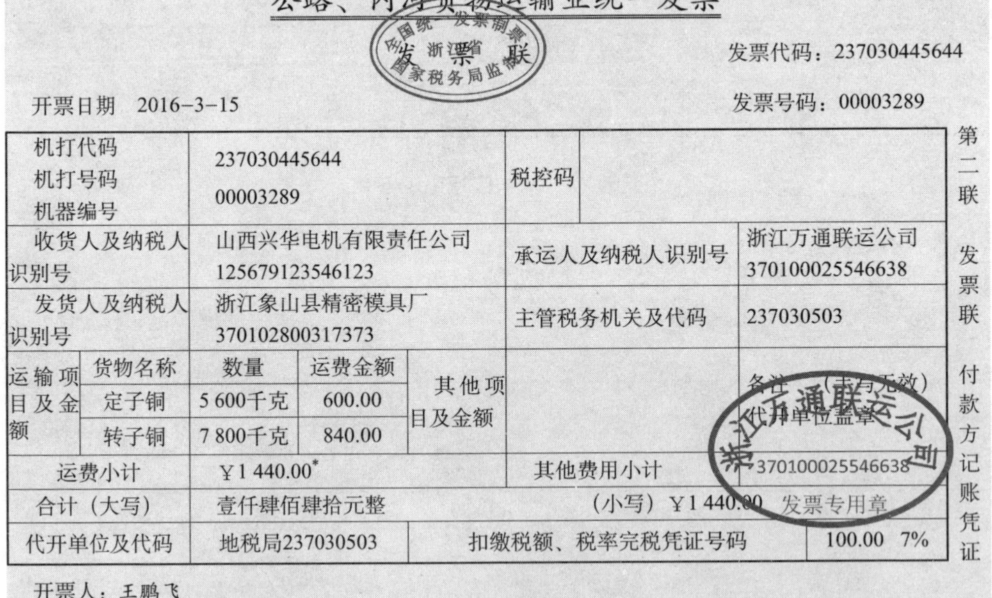

公路、内河货物运输业统一发票

发票联　　发票代码：237030445644

开票日期　2016-3-15　　发票号码：00003289

机打代码 机打号码 机器编号	237030445644 00003289	税控码	
收货人及纳税人识别号	山西兴华电机有限责任公司 125679123546123	承运人及纳税人识别号	浙江万通联运公司 370100025546638
发货人及纳税人识别号	浙江象山县精密模具厂 370102800317373	主管税务机关及代码	237030503

运输项目及金额	货物名称	数量	运费金额	其他项目及金额		备注（手写无效） 代开单位盖章
	定子铜	5 600千克	600.00			
	转子铜	7 800千克	840.00			
运费小计		￥1 440.00*		其他费用小计		浙江万通联运公司 370100025546638 发票专用章
合计（大写）		壹仟肆佰肆拾元整		（小写）￥1 440.00		
代开单位及代码		地税局237030503		扣缴税额、税率完税凭证号码		100.00　7%

开票人：王鹏飞

第二联　发票联　付款方记账凭证

注　运费可以抵扣7%的应交增值税款100元，在发票中单独列示了，但在本书脱稿时运输企业已改征增值税，且税率也发生变更，由于书中成本计算原因，未做更改，特此说明。

图6-38　运输业统一发票

记 账 凭 证

2016年3月15日　　　　　　　　　　　　　　　　记字第012号

摘要	总账科目	明细科目	借方									✓	贷方									✓
			百	十	万	千	百	十	元	角	分		百	十	万	千	百	十	元	角	分	
购进材料付款	原材料	原料及主要材料（定子铜）		4	4	8	5	6	0	0	0											
		原料及主要材料（转子铜）		5	4	6	7	8	0	0	0											
	应交税费	应交增值税（进项税额）		1	6	9	0	8	0	0	0											
	银行存款												1	1	6	4	4	2	0	0	0	
合计			1	1	6	4	4	2	0	0	0		1	1	6	4	4	2	0	0	0	

附单据5张

会计主管　　　　记账　　　　复核　　　　制单 李欣

图6-39　记账凭证

L．3月17日，收到辽宁本溪物资公司发来的矽钢片、铸件以及轴承，产品验收合格入库。

收料单

供应单位：辽宁本溪物资公司　　　　　　　　　　收料仓库：1号仓库

发票号码：　　　　　　2016年3月17日　　　　　　第001号

材料编号	材料名称	规格	单位	数量		金额			
				应收	实收	单价	金额	运费	合计
001	矽钢片		千克	100 000	100 000	10	1 000 000		1 000 000
002	铸件		千克	135 000	135 000	6	810 000		810 000
合计							1 810 000		1 810 000
备注									

②会计记账联

仓库负责人：　　　　经办人：张宏　　　　收料人：李敏

图6-40　收料单

收料单

供应单位：辽宁本溪物资公司　　　　收料仓库：2号仓库

发票号码：　　　　2016年3月17日　　　　第002号

材料编号	材料名称	规格	单位	数量		金额			
				应收	实收	单价	金额	运费	合计
005	轴承		套	1 000	1 000	100	100 000		100 000
合计									

②会计记账联

仓库负责人：　　　　经办人：王兵　　　　收料人：赵阳

图6-41　收料单

记 账 凭 证

2016年3月17日　　　　记字第013号

摘要	总账科目	明细科目	借方									✓	贷方									✓
			百	十	万	千	百	十	元	角	分		百	十	万	千	百	十	元	角	分	
材料入库	原材料	原料及主要材料（矽钢片）	1	0	0	0	0	0	0	0	0											
		原料及主要材料（铸件）		8	1	0	0	0	0	0	0											
		外购零配件（轴承）		1	0	0	0	0	0	0	0											
	在途物资	矽钢片											1	0	0	0	0	0	0	0	0	
		铸件												8	1	0	0	0	0	0	0	
		轴承												1	0	0	0	0	0	0	0	
		合计	1	9	1	0	0	0	0	0	0		1	9	1	0	0	0	0	0	0	

附单据2张

会计主管　　　　记账　　　　复核　　　　制单 李欣

图6-42　记账凭证

M．3 月 18 日，收到山西启程设备有限公司购买 YR280S 型电机的预付货款 500 000 元。

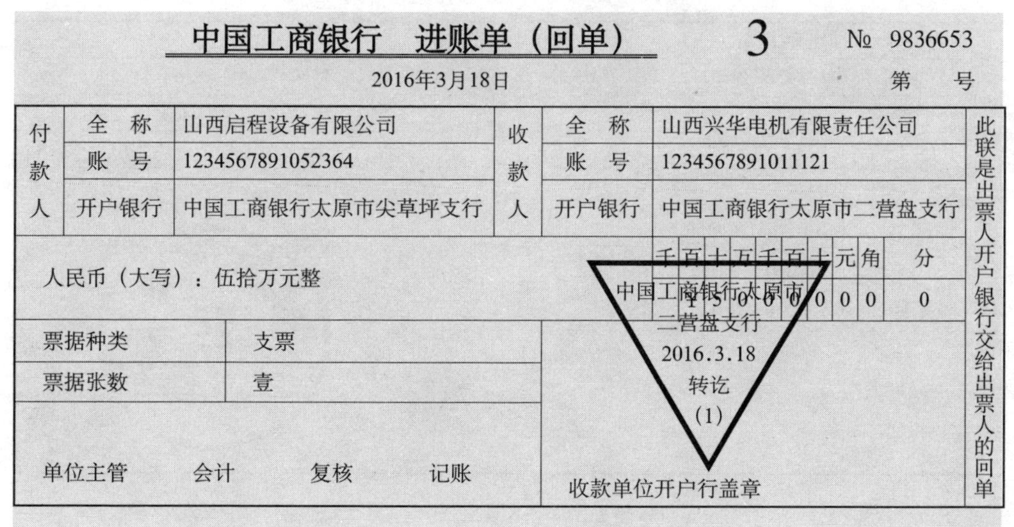

中国工商银行 进账单（回单） 3 № 9836653

2016年3月18日 第 号

付款人	全称	山西启程设备有限公司	收款人	全称	山西兴华电机有限责任公司
	账号	1234567891052364		账号	1234567891011121
	开户银行	中国工商银行太原市尖草坪支行		开户银行	中国工商银行太原市二营盘支行
人民币（大写）：伍拾万元整				千百十万千百十元角分	¥50000000
票据种类	支票				
票据张数	壹				
单位主管 会计 复核 记账			收款单位开户行盖章		

此联是出票人开户银行交给出票人的回单

图6-43 进账单

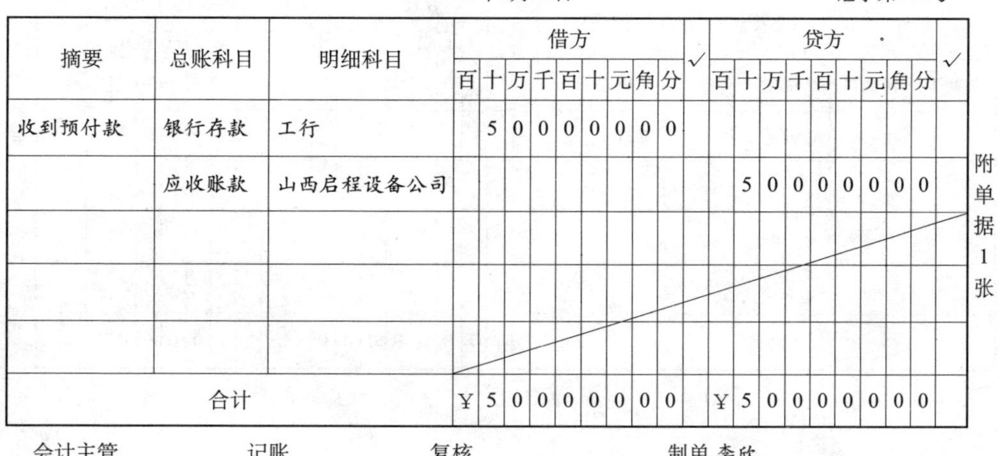

记 账 凭 证

2016年3月18日 记字第014号

摘要	总账科目	明细科目	借方（百十万千百十元角分）	✓	贷方（百十万千百十元角分）	✓
收到预付款	银行存款	工行	50000000			
	应收账款	山西启程设备公司			50000000	
合计			¥50000000		¥50000000	

附单据1张

会计主管 记账 复核 制单 李欣

图6-44 记账凭证

N．3月19日，通过网上银行转账寄往山东无棣采购专户70 000元。

中国工商银行 网上银行电子回单

业务类型：网银汇款回单		2016年3月19日			
付款方	账号	1234567891011121	收款方	账号	2354687554598656
	全称	山西兴华电机有限责任公司		全称	山西兴华电机有限责任公司
	开户银行	中国工商银行太原市二营盘支行		开户银行	中国工商银行山东滨州市无棣支行
	行号	0312		行号	0575
金额		RMB：70 000.00			
		人民币（大写）：柒万元整			
流水号		85803805684	验证码		0294831
摘要		网银转账			

中国工商银行 电子回单专用章

图6-45 网上银行电子回单

记 账 凭 证

2016年3月19日 记字第015号

摘要	总账科目	明细科目	借方百	十	万	千	百	十	元	角	分	✓	贷方百	十	万	千	百	十	元	角	分	✓
采购专户转账	其他货币资金	外埠存款			7	0	0	0	0	0	0											
	银行存款	工行													7	0	0	0	0	0	0	
合计				¥	7	0	0	0	0	0	0			¥	7	0	0	0	0	0	0	

附单据2张

会计主管　　记账　　复核　　制单 李欣

图6-46 记账凭证

O．3月21日，向山东金门集团公司销售YR250S型电机80台，单价为15 300元，价款1 224 000元，增值税208 080元。货款未收到，货物已发出。

山西省增值税专用发票

记账联

№ 1023562013

开票日期：2016年3月21日

购货单位	名称：山东金门集团公司 纳税人识别号：3688852989900234 地址、电话：烟台市南大街49号 65853259 开户银行及账户：中国工商银行烟台市南大街支行 75019003675573865				密码区	2/1+<<395120−994b*02 4−99809+<605425948<0 *8544−943+119−21310 776854920 −5−0<48>>2+564658>2>>	
货物名称	规格型号	单位	数量	单价	金额	税率	税额
电机	YR250S	台	80	15 300	1 224 000	17%	208 080
合计					1 224 000		208 080
价税合计（大写）	壹佰肆拾叁万贰仟零捌拾元整　（小写）￥1 432 080.00						
销货单位	名称：山西兴华电机有限责任公司 纳税人识别号：125679123546123 地址、电话：山西省太原市并州路001号0351−1234567 开户银行及账户：中国工商银行太原市二营盘支行 1234567891011121				备注		

第四联 记账联 销货方记账凭证

收款人：　复核：　开票人：赵芳　销货单位：山西兴华电机有限责任公司

图6−47　增值税专用发票

山西兴华电机有限责任公司电机出库单

2016年3月21日

产品名称	计量单位	数量
YR250S型电机	台	80
合计		80

销售部负责人：　发货人：　提货人：武丹　制单：李欣

图6−48　出库单

记 账 凭 证

2016年3月21日　　记字第016号

摘要	总账科目	明细科目	借方 百	十	万	千	百	十	元	角	分	✓	贷方 百	十	万	千	百	十	元	角	分	✓
销售商品	应收账款	山东金门公司	1	4	3	2	0	8	0	0	0											
	主营业务收入	250S型电机											1	2	2	4	0	0	0	0	0	
	应交税费	应交增值税（销项税额）												2	0	8	0	8	0	0	0	
合计			1	4	3	2	0	8	0	0	0		1	4	3	2	0	8	0	0	0	

附单据2张

会计主管　记账　复核　制单 李欣

图6−49　记账凭证

P．3 月 22 日，向山西启程设备有限公司销售 YR280S 型电机 30 台，单价 25 750 元 / 台，价税合计 903 825 元，货物于当天发出，以预收货款抵部分货款，不足部分暂欠。

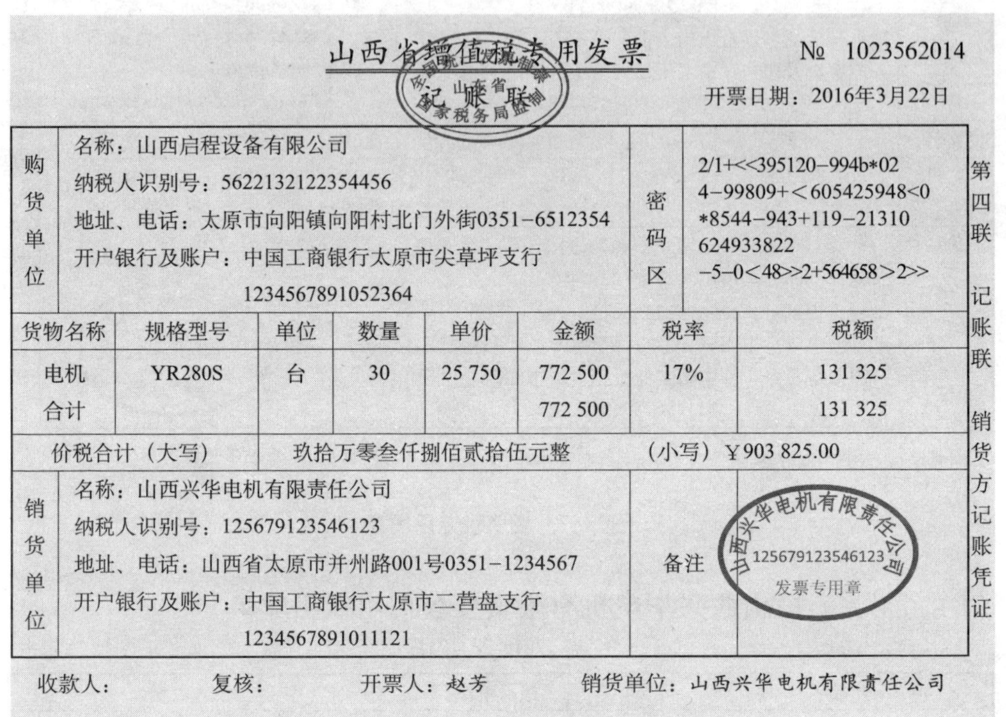

山西省增值税专用发票

№ 1023562014

记账联

开票日期：2016年3月22日

购货单位	名称：山西启程设备有限公司 纳税人识别号：5622132122354456 地址、电话：太原市向阳镇向阳村北门外街0351–6512354 开户银行及账户：中国工商银行太原市尖草坪支行 1234567891052364	密码区	2/1+<<395120–994b*02 4–99809+<605425948<0 *8544–943+119–21310 624933822 –5–0<48>>2+564658>2>>

货物名称	规格型号	单位	数量	单价	金额	税率	税额
电机	YR280S	台	30	25 750	772 500	17%	131 325
合计					772 500		131 325
价税合计（大写）	玖拾万零叁仟捌佰贰拾伍元整				（小写）￥903 825.00		

销货单位	名称：山西兴华电机有限责任公司 纳税人识别号：125679123546123 地址、电话：山西省太原市并州路001号0351–1234567 开户银行及账户：中国工商银行太原市二营盘支行 1234567891011121	备注	山西兴华电机有限责任公司 125679123546123 发票专用章

第四联 记账联 销货方记账凭证

收款人： 复核： 开票人：赵芳 销货单位：山西兴华电机有限责任公司

图6–50 增值税专用发票

山西兴华电机有限责任公司电机出库单

2016年3月22日

产品名称	计量单位	数量
YR280S型电机	台	30
合计		30

销售部负责人： 发货人： 提货人：武丹 制单：李欣

图6–51 出库单

记账凭证

2016年3月22日　　　　　　　　记字第017号

摘要	总账科目	明细科目	借方									✓	贷方									✓
			百	十	万	千	百	十	元	角	分		百	十	万	千	百	十	元	角	分	
销售商品	应收账款	山西启程设备公司		9	0	3	8	2	5	0	0											
	主营业务收入	280S												7	7	2	5	0	0	0	0	
	应交税费	应交增值税（销项税额）												1	3	1	3	2	5	0	0	
合计			¥	9	0	3	8	2	5	0	0		¥	9	0	3	8	2	5	0	0	

附单据2张

会计主管　　　　记账　　　　复核　　　　制单 李欣

图6-52　记账凭证

Q．3 月 22 日，从山东无棣绝缘材料股份有限公司购买绝缘材料 10 000 米，单价 6 元，价款 60 000 元，增值税 10 200 元，材料如数验收入库，通过采购专户支付。多余款项转回本地银行。

山东省增值税专用发票　　№ 08259669

发票联　　（全国统一发票监制章 山东省国家税务局监制）

开票日期：2016年3月22日

购货单位	名称：山西兴华电机有限责任公司 纳税人识别号：125679123546123 地址、电话：山西省太原市并州路001号0351-1234567 开户银行及账号：中国工商银行太原市二营盘支行 1234567891011121	密码区	2/1+<<395120-994b*02 4-99809+<605425948<0 *8544-943+119-21310 968432300 -5-0<48>>2+564658>2>>

货物名称	规格型号	单位	数量	单价	金额	税率	税额
绝缘材料		米	10 000	6	60 000	17%	10 200
合计					60 000		10 200
价税合计（大写）	⊗ 柒万零贰佰元整				（小写）￥70 200.00		

销货单位	名称：山东无棣绝缘材料股份有限公司 纳税人识别号：235468755468756 地址、电话：山东省滨州市无棣县城棣新五路三号0543-5643210 开户银行及账号：中国工商银行山东滨州市无棣支行 568954236541023	备注	（山东无棣绝缘材料股份有限公司 235468755468756 发票专用章）

收款人：　　复核：　　开票人：王宏　　销货单位：山东无棣绝缘材料股份有限公司

第二联 发票联 购货方记账凭证

图6-53　增值税专用发票

收料单

供应单位：山东无棣绝缘材料股份有限公司　　　　收料仓库：2号仓库

发票号码：　　　　2016年3月22日　　　　第002号

材料编号	材料名称	规格	单位	数量		金额			
				应收	实收	单价	金额	运费	合计
010	绝缘材料		米	10 000	10 000	6	60 000	0	60 000
合计									

②会计记账联

仓库负责人：　　　　经办人：王兵　　　　收料人：赵阳

图6-54　收料单

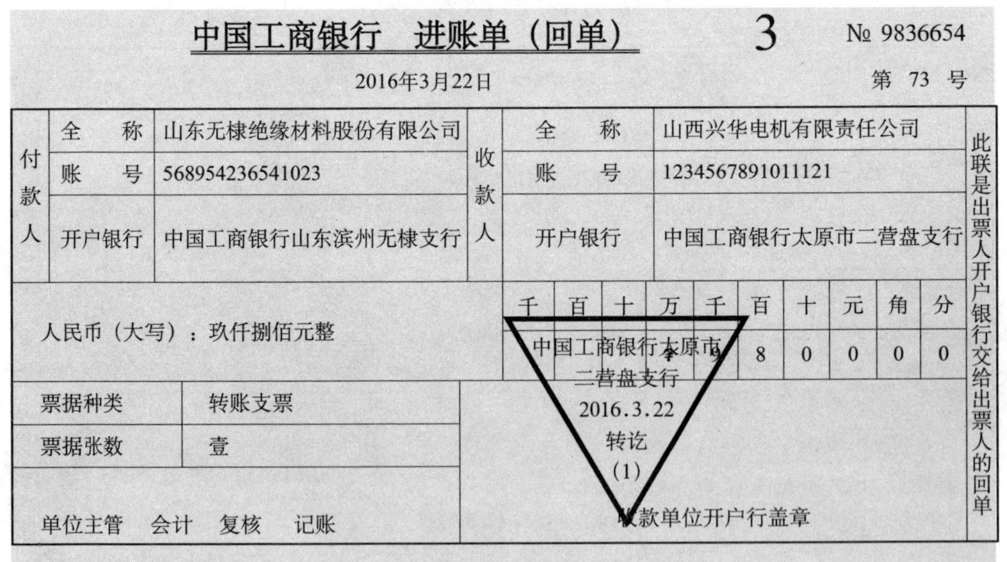

中国工商银行　进账单（回单）　3　№ 9836654

2016年3月22日　　　　第 73 号

付款人	全　称	山东无棣绝缘材料股份有限公司	收款人	全　称	山西兴华电机有限责任公司
	账　号	568954236541023		账　号	1234567891011121
	开户银行	中国工商银行山东滨州无棣支行		开户银行	中国工商银行太原市二营盘支行

人民币（大写）：玖仟捌佰元整	千	百	十	万	千	百	十	元	角	分
				¥	9	8	0	0	0	0

票据种类	转账支票
票据张数	壹

单位主管　会计　复核　记账

中国工商银行太原市二营盘支行 2016.3.22 转讫 (1)

收款单位开户行盖章

此联是出票人开户银行交给出票人的回单

图6-55　进账单

记 账 凭 证

2016年3月22日　　记字第018号

摘要	总账科目	明细科目	借方									✓	贷方									✓
			百	十	万	千	百	十	元	角	分		百	十	万	千	百	十	元	角	分	
购进材料	原材料	辅助材料（绝缘材料）			6	0	0	0	0	0	0											
	应交税费	应交增值税（进项税额）			1	0	2	0	0	0	0											
	银行存款	工行存款				9	8	0	0	0	0											
	其他货币资金	外埠存款													8	0	0	0	0	0	0	
合计				¥	8	0	0	0	0	0	0			¥	8	0	0	0	0	0	0	

附单据3张

会计主管　　记账　　复核　　制单 李欣

图6-56　记账凭证

R. 3月23日，向河南辉县电磁线厂出售一批不用的电磁线，该材料成本10 000元，增值税额1700元，价税款全部收到入账。

名师指导

企业将自己不用的原材料出售，不属于主营业务收入的范畴，应该记入“其他业务收入”和“应交税费——应交增值税（销项税额）”账户的贷方，同时要将原材料的成本转入“其他业务成本”账户。

山西省增值税专用发票　　№ 1023562015

记账联

开票日期：2016年3月23日

购货单位	名称：河南辉县电磁线厂 纳税人识别号：895456321266546 地址、电话：河南省辉县百泉镇楼根村0373-6293755 开户银行及账号：中国工商银行河南辉县支行 233236598512354	密码区	2/1+<<395120-994b*02 4-99809+<605425948<0 *8544-943+119-21310 999876254 -5-0<48>>2+564658>2>>

货物或应税劳务名称	规格型号	单位	数量	单价	金额	税率	税额
电磁线		米	1 000	10	10 000	17%	1 700
合计					10 000		1 700
价税合计（大写）	壹万壹仟柒佰元整				（小写）￥11 700.00		

销货单位	名称：山西兴华电机有限责任公司 纳税人识别号：125679123546123 地址、电话：山西省太原市并州路001号0351-1234567 开户银行及账号：中国工商银行太原市二营盘支行 1234567891011121	备注	山西兴华电机有限责任公司 125679123546123 发票专用章

收款人：　　复核：　　开票人：赵芳　　销货单位：山西兴华电机有限责任公司

第四联　记账联　销货方记账凭证

图6-57　增值税专用发票

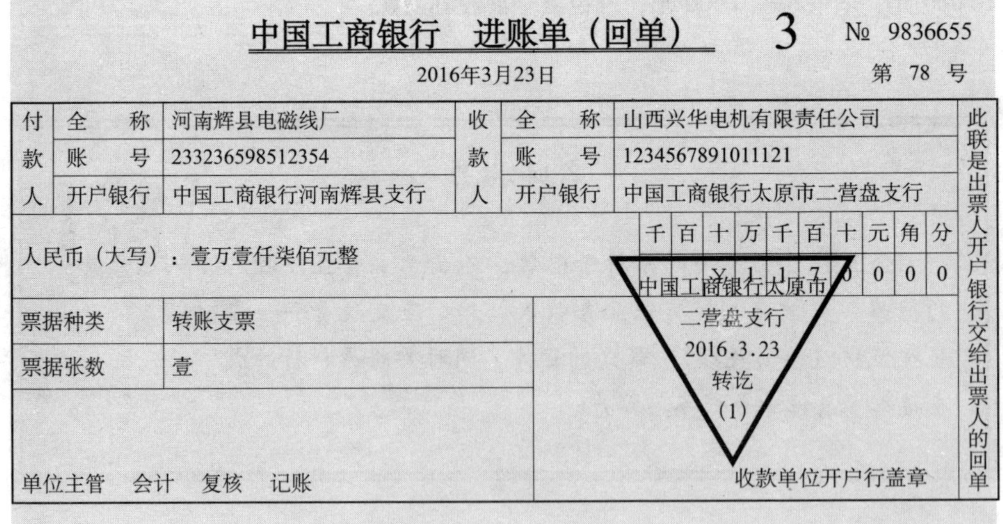

中国工商银行　进账单（回单）　　3　　№ 9836655

2016年3月23日　　第 78 号

付款人	全称	河南辉县电磁线厂	收款人	全称	山西兴华电机有限责任公司
	账号	233236598512354		账号	1234567891011121
	开户银行	中国工商银行河南辉县支行		开户银行	中国工商银行太原市二营盘支行

人民币（大写）：壹万壹仟柒佰元整	千	百	十	万	千	百	十	元	角	分
			￥	1	1	7	0	0	0	0

票据种类	转账支票
票据张数	壹

中国工商银行太原市二营盘支行 2016.3.23 转讫 (1)

单位主管　会计　复核　记账　　收款单位开户行盖章

此联是出票人开户银行交给出票人的回单

图6-58　进账单

记 账 凭 证

2016年3月23日　　　　记字第019号

摘要	总账科目	明细科目	借方									✓	贷方									✓
			百	十	万	千	百	十	元	角	分		百	十	万	千	百	十	元	角	分	
销售电磁线收到款	银行存款	工行			1	1	7	0	0	0	0											
	其他业务收入	电磁线													1	0	0	0	0	0	0	
	应交税费	应交增值税（销项税额）														1	7	0	0	0	0	
合计				¥	1	1	7	0	0	0	0			¥	1	1	7	0	0	0	0	

附单据2张

会计主管　　记账　　复核　　制单 李欣

图6-59 记账凭证

其他业务收入

其他业务收入是指企业主营业务收入以外的所有通过销售商品、提供劳务以及让渡资产使用权等日常活动中形成的经济利益的流入。如材料物资及包装物销售、无形资产转让、固定资产出租、包装物出租、运输、废旧物资出售收入等。

记 账 凭 证

2016年3月23日　　　　记字第020号

摘要	总账科目	明细科目	借方									✓	贷方									✓
			百	十	万	千	百	十	元	角	分		百	十	万	千	百	十	元	角	分	
结转已售电磁线成本	其他业务成本	电磁线			1	0	0	0	0	0	0											
	原材料	电磁线													1	0	0	0	0	0	0	
合计				¥	1	0	0	0	0	0	0			¥	1	0	0	0	0	0	0	

附单据4张

会计主管　　记账　　复核　　制单 李欣

图6-60 记账凭证

S．3 月 28 日，向山西瑞昌实业有限公司预付铝板材货款 20 000 元，通过银行转账支付。

太原市证券印制有限责任公司2016年印制

中国工商银行 （晋）
转账支票存根

$\frac{BK}{02}$ 20498074

附加信息

出票日期2016年3月12日

收款人：山西瑞昌实业有限公司
金 额：￥20 000.00
用 途：预付货款

单位主管：王晶　会计：李欣

图6-61　转账支票存根

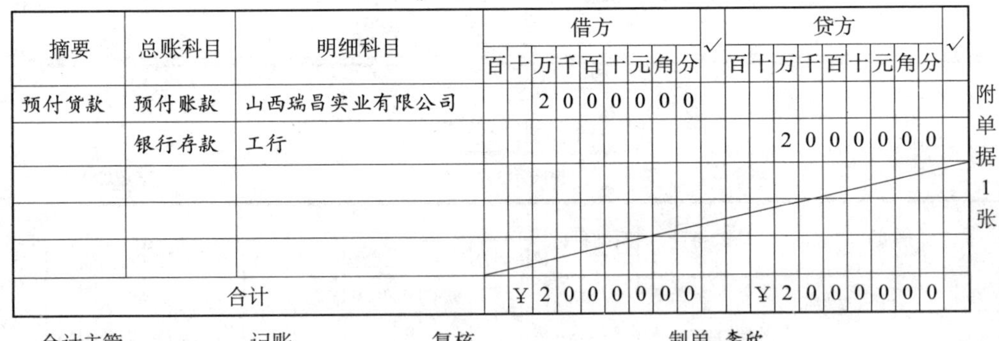

记 账 凭 证

2016年3月28日　　　　记字第021号

摘要	总账科目	明细科目	借方									✓	贷方									✓
			百	十	万	千	百	十	元	角	分		百	十	万	千	百	十	元	角	分	
预付货款	预付账款	山西瑞昌实业有限公司			2	0	0	0	0	0	0											
	银行存款	工行													2	0	0	0	0	0	0	
合计				￥	2	0	0	0	0	0	0			￥	2	0	0	0	0	0	0	

附单据1张

会计主管　　记账　　复核　　制单 李欣

图6-62　记账凭证

T．3 月 31 日，收到福建广源设备有限公司前欠货款 2 140 000 元，西安华立设备有限公司前欠货款 1 127 000 元，山东金门集团本月欠款 1 432 080 元，均通过银行转账收取。

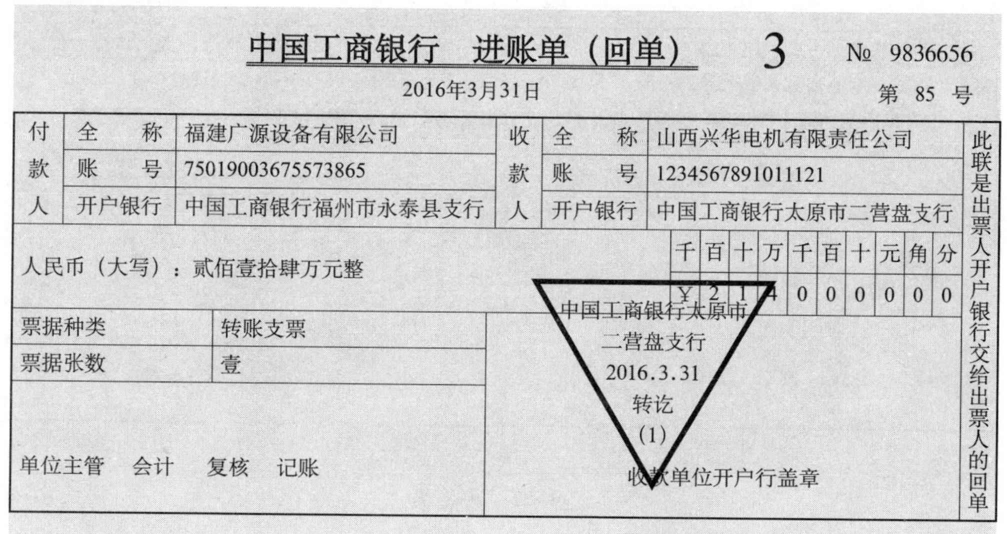

中国工商银行　进账单（回单）　3　№ 9836656

2016年3月31日　第 85 号

付款人	全称	福建广源设备有限公司	收款人	全称	山西兴华电机有限责任公司
	账号	75019003675573865		账号	1234567891011121
	开户银行	中国工商银行福州市永泰县支行		开户银行	中国工商银行太原市二营盘支行

人民币（大写）：贰佰壹拾肆万元整

千	百	十	万	千	百	十	元	角	分
¥	2	1	4	0	0	0	0	0	0

票据种类	转账支票
票据张数	壹

单位主管　会计　复核　记账

中国工商银行太原市二营盘支行 2016.3.31 转讫 (1)

收款单位开户行盖章

此联是出票人开户银行交给出票人的回单

图6-63　进账单

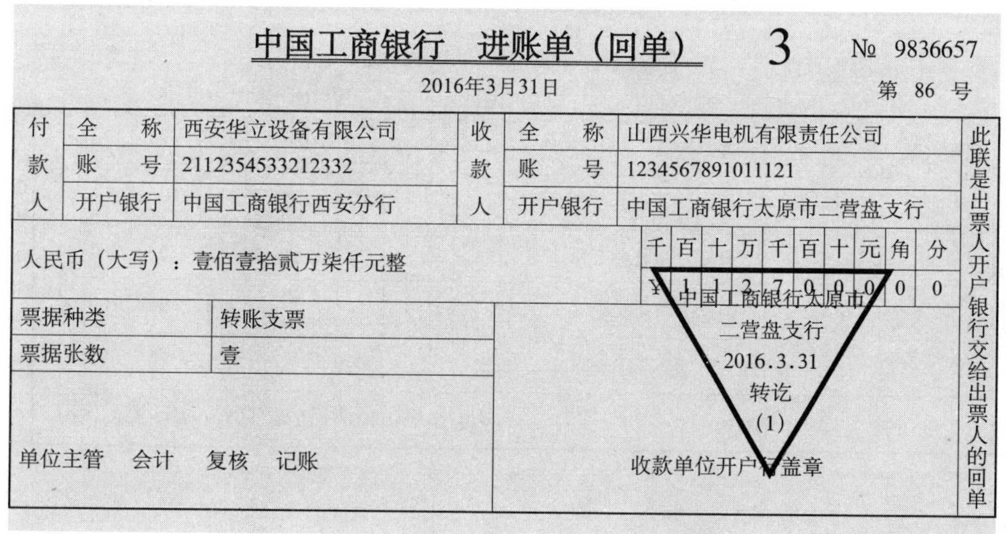

中国工商银行　进账单（回单）　3　№ 9836657

2016年3月31日　第 86 号

付款人	全称	西安华立设备有限公司	收款人	全称	山西兴华电机有限责任公司
	账号	2112354533212332		账号	1234567891011121
	开户银行	中国工商银行西安分行		开户银行	中国工商银行太原市二营盘支行

人民币（大写）：壹佰壹拾贰万柒仟元整

千	百	十	万	千	百	十	元	角	分
¥	1	1	2	7	0	0	0	0	0

票据种类	转账支票
票据张数	壹

单位主管　会计　复核　记账

中国工商银行太原市二营盘支行 2016.3.31 转讫 (1)

收款单位开户行盖章

此联是出票人开户银行交给出票人的回单

图6-64　进账单

中国工商银行　进账单（回单）　3　№ 9836658

2016年3月31日　第 88 号

付款人	全称	山东金门集团	收款人	全称	山西兴华电机有限责任公司
	账号	75019003675573865		账号	1234567891011121
	开户银行	中国工商银行烟台市南大街支行		开户银行	中国工商银行太原市二营盘支行
人民币（大写）：壹佰肆叁万贰仟零捌拾元整				千百十万千百十元角分	¥ 1 4 3 2 0 8 0 0 0
票据种类	转账支票				
票据张数	壹				
单位主管　会计　复核　记账			收款单位开户行盖章		

中国工商银行太原市 二营盘支行 2016.3.31 转讫 (1)

此联是出票人开户银行交给出票人的回单

图6-65　进账单

记 账 凭 证

2016年3月31日　记字第022号

摘要	总账科目	明细科目	借方	✓	贷方	✓
			百十万千百十元角分		百十万千百十元角分	
收回欠款	银行存款	工行存款	469908000			
	应收账款	福建广源设备有限公司			214000000	
		西安华立设备有限公司			112700000	
		山东金门集团			143208000	
合计			469908000		469908000	

附单据3张

会计主管　记账　复核　制单 李欣

图6-66　记账凭证

6.1.2　企业费用业务的账务处理

A. 3月2日，签发1 500元的转账支票一张，购买办公用品，当即交付使用。

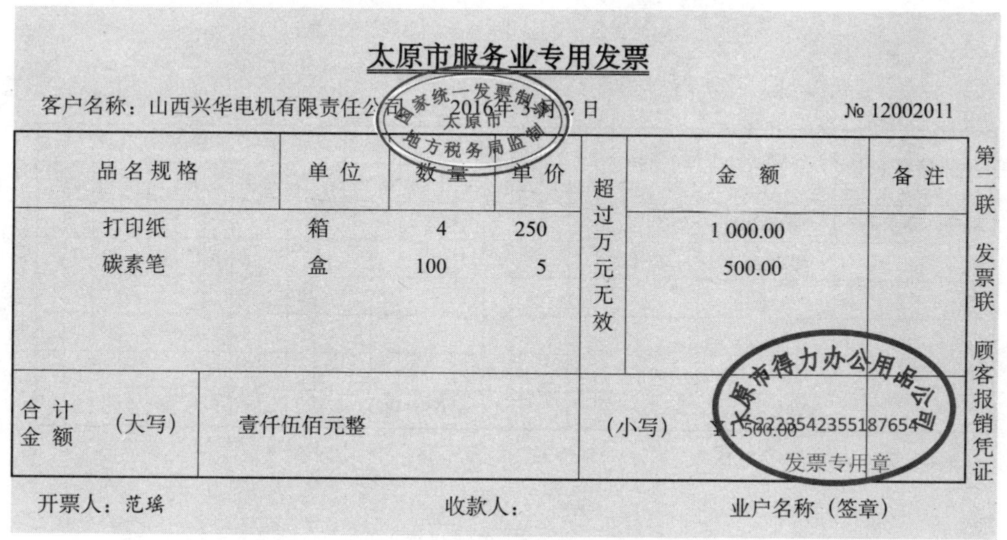

太原市服务业专用发票

客户名称：山西兴华电机有限责任公司　2016年3月12日　№ 12002011

品名规格	单位	数量	单价	超过万元无效	金额	备注
打印纸	箱	4	250		1 000.00	
碳素笔	盒	100	5		500.00	
合计金额（大写）	壹仟伍佰元整			（小写）	￥1 500.00	

第二联　发票联　顾客报销凭证

开票人：范瑶　收款人：　业户名称（签章）

图6-67　服务业专用发票

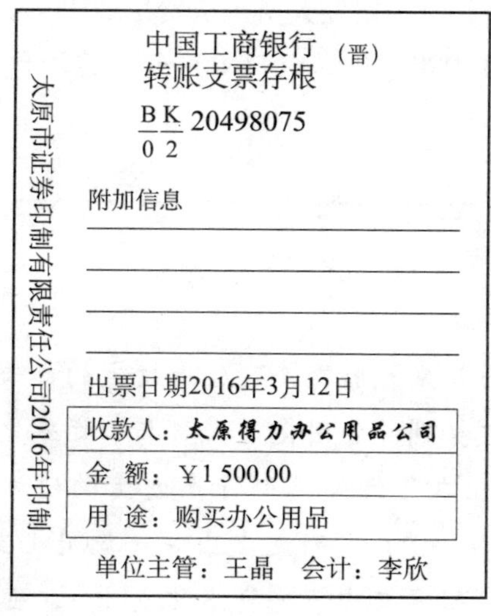

中国工商银行（晋）
转账支票存根

$\frac{B\ K}{0\ 2}$ 20498075

附加信息

出票日期2016年3月12日

收款人：太原得力办公用品公司
金　额：￥1 500.00
用　途：购买办公用品

单位主管：王晶　会计：李欣

太原市证券印制有限责任公司2016年印制

图6-68　转账支票存根

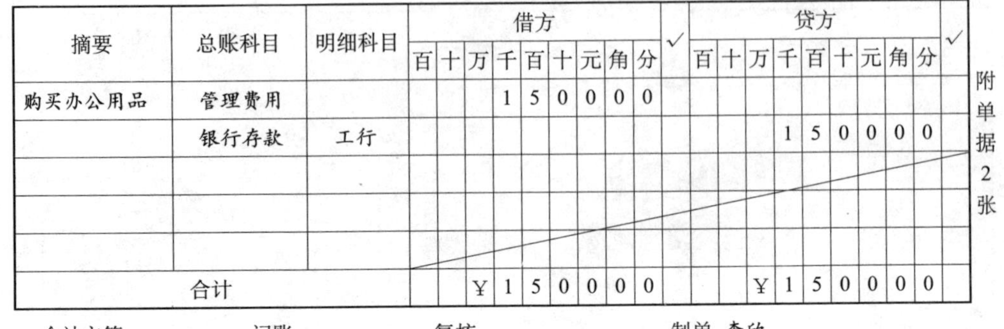

记账凭证

2016年3月2日　　记字第023号

摘要	总账科目	明细科目	借方									✓	贷方									✓
			百	十	万	千	百	十	元	角	分		百	十	万	千	百	十	元	角	分	
购买办公用品	管理费用					1	5	0	0	0	0											
	银行存款	工行														1	5	0	0	0	0	
合计					¥	1	5	0	0	0	0				¥	1	5	0	0	0	0	

附单据2张

会计主管　　记账　　复核　　制单 李欣

图6-69　记账凭证

B．3月4日，企业自行研究开发一项新产品专利技术，购入30 000元研究专用材料，直接投入研究，发生研发人员工资费用20 000元，技术咨询费50 000元全部用银行存款支付，其中资本化支出60 000元，费用化支出40 000元。

名师指导

企业进行研究与开发无形资产过程中发生的各项支出，按照研究开发项目，分别“费用化支出”与“资本化支出”进行明细核算。企业自行开发无形资产发生的研发支出，不满足资本化条件的，借记“研发支出——费用化支出”账户，满足资本化条件的，借记“研发支出——资本化支出”，贷记“原材料”“银行存款”“应付职工薪酬”等账户。研究开发项目达到预定用途形成无形资产的，应按“研发支出——资本化支出”的金额，借记“无形资产”账户，贷记本账户。期末，企业应将本账户归集的费用化支出金额转入“管理费用”账户的借方。

山西兴华电机有限责任公司费用报销单

2016年3月4日

事由	领研发人员劳务费	
金额	人民币（大写）贰万元整	
审核意见	同意付款 领导签章：刘强	
单位	研发部	领款人：赵明
备注	银行转账付讫	

图6-70 费用报销单

太原市证券印制有限责任公司2016年印制

中国工商银行 （晋）
转账支票存根

$\frac{BK}{02}$ 20498076

附加信息

出票日期2016年3月4日

收款人：山西兴华电机有限责任公司
金 额：￥20 000.00
用 途：支付研发人员劳务费

单位主管：王晶 会计：李欣

图6-71 转账支票存根

太原市服务业专用发票

客户名称：山西兴华电机有限责任公司　　2016年3月4日　　№12002012

品名规格	单位	数量	单价	超过万元无效	金额	备注
250系列材料	千克	100	300		30 000.00	
合计金额（大写）	叁万元整			（小写）	30 000.00	

第二联　发票联　顾客报销凭证

地址：　　开票人：曹芳　　收款人（签章）

图6-72　服务业专用发票

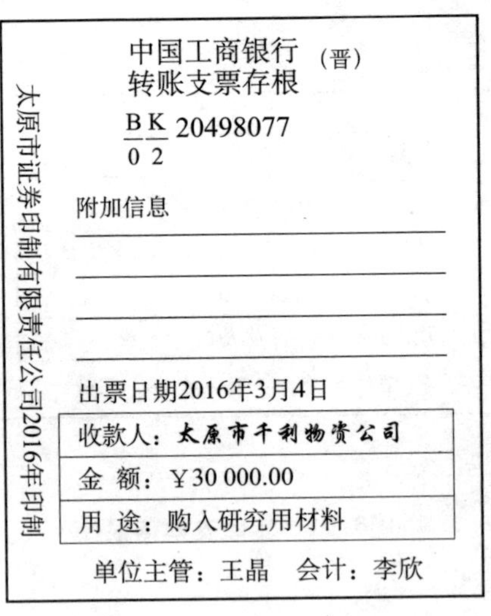

中国工商银行（晋）
转账支票存根

BK/02 20498077

附加信息

出票日期2016年3月4日

收款人：	太原市千利物资公司
金　额：	￥30 000.00
用　途：	购入研究用材料

单位主管：王晶　会计：李欣

太原市证券印制有限责任公司2016年印制

图6-73　转账支票存根

山西省地方税收通用发票（电子）　　电子发票 手写无效

发票联　　（印章：全国统一发票监制章 山西省国家税务局监制）

发票代码244001102171

开票日期 2016年3月4日　15：53：25　　发票号码09804513

防伪码	1123868616096651429565643		
付款方	山西兴华电机有限责任公司	身份证号/组织机构代码/纳税人识别号	
收款方	太原市科慧有限公司	身份证号/组织机构代码/纳税人识别号	8765423553345678
项　目		金 额	备 注
技术咨询费		50 000.00	
合计金额（大写）：人民币伍万元整		（小写）：￥50 000.00	
查询网址：http://www.sxkh.gov.cn	主管税务机关代码	太原市地方税务局	

NO：244001102171　　开票人：马方　　收款方盖章（印章：太原市科慧有限公司 8765423553345678 发票专用章）

发票联　付款方付款凭证

图6-74　电子发票通用发票

中国工商银行（晋）
转账支票存根

$\frac{BK}{02}$ 20498078

附加信息

出票日期2016年3月4日

收款人：太原市科慧有限公司
金　额：￥50 000.00
用　途：支付技术咨询费

单位主管：王晶　会计：李欣

太原市证券印制有限责任公司2016年印制

图6-75　转账支票存根

记账凭证

2016年3月4日　　　　　　　　　　　　记字第024号

摘要	总账科目	明细科目	借方									✓	贷方									✓
			百	十	万	千	百	十	元	角	分		百	十	万	千	百	十	元	角	分	
研发无形资产支出	研发支出	资本化支出			6	0	0	0	0	0	0											
		费用化支出			4	0	0	0	0	0	0											
	银行存款													1	0	0	0	0	0	0	0	
合计			¥	1	0	0	0	0	0	0	0		¥	1	0	0	0	0	0	0	0	

附单据6张

会计主管　　　记账　　　复核　　　制单 李欣

图6-76　记账凭证

C．3月5日，签发转账支票一张，预付下半年广告费10万元。

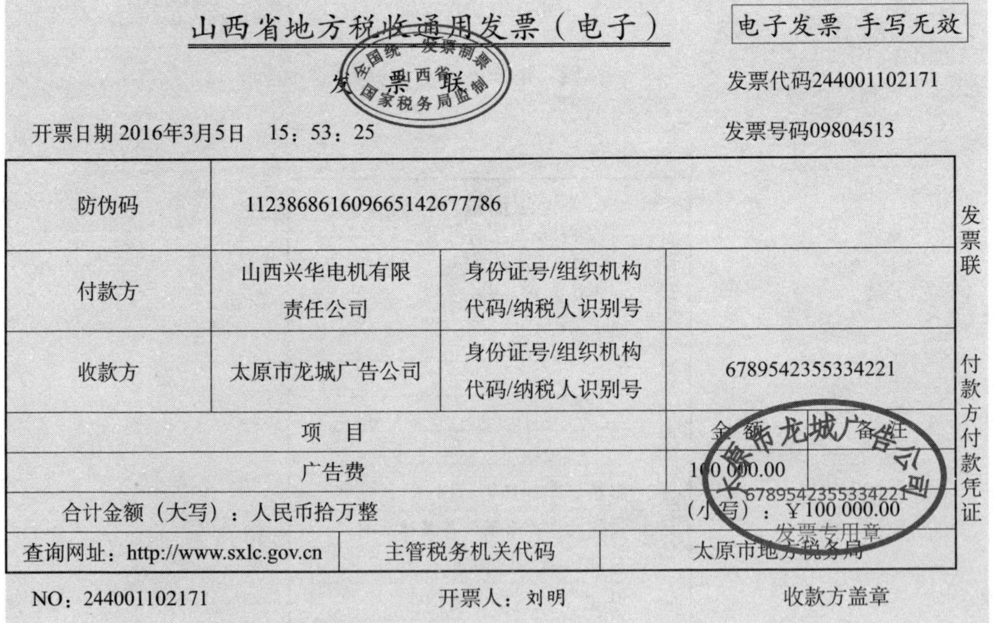

山西省地方税收通用发票（电子）　　电子发票 手写无效

发　票　联

发票代码244001102171

开票日期 2016年3月5日　15：53：25　　　发票号码09804513

防伪码	112386861609665142677786		
付款方	山西兴华电机有限责任公司	身份证号/组织机构代码/纳税人识别号	
收款方	太原市龙城广告公司	身份证号/组织机构代码/纳税人识别号	6789542355334221
项　目		金额	备注
广告费		100 000.00	
合计金额（大写）：人民币拾万整		（小写）：￥100 000.00	
查询网址：http://www.sxlc.gov.cn	主管税务机关代码	太原市地方税务局	

NO：244001102171　　　开票人：刘明　　　收款方盖章

发票联　付款方付款凭证

图6-77　电子发票

中国工商银行（晋）
转账支票存根

BK 02 20498079

附加信息

出票日期2016年3月4日

收款人：龙城广告公司
金　额：¥100 000.00
用　途：预付广告费

单位主管：王晶　会计：李欣

太原市证券印制有限责任公司2016年印制

图6-78　转账支票存根

名师指导

广告费一般是企业为了扩大商品销售所做的广告活动产生的总费用。一般情况下，广告费用包括直接广告费用，如广告制作费、媒介发布费等；间接广告费用，如广告人员工资、办公费、管理费、代理费等。本笔业务由于是预付下一年的广告费，根据权责发生制原则，不应该确认为当期费用，所以要借记“预付账款”账户，贷记“银行存款”账户。

记 账 凭 证

2016年3月5日　　　　　　　　　　记字第025号

摘要	总账科目	明细科目	借方									✓	贷方									✓	
			百	十	万	千	百	十	元	角	分		百	十	万	千	百	十	元	角	分		附单据2张
预付下半年广告费	预付账款	广告费		1	0	0	0	0	0	0	0												
	银行存款	工行												1	0	0	0	0	0	0	0		
合计			¥	1	0	0	0	0	0	0	0		¥	1	0	0	0	0	0	0	0		

会计主管　　　　记账　　　　复核　　　　制单 李欣

图6-79　记账凭证

D．3月6日，厂办报销业务招待费5 000元，以现金支票支付。

山西兴华电机有限责任公司费用报销领款单

2016年3月6日

事由	报销业务招待费	
金额	人民币（大写）伍仟元整	
审核意见	同意付款　领导签章：马刚	
单位	管理部门	领款人：王刚
备注		

图6-80　费用报销领款单

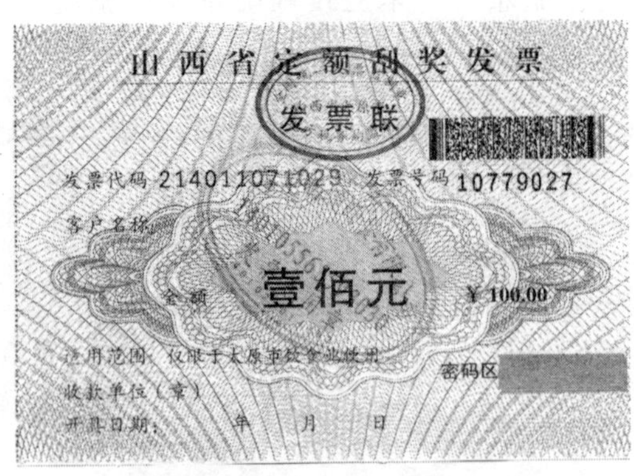

图6-81　定额支票

（因篇幅原因，只附业务招待费发票一张，余下金额格式相同，省略）

名师指导

业务招待费是企业在日常的经营活动中发生的各种招待外来洽谈业务的有关人员或进行有关活动发生的费用，此类费用在发生时根据有关凭证记入“管理费用”账户。

太原市证券印制有限责任公司2016年印制

中国工商银行（晋）
转账支票存根
$\frac{BK}{02}$ 20490005

附加信息

出票日期2016年3月6日

收款人：山西兴华电机有限责任公司
金 额：￥5 000.00
用 途：支付业务执行费

单位主管：王晶　会计：李欣

图6-82　现金支票存根

记 账 凭 证

2016年3月6日　　记字第026号

摘要	总账科目	明细科目	借方									✓	贷方									✓
			百	十	万	千	百	十	元	角	分		百	十	万	千	百	十	元	角	分	
支付业务招待费	管理费用	招待费				5	0	0	0	0	0											
	银行存款															5	0	0	0	0	0	
合计					￥	5	0	0	0	0	0				￥	5	0	0	0	0	0	

附单据3张

会计主管　　记账　　复核　　制单 李欣

图6-83　记账凭证

E．3 月 18 日，辅助生产车间领用修理用工具器具 30 件、价值 13 800 元，采用五五摊销法。

领料单

2016年3月18日　　NO.00123

领料部门：辅助生产车间　　发料仓库：2号仓库

材料类别	名称及规格	计量单位	数量		单价	金额	用途
			请领	实领			
低值易耗品	工具、器具	件	30	30	460	13 800.00	生产用
合计						13 800.00	
备注							

仓库主管：　　发料人：　　领料部门主管：　　领料人：张平

图6-84　领料单

记 账 凭 证

2016年3月18日　　记字第027号

摘要	总账科目	明细科目	借方									✓	贷方									✓
			百	十	万	千	百	十	元	角	分		百	十	万	千	百	十	元	角	分	
机修车间领用低值易耗品	周转材料	低值易耗品（在用低值易耗品）			1	3	8	0	0	0	0											
	周转材料	低值易耗品（在库低值易耗品）													1	3	8	0	0	0	0	
合计				¥	1	3	8	0	0	0	0			¥	1	3	8	0	0	0	0	

附单据2张

会计主管　　记账　　复核　　制单 李欣

图6-85　记账凭证

记 账 凭 证

2016年3月18日　　记字第028号

摘要	总账科目	明细科目	借方									✓	贷方									✓
			百	十	万	千	百	十	元	角	分		百	十	万	千	百	十	元	角	分	
机修车间摊销低值易耗品	辅助生产成本					6	9	0	0	0	0											
	周转材料	低值易耗品（低值易耗品摊销）														6	9	0	0	0	0	
合计					¥	6	9	0	0	0	0				¥	6	9	0	0	0	0	

附单据1张

会计主管　　记账　　复核　　制单 李欣

图6-86　记账凭证

名师指导

低值易耗品是指单位价值较低，使用年限较短，不能作为固定资产核算的劳动资料。在实务中一般列入流动资产的存货类核算。低值易耗品的核算方法有一次摊销法和五五摊销法。五五摊销法是指在领用时摊销其账面价值的50%，报废时再摊销其账面价值的50%。采用五五摊销法一般在“周转材料”账户下设“在库低值易耗品”“在用低值易耗品”和“低值易耗品摊销”三个明细账户进行核算。此笔业务应该分两步做账，先做领用的凭证，再做摊销的凭证。

F．3月18日，购买机物料用品支出1 016.50元，物料直接交付使用，其中生产车间使用的价值1 000元，辅助生产车间使用的价值16.50元，用银行存款支付。

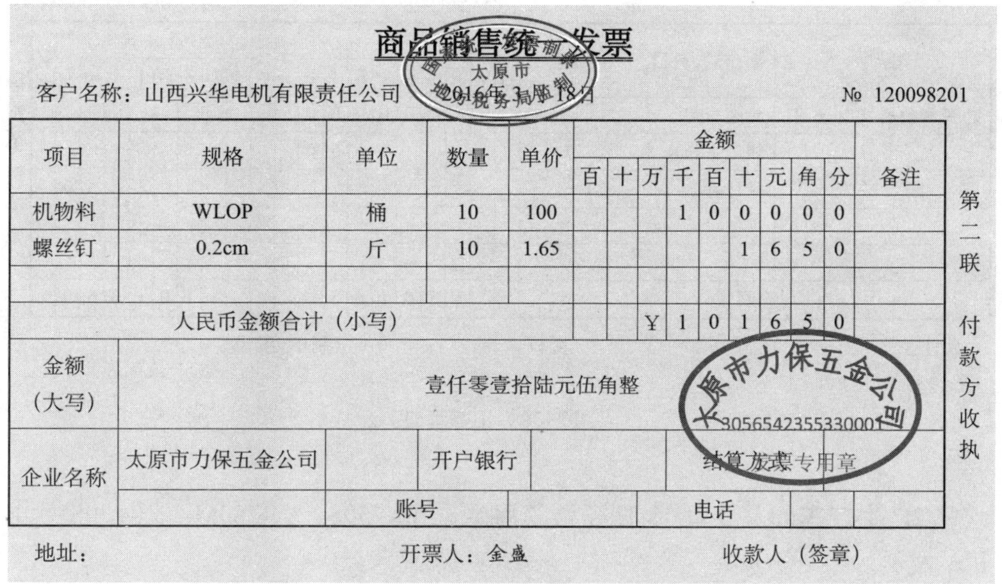

商品销售统一发票

客户名称：山西兴华电机有限责任公司　2016年3月18日　№ 120098201

项目	规格	单位	数量	单价	金额 百	十	万	千	百	十	元	角	分	备注
机物料	WLOP	桶	10	100				1	0	0	0	0	0	
螺丝钉	0.2cm	斤	10	1.65						1	6	5	0	
人民币金额合计（小写）							¥	1	0	1	6	5	0	
金额（大写）	壹仟零壹拾陆元伍角整													
企业名称	太原市力保五金公司		开户银行					结算方式						
			账号					电话						

第二联　付款方收执

地址：　开票人：金盛　收款人（签章）

图6-87　商品销售发票

太原市证券印制有限责任公司2016年印制

中国工商银行 （晋）
转账支票存根

$\frac{BK}{02}$ 20498080

附加信息

出票日期2016年3月18日

收款人：太原市力保五金公司
金 额：¥1 016.50
用 途：购买机物料

单位主管：王晶 会计：李欣

图6-88 转账支票存根

记 账 凭 证

2016年3月18日 记字第029号

摘要	总账科目	明细科目	借方									✓	贷方									✓
			百	十	万	千	百	十	元	角	分		百	十	万	千	百	十	元	角	分	
购买机物料交付使用	制造费用					1	0	0	0	0	0											
	辅助生产成本							1	6	5	0											
	银行存款	工行														1	0	1	6	5	0	
合计					¥	1	0	1	6	5	0				¥	1	0	1	6	5	0	

附单据2张

会计主管 记账 复核 制单 李欣

图6-89 记账凭证

G．生产车间从3月18日开始领用生产YR250S、YR280M、YR280S型电机的材料。

a．根据领料单分别按照二级账户编制了三张发料凭证汇总表如下（由于篇幅原因，此处略去领料单的原始凭证，用发料汇总表代替）。

表6-1　原料及主要材料发料数量汇总表

2016年3月31日

领料单位	材料名称	用途	单位	数量
生产车间	矽钢片	250S	千克	64 680
	矽钢片	280M	千克	11 826
	矽钢片	280S	千克	16 875
小计				93 381
生产车间	定子铜	250S	千克	4 040
	定子铜	280M	千克	740
	定子铜	280S	千克	705
小计				5 485
生产车间	转子铜	280M	千克	105
	转子铜	280S	千克	1 205
小计				1 310
生产车间	铸件	250S	千克	53 900
	铸件	280M	千克	9 855
	铸件	280S	千克	14 060
小计				77 815

表6-2　外购零配件发料数量汇总表

2016年3月31日

领料单位	材料名称	用途	单位	数量
生产车间	轴料	250S	千克	808
	轴料	280M	千克	246
	轴料	280S	千克	352
小计				1 406
生产车间	轴承	250S	套	324
	轴承	280M	套	158
	轴承	280S	套	225
小计				707
生产车间	标准件	250S	件	2 022
	标准件	280M	件	986
	标准件	280S	件	1 407
小计				4 415

表6-3 辅助材料发料数量汇总表

2016年3月31日

领料单位	材料名称	用途	单位	数量
生产车间	各类线材	250S	米	3 234
	各类线材	280M	米	1 577
	各类线材	280S	米	2 813
小计				7 624
生产车间	绝缘	250S	米	8 085
	绝缘	280M	米	3 285
	绝缘	280S	米	5 625
小计				16 995
生产车间	铝	250S	千克	3 750
小计				3 750

b．采用月末一次加权平均法，计算发出材料的加权平均单位成本。

$$\text{加权平均单位成本}=\frac{\text{月初结存材料实际成本}+\text{本月购入材料实际成本}}{\text{月初材料结存数量}+\text{本月购入材料数量}}$$

表6-4 加权平均单位成本计算表

金额单位：元

材料名称	期初结存		本月购入			本月合计		
	数量	金额	数量	单价	金额	数量	金额	月末加权平均单价
矽钢片	44 542	447 012.48	100 000	10.00	1 000 000	144 542	1 447 012.48	10.01
定子铜	9 602	771 516.85	5 600	80.10	448 560	15 202	1 220 076.85	80.26
转子铜	2 610	182 700.00	7 800	70.10	546 780	10 410	729 480.00	70.07
铸件	16 060	103 708.20	135 000	6.00	810 000	151 060	913 708.20	6.05
轴料	2 186	174 880.00				2 186	174 880.00	80.00
轴承	342	34 200.00	1 000	100.00	100 000	1 342	134 200.00	100.00
标准件及零配件	10 150	406 988.28				10 150	406 988.28	40.10
绝缘材料	30 073	180 438.00	10 000	6.00	60 000	40 073	240 438.00	6.00
铝材	6 077	104 828.25				6 077	104 828.25	17.25
各类线材	19 105	191 050.00				19 105	191 050.00	10.00
金额合计		2 597 322.06			2 965 340		5 562 662.06	

c．计算发出材料的实际总成本，分配材料费用并编制记账凭证。

表6-5 原料及主要材料费用分配表

2016年3月31日　　　　金额单位：元

应借科目 应贷科目		基本生产成本						加权平均单价	合计
		250S		280M		280S			
		数量	金额	数量	金额	数量	金额		
原材料	矽钢片	64 680	647 446.80	11 826	118 378.26	16 875	168 918.75	10.01	934 743.81
	转子铜	0	0.00	105	7 357.35	1 205	84 434.35	70.07	91 791.70
	定子铜	4 040	324 250.40	740	59 392.40	705	56 583.30	80.26	440 226.10
	铸件	53 900	326 095.00	9 855	59 622.75	14 060	85 063.00	6.05	470 780.75
合计			1 297 792.20		244 750.76		394 999.40		1 937 542.36

记 账 凭 证

2016年3月31日　　　　记字第030号

摘要	总账科目	明细科目	借方									√	贷方									√
			百	十	万	千	百	十	元	角	分		百	十	万	千	百	十	元	角	分	
分配材料费用	基本生产成本	250S	1	2	9	7	7	9	2	2	0											
		280M		2	4	4	7	5	0	7	6											
		280S		3	9	4	9	9	9	4	0											
	原材料	原料及主要材料（矽钢片）												9	3	4	7	4	3	8	1	
		原料及主要材料（转子铜）													9	1	7	9	1	7	0	
		原料及主要材料（定子铜）												4	4	0	2	2	6	1	0	
		原料及主要材料（铸件）												4	7	0	7	8	0	7	5	
合计			1	9	3	7	5	4	2	3	6		1	9	3	7	5	4	2	3	6	

附单据1张

会计主管　　记账　　复核　　制单 李欣

图6-90 记账凭证

表6-6　外购零配件费用分配表

2016年3月31日　　　　金额单位：元

应借科目 / 应贷科目		基本生产成本						加权平均单价	合计
		250S		280M		280S			
		数量	金额	数量	金额	数量	金额		
原材料	轴料	808	64 640	246	19 680	352	28 160	80	112 480
	轴承	324	32 400	158	15 800	225	22 500	100	70 700
	标准件及零配件	2 022	81 082.20	986	39 538.60	1 407	56 420.70	40.10	177 041.50
合计			178 122.20		75 018.60		107 080.70		360 221.50

记 账 凭 证

2016年3月31日　　　　记字第031号

摘要	总账科目	明细科目	借方									✓	贷方									✓
			百	十	万	千	百	十	元	角	分		百	十	万	千	百	十	元	角	分	
分配外购零配件费用	基本生产成本	250S		1	7	8	1	2	2	2	0											
		280M			7	5	0	1	8	6	0											
		280S		1	0	7	0	8	0	7	0											
	原材料	外购零配件（轴料）												1	1	2	4	8	0	0	0	
		外购零配件（轴承）													7	0	7	0	0	0	0	
		外购零配件（标准件及零配件）												1	7	7	0	4	1	5	0	
合计			¥	3	6	0	2	2	1	5	0		¥	3	6	0	2	2	1	5	0	

附单据4张

会计主管　　记账　　复核　　制单 李欣

图6-91　记账凭证

表6-7　辅助材料费用分配表

2016年3月31日　　　　金额单位：元

应借科目 / 应贷科目		基本生产成本						加权平均单价	合计
		250S		280M		280S			
		数量	金额	数量	金额	数量	金额		
原材料	绝缘材料	8 085	48 510	3 285	19 710	5 625	33 750	6	101 970
	铝板材	3 750	64 687.50	0	0	0	0	17.25	64 687.50
	各类线材	3 234	32 340	1 577	15 770	2 813	28 130	10	76 240
合计			145 537.50		35 480.00		61 880		242 897.50

记 账 凭 证

2016年3月31日　　　　　　　　　　　　　　　　记字第032号

摘要	总账科目	明细科目	借方									✓	贷方									✓
			百	十	万	千	百	十	元	角	分		百	十	万	千	百	十	元	角	分	
分配辅助材料费用	基本生产成本	250S		1	4	5	5	3	7	5	0											
		280M			3	5	4	8	0	0	0											
		280S			6	1	8	8	0	0	0											
	原材料	辅助材料（绝缘材料）												1	0	1	9	7	0	0	0	
		辅助材料（铝板材）													6	4	6	8	7	5	0	
		辅助材料（各类线材）													7	6	2	4	0	0	0	
合计			¥	2	4	2	8	9	7	5	0		¥	2	4	2	8	9	7	5	0	

附单据1张

会计主管　　　　记账　　　　复核　　　　制单 李欣

图6-92 记账凭证

发出材料的计价方法

发出材料的计价方法有个别计价法、先进先出法、加权平均法。个别计价法是指以每批收入存货的实际成本作为发出各该批存货实际成本的方法，一般适用于存货数量不多，单位成本较高的存货核算。

先进先出法是以先收到的存货先发出为假定条件，并按这种假定的存货流转次序对发出存货和期末存货进行计价的方法。

加权平均法又称月末一次加权平均法，指以月初结存存货数量加本月购入存货数量作为权数去除月初结存存货实际成本加本月购入存货实际成本，计算出存货的加权平均单位成本，从而确定本月发出存货实际成本和期末结存存货实际成本的一种方法。

d．月末材料结存实际总成本计算如下：

表6-8　月末材料结存汇总表

金额单位：元

材料名称	本月合计		本月发出			月末结存	
	数量	金额	数量	加权平均单价	金额	数量	金额
矽钢片	144 542	1 447 012.48	93 381	10.01	934 743.81	51 161	512 268.67
定子铜	15 202	1 220 076.85	5 485	80.26	440 226.10	9 717	779 850.75
转子铜	10 410	729 480	1 310	70.07	91 791.70	9 100	637 688.30
铸件	151 060	913 708.20	77 815	6.05	470 780.75	73 245	442 927.45
轴料	2 186	174 880	1 406	80.00	112 480	780	62 400
轴承	1 342	134 200	707	100	70 700	635	63 500
标准件及零配件	10 150	406 988.28	4 415	40.10	177 041.50	5 735	229 946.78
绝缘材料	40 073	240 438	16 995	6.00	101 970	23 078	138 468.00
铝材	6 077	104 828.25	3 750	17.25	64 687.50	2 327	40 140.75
各类线材	19 105	191 050	7 624	10.00	76 240	11 481	114 810
金额合计		5 562 662.06			2 540 661.36		3 022 000.70

H．3月31日，根据各部门水表、电表读数，核算本月水电费，其中用电情况如下：生产车间34 500度，机修车间4 350度，销售部门1 000度，管理部门3 000度，每度0.92元；用水情况如下：生产车间5 600吨，机修车间900吨，销售部门1 000吨，管理部门1 500吨，每吨4.50元。

表6-9　部门用电清单

2016年3月31日

用电部门	用途	用电量（度）	单价	金额（元）
生产车间	生产用	34 500	0.92	31 740
机修车间	机修用	4 350	0.92	4 002
销售部门	管理用	1 000	0.92	920
管理部门	管理用	3 000	0.92	2 760
合计		42 850		39 422

表6-10　部门用水清单

2016年3月31日

用电部门	用途	用水量（吨）	单价	金额（元）
生产车间	生产用	5 600	4.50	25 200
机修车间	机修用	900	4.50	4 050
销售部门	管理用	1 000	4.50	4 500
管理部门	管理用	1 500	4.50	6 750
合计		9 000		40 500

表6-11　水电耗费分配表

2016年3月31日　　　　单位：元

应借科目		成本或费用项目	直接计入
制造费用	基本生产车间	水电费	56 940
辅助生产成本	机修车间	水电费	8 052
销售费用		水电费	5 420
管理费用		水电费	9 510
合计			79 922

记账凭证

2016年3月31日　　　　记字第033号

摘要	总账科目	明细科目	借方									✓	贷方									✓
			百	十	万	千	百	十	元	角	分		百	十	万	千	百	十	元	角	分	
分配水电费	制造费用	水电费			5	6	9	4	0	0	0											
	辅助生产成本	水电费				8	0	5	2	0	0											
	管理费用	水电费				9	5	1	0	0	0											
	销售费用	水电费				5	4	2	0	0	0											
	应付账款	水电费													7	9	9	2	2	0	0	
合计				¥	7	9	9	2	2	0	0			¥	7	9	9	2	2	0	0	

附单据3张

会计主管　　记账　　复核　　制单 李欣

图6-93　记账凭证

I. 3 月 31 日，提取本月固定资产折旧费 251 680 元。

表6-12 固定资产折旧计算表

单位：山西兴华电机有限责任公司　　　　2016年3月31日　　　　单位：元

使用部门	固定资产折旧项目	2月折旧额	2月增加固定资产		2月减少固定资产		3月折旧额
			原值	折旧额	原值	折旧额	
基本生产车间	房屋、建筑物	36 000					36 000
	机器设备	120 000					120 000
	合计	156 000					156 000
机修车间	房屋、建筑物	6 000					6 000
	机器设备	4 000	100 000	1 600			5 600
	合计	10 000					11 600
销售部门	房屋、建筑物	4 000					4 000
	机器设备	12 000					12 000
	合计	16 000					16 000
管理部门	房屋、建筑物	20 000					20 000
	机器设备	49 750			100 000	1 670	48 080
	合计	69 750					68 080
合计		251 750					251 680

名师指导

该企业上月在机修车间新增一台设备，原值 100 000 元，预计净残值 4 000 元，预计使用 5 年，采用年限平均法折旧，经计算每月折旧费为 1 600 元，所以本月机修车间应该增加折旧费 1 600 元，管理部门上月报废电脑一批，价值 10 万元，预计使用期五年，无残值，经计算从本月起应该减少折旧 1 670 元。

表6-13 折旧费用分配表

2016年3月31日　　　　　　　　　　单位：元

应借科目		成本或费用项目	合计
制造费用	基本生产车间	折旧费	156 000
辅助生产成本	机修车间	折旧费	11 600
销售费用		折旧费	16 000
管理费用		折旧费	68 080
合计			251 680

记 账 凭 证

2016年3月31日　　　　　　　　　　记字第034号

摘要	总账科目	明细科目	借方									✓	贷方									✓
			百	十	万	千	百	十	元	角	分		百	十	万	千	百	十	元	角	分	
计提本月折旧费用	制造费用	折旧费		1	5	6	0	0	0	0	0											
	辅助生产成本	折旧费			1	1	6	0	0	0	0											
	管理费用	折旧费			6	8	0	8	0	0	0											
	销售费用	折旧费			1	6	0	0	0	0	0											
	累计折旧													2	5	1	6	8	0	0	0	
合计			¥	2	5	1	6	8	0	0	0		¥	2	5	1	6	8	0	0	0	

附单据2张

会计主管　　　　记账　　　　复核　　　　制单 李欣

图6-94 记账凭证

折旧方法介绍

企业应该按照会计准则的规定合理选择折旧方法。可选择的折旧方法有年限平均法、工作量法、双倍余额递减法和年数总和法。

年限平均法又称直线法，是将固定资产的应计折旧额均衡地分摊到各会计期间的方法；工作量法是根据实际工作量计提折旧额的一种方法。以上两种方法统称为匀速折旧法。

> 双倍余额递减法是指在不考虑固定资产残值的情况下，每期根据期初固定资产账面余额和双倍的直线法折旧率计算固定资产折旧的方法；年数总和法是将固定资产的原值减去净残值后的净额乘以一个逐年递减的折旧率来计算每年的折旧额的方法。这个递减率的分子是固定资产尚可使用的年数，分母是使用年数的逐年数字总和。以上两种方法又统称为加速折旧法。

J．本月发生工资费用总额225 200元，情况如下：基本生产车间发生薪酬费用152 400元，辅助生产车间发生薪酬费用7 200元，车间管理人员职工薪酬费用为5 600元，行政管理部门人员职工薪酬费用为30 000元，销售部门人员职工薪酬费用为30 000元。

a．根据“工资单”（略）编制“应付职工薪酬结算汇总表”。

表6–14　应付职工薪酬结算汇总表

2016年3月31日　　单位：元

部门	应付职工薪酬				各种扣款				实发数
	基本工资	奖金	津贴	合计	社会保险	住房公积金	个人所得税	合计	
基本生产车间	120 000	12 000	20 400	152 400	16 764	7 620	127.80	24 511.80	127 888.20
车间管理人员	5 000	300	300	5 600	616	280	49.20	945.20	4 654.80
辅助生产车间	6 600	300	300	7 200	792	360	20.40	1 172.40	6 027.60
销售部门	24 000	3 000	3 000	30 000	3 300	1 500	600.00	5 400.00	24 600.00
管理部门	27 000	1 500	1 500	30 000	3 300	1 500	34.00	4 834.00	25 166.00
合计	182 600	17 100	25 500	225 200	24 772	11 260	831.40	36 863.40	188 336.60

b．按照职工薪酬计提职工福利等及四险一金，并按照用途分配记入相关成本、费用。

表6-15　四险一金计提表

2016年3月31日　　　　单位：元

部门	职工薪酬	单位负担					个人负担				
		养老保险	医疗保险	失业保险	公积金	合计	养老保险	医疗保险	失业保险	公积金	合计
基本生产车间	152 400	30 480	15 240	3 048	7 620	56 388	12 192	3 048	1 524	7 620	24 384
车间管理人员	5 600	1 120	560	112	280	2 072	448	112	56	280	896
辅助生产车间	7 200	1 440	720	144	360	2 664	576	144	72	360	1 152
销售部门	30 000	6 000	3 000	600	1 500	11 100	2 400	600	300	1 500	4 800
管理部门	30 000	6 000	3 000	600	1 500	11 100	2 400	600	300	1 500	4 800
合计	225 200	45 040	22 520	4 504	11 260	83 324	18 016	4 504	2 252	11 260	36 032

表6-16　各项计提汇总表

2016年3月31日　　　　单位：元

车间或部门	职工薪酬	计提福利（2%）	计提工会经费（2%）	计提职工教育经费（1.5%）	合计
基本生产车间	152 400	3 048	3 048	2 286	8 382
车间管理人员	5 600	112	112	84	308
辅助生产车间	7 200	144	144	108	396
销售部门	30 000	600	600	450	1 650
管理部门	30 000	600	600	450	1 650
合计	225 200	4 504	4 504	3 378	12 386

表6-17　应付职工薪酬汇总表

2016年3月31日　　　　单位：元

车间或部门	职工薪酬	计提职工福利费	计提工会经费	计提职工教育经费	计提四险一金	合计
基本生产车间	152 400	3 048	3 048	2 286	56 388	217 170
车间管理人员	5 600	112	112	84	2 072	7 980
辅助生产车间	7 200	144	144	108	2 664	10 260
销售部门	30 000	600	600	450	11 100	42 750
管理部门	30 000	600	600	450	11 100	42 750
合计	225 200	4 504	4 504	3 378	83 324	320 910

表6-18　职工薪酬费用分配表

2016年3月31日　　　　单位：元

应借科目		成本项目或费用项目	直接计入	间接计入			合计
				耗用原材料	分配率	分配金额	
基本生产成本	250S	直接人工		1 297 772.13	0.11	146 772.74	146 772.74*
	280M	直接人工		244 747.60	0.11	26 922.24	26 922.24
	280S	直接人工		395 227.41	0.11	43 475.02	43 475.02
	小计			1 937 747.14	0.11	217 170.00	217 170.00
辅助生产成本		工资	10 260				10 260.00
制造费用		工资	7 980				7 980.00
管理费用		工资	42 750				42 750.00
销售费用		工资	42 750				42 750.00
合计			103 740			217 170.00	320 910.00

注　尾数调整的差异。

记 账 凭 证

2016年3月31日　　　　记字第035 号

摘要	总账科目	明细科目	借方									✓	贷方									✓
			百	十	万	千	百	十	元	角	分		百	十	万	千	百	十	元	角	分	
分配职工薪酬	基本生产成本	250S		1	4	6	7	7	2	7	4											
		280M			2	6	9	2	2	2	4											
		280S			4	3	4	7	5	0	2											
	辅助生产成本				1	0	2	6	0	0	0											
	制造费用					7	9	8	0	0	0											
	销售费用				4	2	7	5	0	0	0											
	管理费用				4	2	7	5	0	0	0											
	应付职工薪酬	工资												2	2	5	2	0	0	0	0	
		职工福利费														4	5	0	4	0	0	
		工会经费														4	5	0	4	0	0	
		教育经费														3	3	7	8	0	0	
		四险一金													8	3	3	2	4	0	0	
合计			¥	3	2	0	9	1	0	0	0		¥	3	2	0	9	1	0	0	0	

附单据5张

会计主管　　　记账　　　复核　　　制单 李欣

图6-95　记账凭证

K．3 月 31 日，辅助生产成本的分配。

表6–19 辅助生产成本明细账

车间：机修车间　　　　　　　　　　　　　　　　　　　　　　　　　单位：元

2013年		摘要	材料费	水电费	薪酬费	折旧费	其他	合计	转出
月	日								
3	18	摊销低值易耗品	6 900.00					6 900.00	
3	18	机物料消耗	16.50					16.50	
3	31	分配水电费		8 052				8 052.00	
3	31	分配职工薪酬			10 260			10 260.00	
3	31	分配折旧费				11 600		11 600.00	
3	31	结转机修费用							36 828.50
		合计	6 916.50	8 052	10 260	11 600		36 828.50	36 828.50

表6–20 辅助生产提供劳务情况表

车间：机修车间　　　　　　　　2016年3月31日

供应对象	机修工时（小时）
基本生产车间	300
销售部门	20
管理部门	30
合计	350

表6–21 辅助生产费用分配表

2016年3月31日　　　　　　　　　　　　金额单位：元

辅助生产车间名称			机修车间
待分配费用			36 828.50
耗费分配率			105.22
基本生产车间	借“制造费用”科目	数量	300.00
		金额	31 566.00
销售部门	借“销售费用”科目	数量	20.00
		金额	2 104.40
管理部门	借“管理费用”科目	数量	30.00
		金额	3 158.10
合计			36 828.50

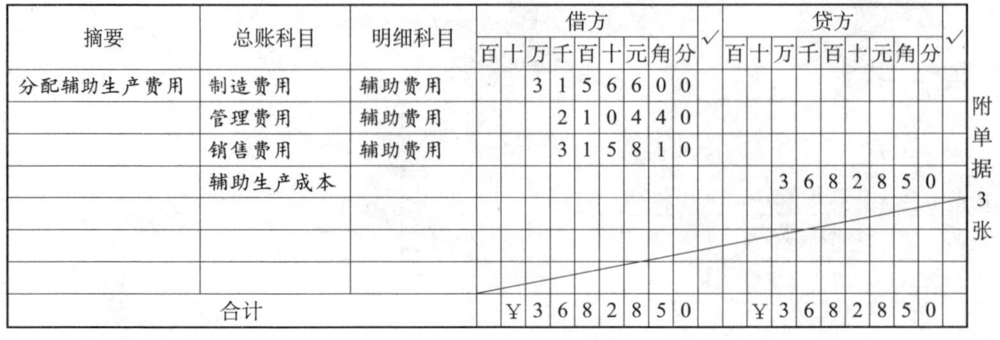

记账凭证

2016年3月31日　　记字第036号

摘要	总账科目	明细科目	借方									✓	贷方									✓
			百	十	万	千	百	十	元	角	分		百	十	万	千	百	十	元	角	分	
分配辅助生产费用	制造费用	辅助费用			3	1	5	6	6	0	0											
	管理费用	辅助费用				2	1	0	4	4	0											
	销售费用	辅助费用				3	1	5	8	1	0											
	辅助生产成本														3	6	8	2	8	5	0	
合计				¥	3	6	8	2	8	5	0			¥	3	6	8	2	8	5	0	

附单据3张

会计主管　　记账　　复核　　制单 李欣

图6-96　记账凭证

L．3 月 31 日，制造费用的分配。

表6-22　制造费用明细账

车间：基本生产车间　　单位：元

2016年		摘要	材料费	水电费	薪酬费	折旧费	机修费	合计	转出
月	日								
3	18	机物料消耗	1 000					1 000	
3	31	分配水电费		56 940				56 940	
3	31	分配薪酬职工			7 980			7 980	
3	31	分配折旧费				156 000		156 000	
3	31	分配机修费用					31 566	31 566	
3	31	结转制造费用							253 486
		合计	1 000	56 940	7 980	156 000	31 566	253 486	253 486

表6-23　制造费用分配表

车间：基本生产车间　　2016年3月31日　　单位：元

应借科目	明细科目	耗用原材料	分配率	分配金额
基本生产车间	250S	1 297 772.13	0.13	170 289.25①
	280M	244 747.60	0.13	31 817.19
	280S	395 227.41	0.13	51 379.56
合计		1 937 747.14	0.13	253 486.00

①尾数调整差异。

记 账 凭 证

2016年3月31日　　　　记字第037号

摘要	总账科目	明细科目	借方									✓	贷方									✓
			百	十	万	千	百	十	元	角	分		百	十	万	千	百	十	元	角	分	
分配制造费用	基本生产成本	250S		1	7	0	2	8	9	2	5											
		280M			3	1	8	1	7	1	9											
		280S			5	1	3	7	9	5	6											
	制造费用													2	5	3	4	8	6	0	0	
合计			¥	2	5	3	4	8	6	0	0		¥	2	5	3	4	8	6	0	0	

附单据2张

会计主管　　记账　　复核　　制单 李欣

图6-97 记账凭证

M．3 月 31 日，计算并结转完工产品总成本，编制产品成本计算单。

表6-24 在产品成本计算单

产品名称：250S　　在产220台　　单位：元

项　目	本期发生额	累计生产费用	月末在产品成本
直接材料	1 621 451.90	1 621 451.90	1 621 451.90
直接人工	146 772.74	146 772.74	146 772.74
制造费用	170 289.25	170 289.25	170 289.25
合计	1 938 513.89	1 938 513.89	1 938 513.89

表6-25 完工产品成本计算单

产品名称：280M　　完工50件　　单位：元

项　目	期初余额	本期发生额	累计生产费用	单位成本	完工产品成本
直接材料	266 333.71	355 249.36	621 583.07	12 431.66	621 583.07
直接人工	18 643.31	26 922.24	45 565.55	911.31	45 565.55
制造费用	21 306.50	31 817.19	53 123.69	1 062.47	53 123.69
合计	306 283.52	413 988.79	720 272.31	14 405.45	720 272.31

表6-26　完工产品成本计算单

产品名称：280S　　　　完工50件　　　　单位：元

项　目	期初余额	本期发生额	累计生产费用	单位成本	完工产品成本
直接材料	371 844.69	563 960.10	935 804.79	18 716.10	935 804.79
直接人工	26 688.60	43 475.02	70 163.62	1 403.27	70 163.62
制造费用	30 735.31	51 379.56	82 114.87	1 642.30	82 114.87
合计	429 268.60	658 814.68	1 088 083.28	21 761.67	1 088 083.28

记 账 凭 证

2016年3月31日　　　　记字第038号

摘要	总账科目	明细科目	借方									✓	贷方									✓
			百	十	万	千	百	十	元	角	分		百	十	万	千	百	十	元	角	分	
结转完工产品成本	库存商品	280M		7	2	0	2	7	2	3	1											
		280S	1	0	8	8	0	8	3	2	8											
	基本生产成本	280M												7	2	1	4	0	8	3	0	
		280S											1	0	8	8	0	8	3	2	8	
合计			1	8	0	8	3	5	5	5	9		1	8	0	8	3	5	5	5	9	

附单据3张

会计主管　　　　记账　　　　复核　　　　制单 李欣

图6-98　记账凭证

N. 3月31日，收到太原市思创公司结算本季度产品业务宣传费的发票，共计49 575.25元。

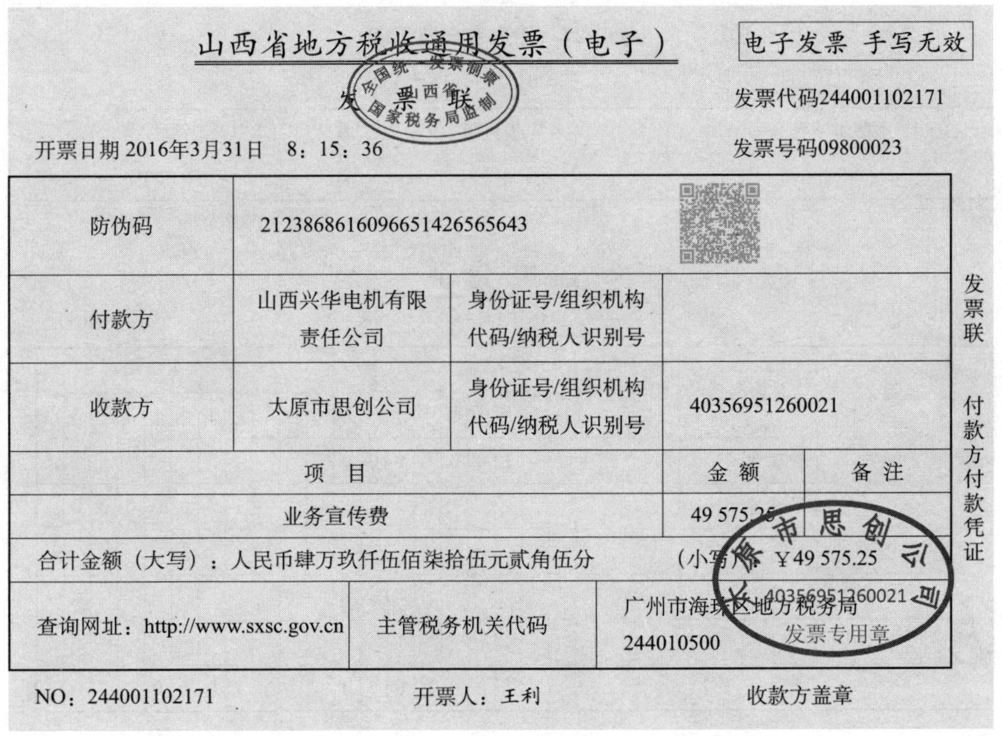

山西省地方税收通用发票（电子）　　电子发票 手写无效

发票联　　发票代码244001102171

开票日期 2016年3月31日　8：15：36　　发票号码09800023

防伪码	21238686160966514265656543		
付款方	山西兴华电机有限责任公司	身份证号/组织机构代码/纳税人识别号	
收款方	太原市思创公司	身份证号/组织机构代码/纳税人识别号	40356951260021
项目		金额	备注
业务宣传费		49 575.25	
合计金额（大写）：人民币肆万玖仟伍佰柒拾伍元贰角伍分		（小写）￥49 575.25	
查询网址：http://www.sxsc.gov.cn	主管税务机关代码	广州市海珠区地方税务局 244010500	

NO：244001102171　　开票人：王利　　收款方盖章

发票联　付款方付款凭证

图6-99　发票联

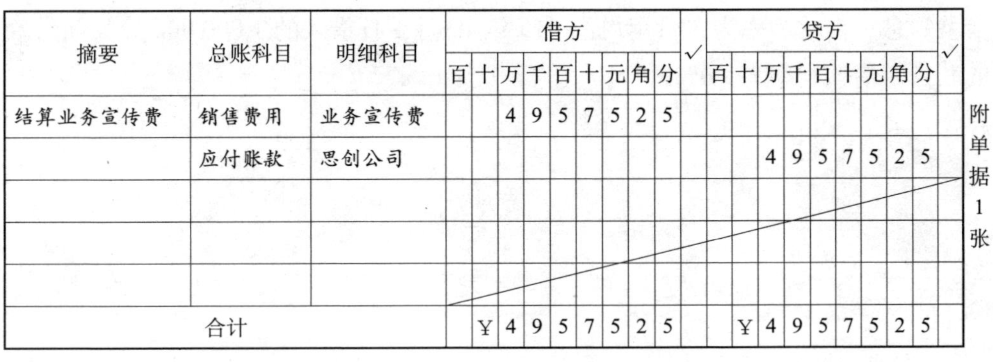

记账凭证

2016年3月31日　　记字第039号

摘要	总账科目	明细科目	借方 百	十	万	千	百	十	元	角	分	✓	贷方 百	十	万	千	百	十	元	角	分	✓
结算业务宣传费	销售费用	业务宣传费			4	9	5	7	5	2	5											
	应付账款	思创公司													4	9	5	7	5	2	5	
合计				￥	4	9	5	7	5	2	5			￥	4	9	5	7	5	2	5	

附单据1张

会计主管　　记账　　复核　　制单 李欣

图6-100　记账凭证

O．3 月 31 日，摊销无形资产 10 000 元。

表6-27　无形资产摊销表

2016年3月31日

费用项目	应借科目	本月摊销金额（元）
专利权摊销	管理费用	10 000

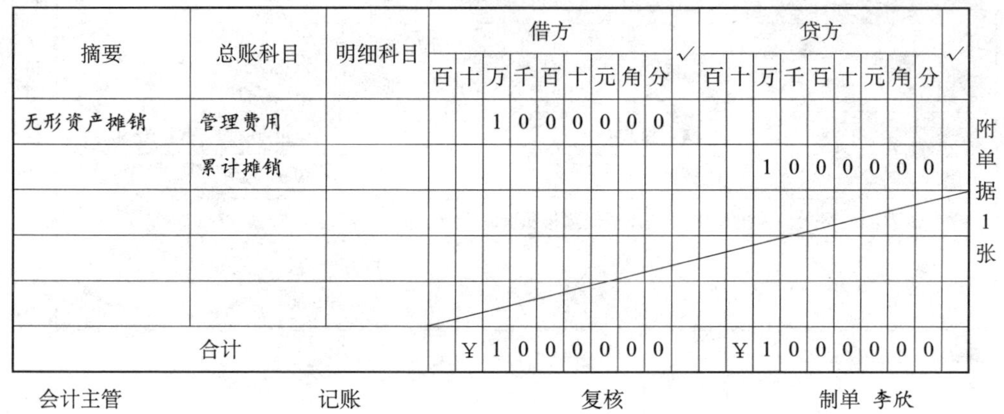

记 账 凭 证

2016年3月31日　　记字第040号

摘要	总账科目	明细科目	借方									✓	贷方									✓
			百	十	万	千	百	十	元	角	分		百	十	万	千	百	十	元	角	分	
无形资产摊销	管理费用				1	0	0	0	0	0	0											
	累计摊销														1	0	0	0	0	0	0	
合计				¥	1	0	0	0	0	0	0			¥	1	0	0	0	0	0	0	

附单据 1 张

会计主管　　记账　　复核　　制单 李欣

图6-101　记账凭证

P．3 月 31 日，归还 2015 年 12 月 31 日借入的短期借款本金 500 000 元以及借款利息，借款利率为 3%，计提 2015 年 12 月 1 日借入的 1 000 000 元长期借款的利息，借款利率为 5.4%。

偿还贷款凭证（第一联）

2016年3月31日

借款单位名称	山西兴华电机有限责任公司	贷款账号		结算账号								
还款金额 人民币（大写）	伍拾万元整			百	十	万	千	百	十	元	角	分
				¥	5	0	0	0	0	0	0	0
贷款种类	短期借款	借出日期	2015年12月30日	原定还款日期	2016年3月31日							
上列款项请由本单位账号内偿还到期贷款 此致 借款单位盖章				会计分录 收： 付： 复核员：　记账：								

（印章：山西兴华电机有限责任公司 财务专用章）

图6-102　偿还贷款凭证

中国工商银行太原市二营盘支行贷款利息凭证

2016年3月31日

收款单位	账号	010000028732	收款单位	账号	1234567891011121
	户名	中国工商银行太原市分行		户名	山西兴华电机有限责任公司
	开户银行			开户银行	中国工商银行太原市二营盘支行

利息金额人民币（大写）叁仟柒佰伍拾元整	利率	千	百	十	万	千	百	十	元	角	分
	3%				¥	3	7	5	0	0	0
短期借款户利息	科目 对方科目 复核　记账										

（印章：中国工商银行太原市二营盘支行 2016.3.31 转讫 (1)）

图6-103　贷款利息凭证

表6-28　长期借款利息计提表

2016年3月31日

项目	金额（元）	利率（年）	计提月份	利息（元）
长期借款	1 000 000	5.4%	2015.12～2016.3	18 000

记账凭证

2016年3月31日　　　　记字第041号

摘要	总账科目	明细科目	借方									✓	贷方									✓
			百	十	万	千	百	十	元	角	分		百	十	万	千	百	十	元	角	分	
归还借款本利并计提利息	短期借款	工行		5	0	0	0	0	0	0	0											
	财务费用	利息费			2	1	7	5	0	0	0											
	银行存款													5	0	3	7	5	0	0	0	
	长期借款														1	8	0	0	0	0	0	
合计			¥	5	2	1	7	5	0	0	0		¥	5	2	1	7	5	0	0	0	

附单据3张

会计主管　　记账　　复核　　制单 李欣

图6-104　记账凭证

名师指导

借款利息是指根据本金和利率计算出来的利息记入“财务费用”中，以费用的形式体现。借款利息包括财务费用中的利息和记入固定资产成本的资本化利息。企业借款利息是企业在生产经营过程中进行债务性融资支付的资金占用费，按照企业所得税法的相关规定，企业发生的借款利息属于与取得应税收入相关的费用，可以按规定在计算应纳税所得额时税前扣除。

Q. 3月31日，销售部门销售商品领用包装物3 450元。

领料单

2016年3月31日　　　　NO.00123

领料部门：销售部　　　　发料仓库：2号仓库

材料类别	名称及规格	计量单位	数量		单价	金额	用途
			请领	实领			
包装物		千克	230	230	15	3 450	销售用
合计						3 450	
备注							

仓库主管：　　发料人：　　领料部门主管：王兵　　领料人：赵阳

图6-105　领料单

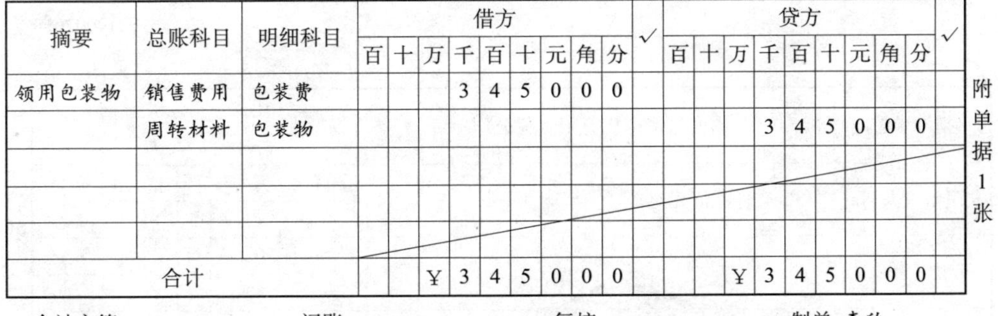

记 账 凭 证

2016年3月31日　　　　记字第042号

摘要	总账科目	明细科目	借方									✓	贷方									✓
			百	十	万	千	百	十	元	角	分		百	十	万	千	百	十	元	角	分	
领用包装物	销售费用	包装费				3	4	5	0	0	0											
	周转材料	包装物														3	4	5	0	0	0	
合计					¥	3	4	5	0	0	0				¥	3	4	5	0	0	0	

附单据1张

会计主管　　　　记账　　　　复核　　　　制单 李欣

图6-106　记账凭证

R．3 月 31 日摊销本月租赁费 2 400 元。

表6-29　租赁费用摊销表

2016年3月31日

费用项目	应借科目	本月摊销金额（元）
租赁费摊销	管理费用	2 400

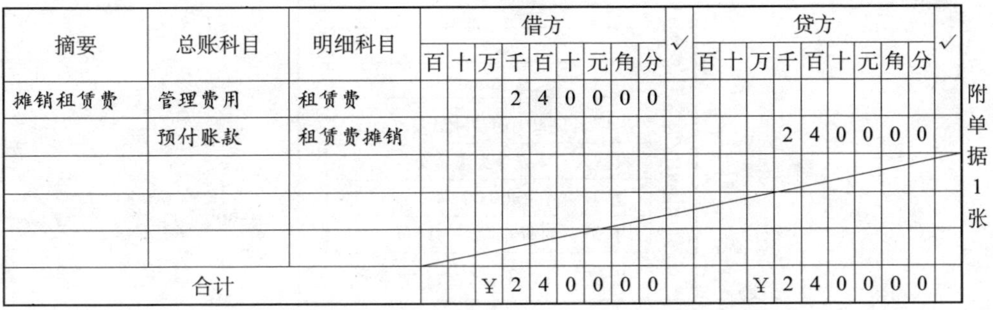

记 账 凭 证

2016年3月31日　　　　记字第043号

摘要	总账科目	明细科目	借方									✓	贷方									✓
			百	十	万	千	百	十	元	角	分		百	十	万	千	百	十	元	角	分	
摊销租赁费	管理费用	租赁费				2	4	0	0	0	0											
	预付账款	租赁费摊销														2	4	0	0	0	0	
合计					¥	2	4	0	0	0	0				¥	2	4	0	0	0	0	

附单据1张

会计主管　　　　记账　　　　复核　　　　制单 李欣

图6-107　记账凭证

S．3 月 31 日，开出转账支票 7 300 元，捐赠给太原慈善总会。

太原市接受捐赠专用收款收据

№ 12002014

支票号：

<table>
<tr><td>捐赠单位</td><td>山西兴华电机有限责任公司</td><td colspan="5">捐赠人</td><td colspan="6"></td></tr>
<tr><td rowspan="2">人民币（大写）</td><td rowspan="2">⊗ 柒仟叁佰元整</td><td>千</td><td>百</td><td>十</td><td>万</td><td>千</td><td>百</td><td>十</td><td>元</td><td>角</td><td>分</td><td rowspan="6">第二联 收据</td></tr>
<tr><td></td><td></td><td></td><td>¥</td><td>7</td><td>3</td><td>0</td><td>0</td><td>0</td><td>0</td></tr>
<tr><td rowspan="2">外币（大写）</td><td rowspan="2"></td><td>千</td><td>百</td><td>十</td><td>万</td><td>千</td><td>百</td><td>十</td><td>元</td><td>角</td><td>分</td></tr>
<tr><td></td><td></td><td></td><td></td><td></td><td></td><td></td><td></td><td></td><td></td></tr>
<tr><td rowspan="2">收款单位
（签章）</td><td rowspan="2">收款人（签章）
山西省太原市慈善总会 财务专用章
2016年3月31日</td><td colspan="10">结算方式</td></tr>
<tr><td colspan="10">1.现金 2.转账
3.电汇 4.信汇
5.委托银行收款 6.其他</td></tr>
</table>

图6-108 捐赠收据

中国工商银行（晋）
转账支票存根

$\frac{B\,K}{0\,2}$ 20496081

附加信息

出票日期2016年3月31日

收款人：太原市慈善总会
金 额：¥7 300.00
用 途：对外捐赠

单位主管：王晶　会计：李欣

太原市证券印制有限责任公司2016年印制

图6-109 转账支票存根

记账凭证

2016年3月31日　　记字第044号

摘要	总账科目	明细科目	借方 百	十	万	千	百	十	元	角	分	√	贷方 百	十	万	千	百	十	元	角	分	√
向太原慈善总会捐赠	营业外支出	捐赠支出				7	3	0	0	0	0											
	银行存款	工行														7	3	0	0	0	0	
合计					¥	7	3	0	0	0	0				¥	7	3	0	0	0	0	

附单据2张

会计主管　　记账　　复核　　制单 李欣

图6-110 记账凭证

名师指导

企业履行社会责任为社会公益事业做贡献，是社会发展和进步的基础，也可为企业树立良好形象，起到宣传作用。该企业为慈善事业捐赠在会计上应该作为营业外支出处理。

6.1.3 企业月末流转税的核算及纳税申报

(1) 月末根据账簿记录计算并结转应纳的增值税

表6-30 应交增值税计算表

2016年3月31日　　单位：元

项目				销售额	税额	备注
		货物名称	适用税率			
销项税额	应税货物	YR250M	17%	659 200	112 064	
		YR250S	17%	1 224 000	208 080	
		YR280M	17%	734 400	124 848	
		YR280S	17%	772 500	131 325	
		电磁线	17%	10 000	1 700	
		小计		3 400 100	578 017	
	应税劳务					
进项税额	本期进项税额发生额			503 980		
	进项税额转出					
应纳税额				74 037		

记账凭证

2016年3月31日　　记字第045号

摘要	总账科目	明细科目	借方	√	贷方	√
计算并结转本月未交增值税	应交税费	转出未交增值税	7403700			
	应交税费	未交增值税			7403700	
合计			￥7403700		￥7403700	

附单据1张

会计主管　　记账　　复核　　制单 李欣

图6-111 记账凭证

(2) 根据计算结果填制增值税纳税申报表

增 值 税 纳 税 申 报 表

(适用于增值税一般纳税人)

税款所属时间：自2016年3月1日至2016年3月31日　　填表日期：2016年3月31日

纳税人识别号	1 2 5 6 7 8 2 3 5 4 6 1 2 3		所属行业：工业		金额单位：元至角分
纳税人名称	山西兴华电机有限责任公司（公章）	法定代表人姓名	马建平	注册地址	山西省太原市并州北路001号	营业地址	山西省太原市并州北路001号
开户银行及账号	中国工商银行太原二营盘支行 123456789101112	企业登记注册类型	有限责任公司	电话号码	0351-1234567		

	项目	栏次	一般货物及劳务		即征即退货物及劳务	
			本月数	本年累计	本月数	本年累计
销售额	（一）按适用税率征税货物及劳务销售额	1				
	其中：应税货物销售额	2	3 400 100			
	应税劳务销售额	3				
	纳税检查调整的销售额	4				
	（二）按简易征收办法征税货物销售额	5				
	其中：纳税检查调整的销售额	6				
	（三）免、抵、退办法出口货物销售额	7			—	—
	（四）免税货物及劳务销售额	8			—	—
	其中：免税货物销售额	9			—	—
	免税劳务销售额	10			—	—
税款计算	销项税额	11	578 017			
	进项税额	12	503 980			
	上期留抵税额	13		—		—
	进项税额转出	14				

续表

纳税人识别号	1 2 5 6 7 9 1 2 3 5 4 6 1 2 3		所属行业：工业　金额单位：元至角分				
纳税人名称	山西兴华电机有限责任公司　（公章）	法定代表人姓名	马建平	注册地址	山西省太原市并州北路001号	营业地址	山西省太原市并州北路001号
开户银行及账号	中国工商银行太原二营盘支行 1234567891011121	企业登记注册类型		股份制		电话号码	0351-1234567

	项目	栏次	一般货物及劳务		即征即退货物及劳务	
			本月数	本年累计	本月数	本年累计
税款计算	免抵退货物应退税额	15			—	—
	按适用税率计算的纳税检查应补缴税额	16			—	—
	应抵扣税额合计	17=12+13-14-15+16	503 980	—		—
	实际抵扣税率	18（如17<11，则为17，否则为11）	503 980			
	应纳税额	19=11-18	74 037			
	期末留抵税额	20=17-18		—		—
	简易征收办法计算的应纳税额	21				
	按简易征收办法计算的纳税检查应补缴税额	22			—	—
	应纳税额减征额	23				
	应纳税额合计	24=19+21-23	74 037			
税款缴纳	期初未缴税额（多缴为负数）	25				
	实收出口开具专用缴款书退税额	26			—	—
	本期已缴税额	27=28+29+30+31				
	①分次预缴税额	28		—		—
	②出口开具专用缴款书预缴税额	29		—	—	—
	③本期缴纳上期应纳税额	30				
	④本期缴纳欠缴税额	31				
	期末未缴税额（多缴为负数）	32=24+25+26-27				
	其中：欠缴税额（≥0）	33=25+26-27		—		—
	本期应补（退）税额	34=24-28-29		—		—
	即征即退实际退税额	35	—			
	期初未缴查补税额	36			—	—
	本期入库查补税额	37			—	—
	期末未缴查补税额	38=16+22+36-37			—	—

授权声明：

如果你已委托代理人申报，请填写下列资料：

为代理一切税务事宜，现授权

（地址）　　　　　　　为本纳税人的代理申报人，任何与本申报表有关的往来文件，都可寄于此人。

授权人签字：

申报人声明：

此纳税申报表是根据《中华人民共和国增值税暂行条例》的规定填报的，我相信它是真实的、可靠的、完整的。

声明人签字：王晶

图6-112　增值税纳税申报表

(3) 根据应纳增值税额计算并结转城市维护建设税和教育费附加

表6-31 城建税及教育费附加计算表

2016年3月31日

计税依据	税率	税额（元）
74 037	7%	5 182.59
74 037	3%	2 221.11
合计		7 403.70

记 账 凭 证

2016年3月31日　　　　记字第046号

摘要	总账科目	明细科目	借方									✓	贷方									✓
			百	十	万	千	百	十	元	角	分		百	十	万	千	百	十	元	角	分	
计算并结转城建税和教育费附加	税金及附加					7	4	0	3	7	0											
	应交税费	应交城建税														5	1	8	2	5	9	
		应交教育费附加														2	2	2	1	1	1	
合计					¥	7	4	0	3	7	0				¥	7	4	0	3	7	0	

附单据1张

会计主管　　记账　　复核　　制单 李欣

图6-113 记账凭证

(4) 计算并结转代扣代缴个人所得税

根据应付职工薪酬结算表的记录编制如下凭证：

记 账 凭 证

2016年3月31日　　　　记字第047号

摘要	总账科目	明细科目	借方									✓	贷方									✓
			百	十	万	千	百	十	元	角	分		百	十	万	千	百	十	元	角	分	
计算并结转代扣个人所得税	应付职工薪酬	工资					8	3	1	4	0											
	应交税费	代扣代缴个人所得税															8	3	1	4	0	
合计						¥	8	3	1	4	0					¥	8	3	1	4	0	

附单据1张

会计主管　　记账　　复核　　制单 李欣

图6-114 记账凭证

（5）**根据以上计算结果填制综合纳税申报表**

地方税（费）综合申报表

F-0010　　　　填报日期：2016年3月31日　　　　金额单位：人民币元

纳税人编码	125679123546123		纳税人名称	山西兴华电机有限责任公司			
地　　址	山西省太原市并州路001号	邮政编码	030000	业别	工业	经济性质	有限责任公司
开户银行	中国工商银行太原二营盘支行	银行账号	1234567891011121			电话	0351-1234567
管理分局		管理科				专管员	李伟
税种登记情况	1.营业税□2.企业所得税□3.个人所得税□4.资源税□5.土地增值税□6.房产税□7.城镇土地使用税□8.车船税□9.城市维护建设税□10.印花税□11.屠宰税□12.煤炭水资源补偿费□13.文化事业建设费□14.河道工程维护管理费□15.林业建设基金□16.价格调控基金□17.残疾人就业保障金□18.教育费附加□（税种登记表中由税务机关填写的部分）						

税（费）种	税目	税（费）款所属时间	计税（费）依据或课税（费）数量	税（费）率或单位税（费）额	本期应纳税（费）额	累计欠缴或已缴税（费）额	减免税（费额）	本期应纳税（费）额合计
城建税		2016.03	74 037.00	7%	5 182.59			
教育费附加		2016.03	74 037.00	3%	2 221.11			

企业所得税	税款所属时间	收入额或利润总额	应税所得率或纳税调整额	应纳税所得额	税率	应纳所得税额	累计欠缴或已缴税额	减免税额	期末应补（退）税额

个人所得税	税款所属时间	所得项目	收入额	应纳税所得额	税率	速算扣除数	应纳税额	已扣缴税额	期末应补（退）税额
	2016						831.40		

授权代理人	（如果你已委托代理人申报，请填写下列资料） 为代理一切税务事宜，现授权______（地址）为本纳税人代理申报人。任何与本报表有关的往来文件，都可寄与此。 授权人签字：______	声明	我声明：此纳税申报表是根据税收法律、法规的规定填报的，我确信它是真实的、可靠的、完整的。 声明人签字：王晶

会计主管签字：王晶　　　　代理申报人签字：　　　　纳税人盖章：

图6-115　地方税综合申报表

6.1.4 企业月末损益结转的账务处理

A．3 月 31 日，结转本月产品销售成本。

表6-32 商品销售成本汇总表

2016年3月31日

项目	YR250M电机		YR250S电机		YR280M电机		YR280S电机	
	数量（台）	金额（元）	数量（台）	金额（元）	数量（台）	金额（元）	数量（台）	金额（元）
月初结存	80	555 441.56	80	1 055 896.26	30	459 426.30	40	858 536.40
本月入库					50	720 272.31	50	1 088 083.28
单位成本		6943.00		13 198.70		14 746.23		21 629.11
商品销售成本	80	555 441.56	80	1 055 896.26	40	589 849.31	30	648 873.30
合计		555 441.56		1 055 896.26		589 849.31		648 873.30

记 账 凭 证

2016年3月31日　　记字第048号

摘要	总账科目	明细科目	借方									✓	贷方									✓
			百	十	万	千	百	十	元	角	分		百	十	万	千	百	十	元	角	分	
结转已销产品成本	主营业务成本	250M		5	5	5	4	4	1	5	6											
		250S	1	0	5	5	8	9	6	2	6											
		280M		5	8	9	8	4	9	3	1											
		280S		6	4	8	8	7	3	3	0											
	库存商品	250M												5	5	5	4	4	1	5	6	
		250S											1	0	5	5	8	9	6	2	6	
		280M												5	9	0	4	1	7	3	0	
		280S												6	4	8	8	7	3	2	0	
合计			2	8	5	0	0	6	0	4	3		2	8	5	0	0	6	0	4	3	

附单据1张

会计主管　　记账　　复核　　制单 李欣

图6-116 记账凭证

B．3 月 31 日，将本期无形资产的研发支出中的费用化支出转入本期损益。

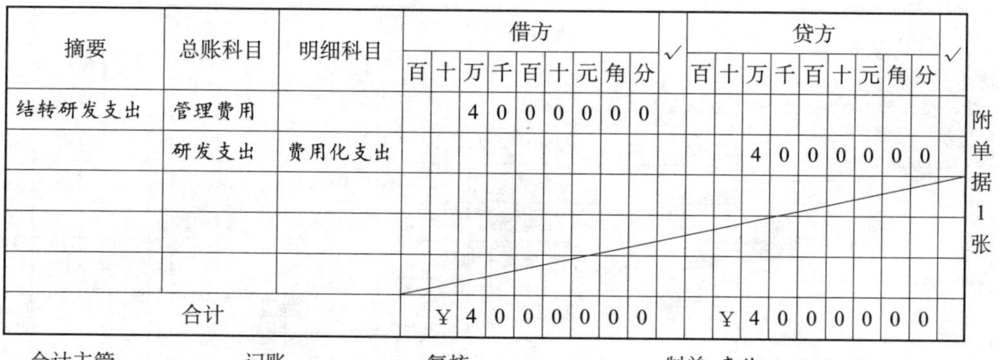

记 账 凭 证

2016年3月31日　　记字第049号

摘要	总账科目	明细科目	借方 百	十	万	千	百	十	元	角	分	✓	贷方 百	十	万	千	百	十	元	角	分	✓
结转研发支出	管理费用				4	0	0	0	0	0	0											
	研发支出	费用化支出													4	0	0	0	0	0	0	
合计				¥	4	0	0	0	0	0	0			¥	4	0	0	0	0	0	0	

附单据1张

会计主管　　记账　　复核　　制单 李欣

图6–117　记账凭证

C．3 月 31 日，将本月损益结转到“本年利润”账户。

a．月末编制内部转账单，结转收入。

内部转账单

2016年3月31日

摘要	转账项目	结账前余额（元）
结转收入到本年利润账户	主营业务收入	3 390 100
结转收入到本年利润账户	其他业务收入	10 000

图6–118　内部转账单

记 账 凭 证

2016年3月31日　　　　记字第050号

摘要	总账科目	明细科目	借方									✓	贷方									✓
			百	十	万	千	百	十	元	角	分		百	十	万	千	百	十	元	角	分	
结转收入到本年利润账户	主营业务收入	250M		6	5	9	2	0	0	0	0											
		250S	1	2	2	4	0	0	0	0	0											
		280M		7	3	4	4	0	0	0	0											
		280S		7	7	2	5	0	0	0	0											
	其他业务收入	电磁线				1	0	0	0	0	0											
	本年利润												3	4	0	0	1	0	0	0	0	
合计			3	4	0	0	1	0	0	0	0		3	4	0	0	1	0	0	0	0	

附单据1张

会计主管　　　记账　　　复核　　　制单 李欣

图6–119　记账凭证

b．月末编制内部转账单，结转费用。

内部转账单

2016年3月31日

摘要	转账项目	结账前余额（元）
结转费用到本年利润账户	主营业务成本	2 850 060.43
结转费用到本年利润账户	其他业务成本	10 000.00
结转费用到本年利润账户	管理费用	181 344.40
结转费用到本年利润账户	销售费用	120 353.35
结转费用到本年利润账户	财务费用	22 867.35
结转费用到本年利润账户	营业外支出	7 300.00
结转费用到本年利润账户	税金及附加	7 403.70
合计		3 199 329.23

图6–120　内部转账单

记 账 凭 证

2016年3月31日　　　　记字第051$\frac{1}{2}$号

摘要	总账科目	明细科目	借方									✓	贷方									✓
			百	十	万	千	百	十	元	角	分		百	十	万	千	百	十	元	角	分	
结转费用到本年利润账户	本年利润		3	1	9	9	3	2	9	2	3											
	主营业务成本	250M												5	5	5	4	4	1	5	6	
		250S											1	0	5	5	8	9	6	2	6	
		280M												5	8	9	8	4	9	3	1	
		280S												6	4	8	8	7	3	3	0	
	其他业务成本	电磁线													1	0	0	0	0	0	0	
合计																						

附单据1张

会计主管　　记账　　复核　　制单 李欣

图6-121　记账凭证

记 账 凭 证

2016年3月31日　　　　记字第051$\frac{2}{2}$号

摘要	总账科目	明细科目	借方									✓	贷方									✓
			百	十	万	千	百	十	元	角	分		百	十	万	千	百	十	元	角	分	
结转费用到本年利润账户	管理费用													1	8	1	3	4	4	4	0	
	销售费用													1	2	0	3	5	3	3	5	
	财务费用														2	2	8	6	7	3	5	
	营业外支出															7	3	0	0	0	0	
	税金及附加															7	4	0	3	7	0	
合计			3	1	9	9	3	2	9	2	3		3	1	9	9	3	2	9	2	3	

附单据1张

会计主管　　记账　　复核　　制单 李欣

图6-122　记账凭证

D．3月份净利润的计算。

营业利润＝营业收入－营业成本－税金及附加－销售费用－管理费用－财务费用

=3 400 100−2 860 060.43−7 403.70−120 353.35−181 344.40−22 867.35=208 070.77（元）

利润总额＝营业利润＋营业外收入－营业外支出

=208 070.77+0−7 300=200 770.77（元）

6.1.5 企业季末结算的账务处理

(1) 财产清查

名师指导

财产清查是指企业通过对库存现金等财产物资的实地盘点和对银行存款、债权债务的查对，来确定财产物资、货币资金和债权债务的实存数，并查明账面结存数和实存数是否一致的一种方法。

通过财产清查可以确定各项财产的实存数，并将其与账存数比较，确定财产物资的盘盈、盘亏数及其原因和责任，及时对相关责任人作出处理，促使经办人员自觉遵守国家政策，保证企业财产安全，便于企业的财产管理；同时调整相关财产物资的账面价值，为编制会计报表和决策提供真实、可靠的会计信息。

季末财产清查处理：3 月 31 日，经盘点原材料线材毁损 60 米，经查系定额内合理损耗，残值 33.68 元入库。经批准转作管理费用并转入本年利润账户。

表6-33 材料盘盈盘亏报告表

仓库：2号　　　　2016年3月31日

品　名	规　格	计量单位	单　价	数　量		金额（元）	原　因
				盘盈	盘亏		
各类线材		米	10		60	566.32	定额内损耗
处理意见	同意转作管理费用，残值33.68元入库。 王朋　2016年3月31日						

记账凭证

2016年3月31日　　　　记字第052号

摘要	总账科目	明细科目	借方									✓	贷方									✓
			百	十	万	千	百	十	元	角	分		百	十	万	千	百	十	元	角	分	
材料盘亏	原材料	各类线材						3	3	6	8											
	待处理财产损溢	待处理流动资产损溢					5	6	6	3	2											
	原材料	各类线材															6	0	0	0	0	
合计						¥	6	0	0	0	0					¥	6	0	0	0	0	

附单据1张

会计主管　　记账　　复核　　制单 李欣

图6-123 记账凭证

记账凭证

2016年3月31日　　　　记字第053号

摘要	总账科目	明细科目	借方									✓	贷方									✓
			百	十	万	千	百	十	元	角	分		百	十	万	千	百	十	元	角	分	
结转材料盘亏损失	管理费用						5	6	6	3	2											
	待处理财产损溢	待处理流动资产损溢															5	6	6	3	2	
合计						¥	5	6	6	3	2					¥	5	6	6	3	2	

附单据1张

会计主管　　记账　　复核　　制单 李欣

图6-124 记账凭证

记账凭证

2016年3月31日　　　　记字第054号

摘要	总账科目	明细科目	借方									✓	贷方									✓
			百	十	万	千	百	十	元	角	分		百	十	万	千	百	十	元	角	分	
结转费用到本年利润账户	本年利润						5	6	6	3	2											
	管理费用																5	6	6	3	2	
合计						¥	5	6	6	3	2					¥	5	6	6	3	2	

附单据1张

会计主管　　记账　　复核　　制单 李欣

图6-125 记账凭证

由于季末财产清查，本月利润总额调整为：200 770.77−566.32=200 204.45 元。

(2) 季末所得税结算与申报

名师指导

企业所得税是就企业以某生产经营所得为课税对象所征收的一种税，是企业取得利润的一种必然开支，应将其视为一种费用。在实务中，企业所得税实行按年计算，分月或分季预缴，年终汇算清缴多退少补的方法，企业应在年度终了 5 个月内纳税申报，汇算清缴。本书为了让读者有一个完整核算过程，在第一季度末按照年末汇算清缴的方法进行申报。

山西兴华电机公司 2013 年 1 ～ 3 月共实现利润总额 730 623.65 元，已缴纳企业所得税 132 604.80 元。经核对第一季度账目，发现企业会计利润与应纳税所得不一致的有以下两项需要做纳税调整。

一是税法规定企业发生的与生产经营活动有关的业务招待费支出，按照发生额的 60% 扣除，但最高不得超过当年销售收入的 5‰。企业本季度发生的业务招待费共计 5 000 元，按照发生的 60% 扣除应该扣除（5 000 × 60%）3 000 元，超额扣除 2 000 元，需要调增应纳税所得额。二是研究开发费未形成无形资产计入当期损益的，在按照规定据实扣除的基础上，按照研发费用的 50% 加计扣除；形成无形资产的，按照无形资产成本的 150% 摊销。企业本季度发生的研发费用共计 100 000 元，其中 40 000 元计入当期损益，应该加计扣除 50% 为 20 000 元，需要调减应纳税所得额。

在对会计利润调整的基础上，按照应纳税所得额计算所得税费用并进行纳税申报。

第一季度应纳税所得额为：

730 623.65+5 000−（5 000 × 60%）−（40 000 × 150%−40 000）=712 623.65（元）

第一季度应纳所得税为：

712 623.65 × 25%=178 155.91（元）

1 ～ 2 月已纳所得税为：

59 665.75+72 939.05=132 604.80（元）

第一季度末应补缴企业所得税为：

178 155.91−132 604.80=45 551.11（元）

表6-34　一季度利润及所得税计算表

2016年3月31日

月份	利润总额	所得税率	所得税	净利润
1月	238 663	25%	59 665.75	178 997.25
2月	291 756.20	25%	72 939.05	218 817.15
小计	530 419.20	25%	132 604.80	397 814.40
3月	200 204.45	25%	45 551.11	154 653.34
合计	730 623.65		178 155.91	552 467.74

记 账 凭 证

2016年3月31日　　记字第055号

摘要	总账科目	明细科目	借方									✓	贷方									✓
			百	十	万	千	百	十	元	角	分		百	十	万	千	百	十	元	角	分	
计算缴纳本月企业所得税	所得税费用	企业所得税			4	5	5	5	1	1	1											
	应交税费	应交企业所得税													4	5	5	5	1	1	1	
合计				¥	4	5	5	5	1	1	1			¥	4	5	5	5	1	1	1	

附单据1张

会计主管　　记账　　复核　　制单 李欣

图6-126　记账凭证

记 账 凭 证

2016年3月31日　　记字第056号

摘要	总账科目	明细科目	借方									✓	贷方									✓
			百	十	万	千	百	十	元	角	分		百	十	万	千	百	十	元	角	分	
结转所得税费用到本年利润	本年利润				4	5	5	5	1	1	1											
	所得税费用	企业所得税													4	5	5	5	1	1	1	
合计				¥	4	5	5	5	1	1	1			¥	4	5	5	5	1	1	1	

附单据1张

会计主管　　记账　　复核　　制单 李欣

图6-127　记账凭证

中华人民共和国企业所得税年度纳税申报表（A类）

税款所属期间：2016年1月1日至2016年3月31日

纳税人名称：山西兴华电机有限责任公司

纳税人识别号：125679123546123　　　　金额单位：元（列至角分）

类别	行次	项目	金额
利润总额计算	1	一、营业收入（填附表一）	8 432 800.00
	2	减：营业成本（填附表二）	7 051 174.73
	3	税金及附加	20 301.60
	4	销售费用（填附表二）	238 673.65
	5	管理费用（填附表二）	460 859.02
	6	财务费用（填附表二）	22 867.35
	7	资产减值损失	
	8	加：公允价值变动收益	
	9	投资收益	
	10	二、营业利润	638 923.65
	11	加：营业外收入（填附表一）	100 000
	12	减：营业外支出（填附表二）	8 300
	13	三、利润总额（10＋11–12）	730 623.65
应纳税所得额计算	14	加：纳税调整增加额（填附表三）	2 000
	15	减：纳税调整减少额（填附表三）	20 000
	16	其中：不征税收入	
	17	免税收入	
	18	减计收入	
	19	减、免税项目所得	
	20	加计扣除	
	21	抵扣应纳税所得额	
	22	加：境外应税所得弥补境内亏损	
	23	纳税调整后所得（13＋14–15＋22）	712 623.65
	24	减：弥补以前年度亏损（填附表四）	
	25	应纳税所得额（23–24）	712 623.65
应纳税额计算	26	税率（25%）	
	27	应纳所得税额（25×26）	
	28	减：减免所得税额（填附表五）	
	29	减：抵免所得税额（填附表五）	
	30	应纳税额（27–28–29）	178 155.91
	31	加：境外所得应纳所得税额（填附表六）	
	32	减：境外所得抵免所得税额（填附表六）	
	33	实际应纳所得税额（30＋31–32）	178 155.91
	34	减：本年累计实际已预缴的所得税额	132 604.80
	35	其中：汇总纳税的总机构分摊预缴的税额	
	36	汇总纳税的总机构财政调库预缴的税额	

续表

类别	行次	项目	金额
应纳税额计算	37	汇总纳税的总机构所属分支机构分摊的预缴税额	
	38	合并纳税（母子体制）成员企业就地预缴比例	
	39	合并纳税企业就地预缴的所得税额	
	40	本年应补（退）的所得税额（33～34）	45 551.11
附列资料	41	以前年度多缴的所得税额在本年抵减额	
	42	以前年度应缴未缴在本年入库所得税额	
纳税人公章： 经办人：王晶 申报日期：2016年3月31日		代理申报中介机构公章： 经办人及执业证件号码： 代理申报日期：年 月 日	主管税务机关受理专用章： 受理人： 受理日期：年 月 日

图6-128　纳税申报表

（3）季末净利润分配

假设公司在本季度末按照税后利润的10%计提盈余公积，并按照净利润20%的比例向投资者分配利润。

表6-35　税后利润分配计算表

2016年3月31日

分配项目	分配依据金额	分配率	应分配金额
盈余公积	552 467.74	10%	55 246.78
应付利润	552 467.74	20%	110 493.55
合计			165 740.33

记 账 凭 证

2016年3月31日　　　　记字第057号

摘要	总账科目	明细科目	借方									✓	贷方									✓
			百	十	万	千	百	十	元	角	分		百	十	万	千	百	十	元	角	分	
提取法定盈余公积及分配利润	利润分配	提取法定盈余公积			5	5	2	4	6	7	8											
		应付利润		1	1	0	4	9	3	5	5											
	盈余公积														5	5	2	4	6	7	8	
	应付利润													1	1	0	4	9	3	5	5	
	合计		¥	1	6	5	7	4	0	3	3		¥	1	6	5	7	4	0	3	3	

附单据1张

会计主管　　　记账　　　复核　　　制单 李欣

图6-129　记账凭证

名师指导

在年度中间，“本年利润”账户的余额保留在本账户，不予转账，表示从1月1日起至本期本年度累计实现的利润或发生的亏损。

年度终了，应将全年实现的净利润自“本年利润”账户转入“利润分配”账户，借记“本年利润”账户，贷记“利润分配——未分配利润”；同时将“利润分配”账户所属其他明细账户的余额转入“利润分配——未分配利润”的借方，结转后，“利润分配”账户除了“未分配利润”明细账户外，其他明细账户应无余额。“利润分配”账户的年末余额，反映企业历年积存的未分配利润（或为弥补亏损）。

由于兴华公司的经济业务只列举了一个季度的，我们就不做年末转账结算的处理了，读者可以自己练习掌握。

6.2 会计账簿的登记

登记会计账簿是会计核算的一个重要环节，会计账簿能为企业日常经营管理提供分类的会计信息和定期编制会计报表的数据。在这个环节上会计人员要登记的账簿有日记账簿、明细账簿和总分类账簿。

6.2.1 日记账簿的登记

（1）库存现金日记账的登记

库存现金 日记账

2016年		凭证		摘要	对方科目	借方	贷方	借或贷	余额
月	日	种类	号数			千百十万千百十元角分	千百十万千百十元角分		千百十万千百十元角分
1	1			期初余额				借	100000
1	11	记	005	提备用金	银行存款	100000		借	200000
1	20	记	015	支付差旅费	其他应收款		100000	借	100000
1	21	记	029	购办公用品	管理费用		78000	借	22000
1	31			本月合计		100000	178000	借	22000
2	27	记	001	提取备用金	银行存款	200000		借	222000
2	28	记	024	支付办公费用	制造费用等		215750	借	6250
2	28	记		本月合计		200000	215750	借	6250

图6-130 库存现金日记账

(2) 银行存款日记账的登记

银行存款 日记账

2016年 月	日	凭证 种类	号数	摘要	对方科目	借方（千百十万千百十元角分）	贷方（千百十万千百十元角分）	借或贷	余额（千百十万千百十元角分）
1	1			期初余额				借	52888125
1	9	记	002	收到前欠货款	应收账款	65000000		借	117888125
1	9	记	003	支付上月税费	应交税费		25858700	借	92029425
1	10	记	004	收到前前欠货款	应收账款	71050000		借	163079425
1	11	记	005	提备用金	库存现金		100000	借	162979425
1	11	记	006	支付上月工资	应付职工薪酬		19761700	借	143217725
1	11	记	007	支付代扣保险	应付职工薪酬		12553050	借	130664675
1	11	记	008	开设采购专户	其他货币资金		1000000	借	129664675
1	12	记	009	预付货款	预付账款		6000000	借	123664675
1	12	记	010	预收帐款	应收账款	30000000		借	153664675
1	12	记	012	收到货款	主营业务收入	87000000		借	240664675
1	15	记	013	支付货款	原材料		915500	借	231513175
1	16	记	014	代垫运费	应收账款		500000	借	231013175
1	21	记	016	收到货款	应收账款	159620000		借	390633175
1	21	记	019	购进固定资产	固定资产		12285000	借	378348175
1	21	记	028	支付会议费	管理费用		1100000	借	377248175
1	31	记	030	支付电话费	管理费用		1500000	借	375748175
1	31	记	031	支付培训费	应付职工薪酬		550000	借	375198175
1	31	记	033	支付租赁费	预付账款		1200000	借	373998175
				本月合计		412670000	91559950	借	373998175
2	1	记	001	提取备用金	库存现金		200000	借	373798175
2	3	记	003	缴纳水电费	应付账款		5301400	借	368496775
				过次页		000	5501400	借	368496775

图6-131 银行存款日记账

银行存款 日记账

2016年 月	日	凭证 种类	号数	摘要	对方科目	借方（千百十万千百十元角分）	贷方（千百十万千百十元角分）	借或贷	余额（千百十万千百十元角分）
				承前页		000	5501400	借	368496775
2	8	记	003	购买原材料	原材料、应交税费		175500000	借	192996775
2	9	记	004	上缴上月税款	应交税费		13461975	借	179534800
2	10	记	005	支付上月工资	应付职工薪酬		12876040	借	166658760
2	10	记	006	上缴上月四险一金	应付职工薪酬		8181080	借	158477680
2	13	记	008	购买原材料	原材料、应交税费		37440000	借	121037680
2	14	记	009$\frac{2}{3}$	支付清理费	固定资产清理		1000000	借	120937680
2	19	记	011	销售YR250系列产品一批	主营业务收入等	239616000		借	360553680
2	22	记	012	购买托幼用品	应付职工薪酬		3000000	借	360253680
2	28	记	014	销售YR280系列产品一批	主营业务收入等	73089900		借	433343580
2	28	记	015	支付前欠货款	应付账款		57330000	借	376013580
				本月合计		312705900	310690495	借	376013580
3	9	记	001	上缴上月税款	应交税费		14206595	借	361806985
3	10	记	002	上月水电费	应付账款		7658000	借	354148985
3	10	记	003	支付上月工资	应付职工薪酬		18697560	借	335451425
3	10	记	004	上缴上月四险一金	应付职工薪酬		11879420	借	323572025
3	10	记	005	收到前欠货款	应收账款	106261700		借	429833705
3	11	记	007	支付前欠货款	应付账款		163400000	借	266433705
3	12	记	009	支付汇票手续费	财务费用		111735	借	266321970
3	13	记	010	支付前欠货款	应付账款		124000000	借	142321970
3	14	记	011	销售商品收到货款	主营业务收入等	120088800		借	262410770
3	15	记	012	购买材料支付货款	原材料等		116442000	借	145968770
3	18	记	014	收到前欠货款	应收账款	50000000			195968770
				过次页		276350500	456395310		195968770

图6-132 银行存款日记账

银行存款 日记账

2016年 月	日	凭证 种类	号数	摘要	对方科目	借方	贷方	借或贷	余额
				承前页		2763505.00	4563953.10	借	1979687.70
3	19	记	015	采购专户转账	其他货币资金		70000.00	借	1909687.70
3	22	记	018	采购专户购进材料余款转回	其他货币资金	9800.00		借	1919487.70
3	23	记	019	销售不需用材料	其他业务收入	11700.00		借	1931187.70
3	28	记	021	预付下月购货款	预付账款		20000.00	借	1911187.70
3	31	记	022	收到前欠货款	应收账款	4699080.00		借	6610267.70
3	2	记	023	购买办公用品	管理费用		1500.00	借	6608767.70
3	4	记	024	支付无形资产研发费用	研发支出		100000.00	借	6508767.70
3	5	记	025	预付明年广告费	预付账款		100000.00	借	6408767.70
3	6	记	026	支付本月业务招待费	管理费用		5000.00	借	6403767.70
3	18	记	029	生产车间耗用机物料	制造费用		1016.50	借	6402767.70
3	31	记	041	归还短期借款本息	短期借款等		503750.00	借	5895267.70
3	31	记	044	对外捐赠	营业外支出		7300.00	借	5875267.70
3	31			本月合计		7484085.00	5372519.60	借	5875267.70
									5871701.20

图6-133 银行存款日记账

6.2.2 明细分类账的登记

明细分类账是根据总账所属的明细账户开设账页，分类、连续地登记经济业务，为企业经营管理提供详细、具体的核算资料。由于企业经济业务纷繁复杂，所以明细分类账的账页也很多，本节由于篇幅所限，我们只选择有代表性的、发生业务较频繁的一些明细账页来示范登记。

（1）*原材料明细账的登记*

①原料及主要材料明细账

最高储量　最低储量　编号　规格　（科目）原材料 明细账（乙）　总第　页分第　号第　页　名称 矽钢片　单位 千克

2016年 月	日	凭证 种类	号数	摘要	对方科目	借方 数量	借方 单价	借方 金额	贷方 数量	贷方 单价	贷方 金额	借或贷	结存* 数量	结存* 单价	结存* 金额
1	1			期初余额								借	24400	9.8	239120.00
1	15	记	018	购入	银行存款	100000	10.2	1020000.00				借	124400		1259120.00
1	31	记	025	领用	基本生产成本				79165	10.12	801149.80	借	45235		457970.20
2	3	记	003	购买原材料	银行存款	100000	10	1000000.00				借	145235		1457970.20
2	28	记	018	产品领用原材料	基本生产成本				100693	10.04	1010957.72	借	44542		447012.48
3	17	记	013	购入	在途物资	100000	10	1000000.00				借	144542		1447012.48
3	31	记	030	领用	基本生产成本				93381	10.01	934743.81	借	51161		512268.67

图6-134 矽钢片明细账

最高储量
最低储量
编号 规格
(科目) 原材料 明细账 (乙)
总第 页分第 号第 页
名称 定子铜 单位 千克

2016年 月	日	凭证 种类	号数	摘要	对方科目	借方 数量	借方 单价	借方 金额(千百十万千百十元角分)	贷方 数量	贷方 单价	贷方 金额(千百十万千百十元角分)	借或贷	结存 数量	结存 单价	结存 金额(千百十万千百十元角分)
1	1			期初余额								借	6011	80	48088000
1	8	记	001	购入	应付票据	14000	80.5	112700000				借	20011		160788000
1	31	记	025	领用	基本生产成本				4948	80.35	39757180	借	15063		121030820
2	28	记	018	产品领用主要材料	基本生产成本				5461	80.35	43879135	借	9602		77151685
3	15	记	012	购入	银行存款	5600	80.1	44856000				借	15202		122007685
3	31	记	030	领用	基本生产成本				5485	80.26	44022610	借	9717		77985075

图6-135 定子铜明细账

最高储量
最低储量
编号 规格
(科目) 原材料 明细账 (乙)
总第 页分第 号第 页
名称 转子铜 单位 千克

2016年 月	日	凭证 种类	号数	摘要	对方科目	借方 数量	借方 单价	借方 金额(千百十万千百十元角分)	贷方 数量	贷方 单价	贷方 金额(千百十万千百十元角分)	借或贷	结存 数量	结存 单价	结存 金额(千百十万千百十元角分)
2	1			期初余额								借	0		000
2	15	记	010	购买原材料	应付账款	7000	70	49000000				借	7000	70	49000000
2	28	记	018	产品领用主要材料	基本生产成本				4390	70	30730000	借	2610		18270000
3	15	记	012	购入	银行存款	7800	70.1	54678000				借	10410		72948000
3	31	记	030	领用	基本生产成本				1310	70.07	9179170	借	9100		63768830

图6-136 转子铜明细账

最高储量
最低储量
编号 规格
(科目) 原材料 明细账 (乙)
总第 页分第 号第 页
名称 铸件 单位 千克

2016年 月	日	凭证 种类	号数	摘要	对方科目	借方 数量	借方 单价	借方 金额(千百十万千百十元角分)	贷方 数量	贷方 单价	贷方 金额(千百十万千百十元角分)	借或贷	结存 数量	结存 单价	结存 金额(千百十万千百十元角分)
1	1			期初余额								借	10000	6	6000000
1	17	记	020	材料验收入库	在途物资	150000	6.5	97500000				借	160000		103500000
1	20	记	025	领用	基本生产成本				65968	6.47	42681296	借	94032		60818704
2	28	记	018	生产领用主要材料	基本生产成本				77972	6.47	50447884	借	16060		10370820
3	17	记	013	材料验收入库	在途物资	135000	6	81000000				借	151060		91370820
3	31	记	030	领用	基本生产成本				77815	6.05	47078075	借	73245		44292725

图6-137 铸件明细账

②外购零配件明细账

最高储量
最低储量
编号 规格
(科目) 原材料 明细账 (乙)
总第 页分第 号第 页
名称 标准件 单位 件

2016年 月	日	凭证 种类	号数	摘要	对方科目	借方 数量	借方 单价	借方 金额(千百十万千百十元角分)	贷方 数量	贷方 单价	贷方 金额(千百十万千百十元角分)	借或贷	结存 数量	结存 单价	结存 金额(千百十万千百十元角分)
1	1			期初余额								借	1750	40	7000000
1	13	记	011	购入	银行存款	5000	40.5	20250000				借	6750	40.37	27250000
1	20	记	026	领用	基本生产成本				2474	40.37	9987538	借	4276		17262462
2	8	记	003	购买原材料	银行存款	12500	40	50000000				借	16776	40.09	67262462
2	28	记	019	领用外购零配件	基本生产成本				6626	40.09	26563634	借	10150		40698828
3	31	记	031	领用	基本生产成本				4415	40.10	17704150	借	5735		22994678

图6-138 标准件明细账

最高储量
最低储量
编号　　　规格

（科目）　原材料 明细账　（乙）

总第　页分第　号第　页
名称 轴承　单位 套

2016年		凭证		摘要	对方科目	借方			贷方			借或贷	结存		
月	日	种类	号数			数量	单价	千百十万千百十元角分	数量	单价	千百十万千百十元角分		数量	单价	千百十万千百十元角分
1	1			期初余额								借	1800	100	18000000
1	20	记	026	领用	基本生产成本				395	100	3950000	借	1405	100	14050000
2	28	记	019	领用外购零配件	基本生产成本				1063	100	10630000	借	342	100	3420000
3	17	记	013	材料入库	在途物资	1000	100	10000000				借	1342	100	13420000
3	31	记	031	领用	基本生产成本				707	100	7070000	借	635	100	6350000

图6-139　轴承明细账

最高储量
最低储量
编号　　　规格

（科目）　原材料 明细账　（乙）

总第　页分第　号第　页
名称 轴料　单位 千克

2016年		凭证		摘要	对方科目	借方			贷方			借或贷	结存		
月	日	种类	号数			数量	单价	千百十万千百十元角分	数量	单价	千百十万千百十元角分		数量	单价	千百十万千百十元角分
1	1			期初余额				0					0		
1	8	记	001	购入	应付票据	5000	80	40000000				借	5000	80	40000000
1	20	记	026	领用	基本生产成本				995	80	7960000	借	4005	80	32040000
2	28	记	019	领用外购零配件	基本生产成本				1819	80	14552000	借	2186	80	17488000
3	31	记	031	领用	基本生产成本				1406	80	11248000	借	780	80	6240000

图6-140　轴料明细账

最高储量
最低储量
编号　　　规格

（科目）　原材料 明细账　（乙）

总第　页分第　号第　页
名称 备品备件　单位 件

2016年		凭证		摘要	对方科目	借方			贷方			借或贷	结存		
月	日	种类	号数			数量	单价	千百十万千百十元角分	数量	单价	千百十万千百十元角分		数量	单价	千百十万千百十元角分
1	1			期初余额									5000	10	5000000
1	21	记	020	领用	辅助生产成本				200	10	200000		4800	10	4800000
2	23	记	013	部门领用	辅助生产成本				210	10	210000		4590	10	4590000

图6-141　备品备件明细账

③辅助材料明细账

最高储量
最低储量
编号　　　规格

（科目）　原材料 明细账　（乙）

总第　页分第　号第　页
名称 绝缘材料　单位 米

2016年		凭证		摘要	对方科目	借方			贷方			借或贷	结存		
月	日	种类	号数			数量	单价	千百十万千百十元角分	数量	单价	千百十万千百十元角分		数量	单价	千百十万千百十元角分
1	1			期初余额								借	45000	6	27000000
1	20	记	027	领用	基本生产成本				9896	6	5937600	借	35104	6	21062400
2	13	记	008	购买原材料	银行存款	20000	6	12000000				借	55104	6	33062400
2	28	记	020	产品领用辅助材料	基本生产成本				25031	6	15018600	借	30073	6	18043800
3	22	记	018	购入	其他货币资金	10000	6	6000000				借	40073	6	24043800
3	31	记	032	领用辅助材料	基本生产成本				16995	6	10197000	借	23078	6	13846800

图6-142　绝缘材料明细账

最高储量
最低储量
编号　　　　　规格

（科目）　原材料 明细账　（乙）

总第　页分第　号第　页
名称 各类线材　单位 米

2016年 月	日	凭证 种类	号数	摘要	对方科目	借方 数量	借方 单价	借方 金额	贷方 数量	贷方 单价	贷方 金额	借或贷	结存 数量	结存 单价	结存 金额
1	1			期初余额								借	15000	10	15000000
1	20	记	027	领用	基本生产成本				3956	10	3956000	借	11044	10	11044000
2	13	记	008	购买原材料	银行存款	20000	10	20000000				借	31044	10	31044000
2	28	记	020	领用	基本生产成本				11939	10	11939000	借	19105	10	19105000
3	23	记	020	销售不需用材料	其他业务成本				1000	10		借	18105	10	18105000
3	31	记	032	领用	基本生产成本				7624	10	7624000	借	10481	10	10481000
3	31	记	054	材料盘亏	待处理财产损溢			3368	60		60000	借	10421	10	10424368

图6-143　各类线材明细账

最高储量
最低储量
编号　　　　　规格

（科目）　原材料 明细账　（乙）

总第　页分第　号第　页
名称 铝板材　单位 千克

2016年 月	日	凭证 种类	号数	摘要	对方科目	借方 数量	借方 单价	借方 金额	贷方 数量	贷方 单价	贷方 金额	借或贷	结存 数量	结存 单价	结存 金额
1	1			期初余额									5000	15.5	7750000
1	15	记	013	购进	银行存款	7000	18.5	12950000					12000	17.25	20700000
1	20	记	027	领用	基本生产成本				3956	17.25	6824100	借	8044	17.25	13875900
2	28	记	020	领用	基本生产成本				1967	17.25	3393075	借	6077	17.25	10482825
3	31	记	032	领用	基本生产成本				3750	17.25	6468750	借	2327	17.25	4014075

图6-144　铝板材明细账

（2）往来明细账（由于篇幅原因，分别列示了两个账页）

①应收账款明细账

应收账款 明细账

福建广源设备有限公司

2016年 月	日	凭证 种类	号数	摘要	对方科目	借方	贷方	借或贷	余额
1	1			期初余额				借	214000000
3	11	记	006	销售商品	主营业务收入	42962400		借	256962400
3	31	记	022	收到欠款	银行存款		214000000	借	42962400

图6-145　应收账款明细账

应收账款 明细账

山西启程设备有限公司

2016年 月	日	凭证 种类	号数	摘要	对方科目	借方	贷方	借或贷	余额
1	1			期初余额				借	71050000
1	9	记	002	收到前欠货款	银行存款		71050000	借	0
3	18	记	014	收到预付款	银行存款		50000000	贷	50000000
3	22	记	017	销售商品	主营业务收入	90382500		借	40382500

图6-146　应收账款明细账

②应付账款明细账

应付账款　明细账

浙江象山县精密模具厂

2016年 月	日	凭证 种类	号数	摘要	对方科目	借方	贷方	借或贷	余额
1	1			期初余额				贷	163400000
2	15	记	010	购买原材料	原材料等		57330000	贷	220730000
2	28	记	025	支付前欠货款	银行存款	57330000		贷	163400000
3	11	记	007	支付前欠货款	银行存款	163400000		平	0

图6-147　应付账款明细账

应付账款　明细账

山西华北设备液压成套有限公司

2016年 月	日	凭证 种类	号数	摘要	对方科目	借方	贷方	借或贷	余额
1	1			期初余额				贷	124000000
1	13	记	011	购原材料	原材料		23692500	贷	147692500
3	13	记	010	支付欠款	银行存款	124000000		贷	23692500

图6-148　应付账款明细账

6.2.3　总分类账的登记

(1)"丁字账"的制作

将本月发生的全部业务，根据前面的记账凭证，制作"丁字账"，由于篇幅原因，在此略去本月丁字账页示范登记过程，请读者根据第三章的登记方法自行登记练习，熟练掌握。

(2)科目汇总表的编制

表6-36　科目汇总表

科汇第1号　　2016年3月1日至3月31日　　单位：元

借方	科目名称	贷方
7 484 085.00	银行存款	5 372 519.60
70 000.00	其他货币资金	80 000.00
2 765 529.00	应收账款	6 261 697.00
120 000.00	预付账款	2 400.00
2 965 373.68	原材料	2 551 261.36
1 808 355.59	库存商品	2 850 060.43

续表

借方	科目名称	贷方
13 800.00	周转材料	24 150.00
566.32	待处理财产损溢	566.32
	累计折旧	251 680.00
100 000.00	研发支出	40 000.00
	应付票据	2 234 700.00
2 950 580.00	应付账款	129 497.25
1 910 000.00	在途物资	1 910 000.00
306 601.20	应付职工薪酬	320 910.00
500 000.00	短期借款	
720 082.95	应交税费	705 840.21
	累计摊销	10 000.00
	长期借款	18 000.00
3 245 446.66	本年利润	3 400 100.00
165 740.33	利润分配	
	应付股利	110 493.55
	盈余公积	55 246.78
3 011 317.36	生产成本	1 808 355.59
36 828.50	辅助生产成本	36 828.50
253 486.00	制造费用	253 486.00
3 390 100.00	主营业务收入	3 390 100.00
10 000.00	其他业务收入	10 000.00
2 850 060.43	主营业务成本	2 850 060.43
10 000.00	其他业务成本	10 000.00
7 403.70	税金及附加	7 403.70
120 353.35	销售费用	120 353.35
45 551.11	所得税费用	45 551.11
181 910.72	管理费用	181 910.72
22 867.35	财务费用	22 867.35
7 300.00	营业外支出	7 300.00
35 073 339.25	合 计	35 073 339.25

（3）总账的登记

总分类账

会计科目名称或编号 库存现金

2016年 月	日	凭证 种类	号数	摘要	借方	贷方	借或贷	余额	核对号
1	1			期初余额			借	100000	
1	31	科汇	1	1-31汇总	100000	178000	借	22000	
1	31			本月发生额及余额	100000	178000	借	22000	
2	29	科汇	1	1-29汇总	200000	215750	借	6250	
2	29			本月发生额及余额	200000	215750	借	6250	
3	31	科汇	1	1-31汇总	0	0	借	6250	
3	31			本月发生额及余额	0	0	借	6250	
3	31			第一季度发生额及余额	300000	393750	借	6250	

图6-149 库存现金总分类账

总分类账

会计科目名称或编码 银行存款

2016年 月	日	凭证 种类	号数	摘要	借方	贷方	借或贷	余额	核对号
1	1			期初余额			借	52888125	
1	31	科汇	1	1-31汇总	412670000	91559950	借	373998175	
1	31			本月发生额及余额	412670000	91559950	借	373998175	
2	29	科汇	1	1-29汇总	312705900	310690495	借	376013580	
2	29			本月发生额及余额	312705900	310690495	借	376013580	
3	31	科汇	1	1-31汇总	748408500	537251960	借	587170120	
3	31			本月发生额及余额	748408500	537251960	借	587170120	
3	31			本季度发生额及余额	1473784400	939502405	借	587170120	

图6-150 银行存款总分类账

总分类账

会计科目名称或编号 其他货币资金

2016年 月	日	凭证 种类	号数	摘要	借方	贷方	借或贷	余额	核对号
1	1			期初余额			借	0	
1	31	科汇	1	1-31汇总	1000000		借	1000000	
1	31			本月发生额及余额	1000000		借	1000000	
3	31	科汇	1	1-29汇总	7000000	8000000	平	0	
3	31			本月发生额及余额	7000000	8000000	平	0	
3	31			本季度发生额及余额	8000000	8000000	平	0	

图6-151 其他货币资金总分类账

总 分 类 账

会计科目名称或编号 应收账款

2016年 月	日	凭证 种类	号数	摘要	借方	贷方	借或贷	余额	核对号
1	1			期初余额			借	569011700	
1	31	科汇	1	1-31汇总	189620000	325670000	借	432961700	
1	31			本月发生额及余额	189620000	325670000	借	432961700	
3	31	科汇	1	1-31日汇总	276552900	626169700	借	83344900	
3	31			本月发生额及余额	276552900	626169700	借	83344900	
3	31			本季度发生额及余额	466172900	951839700	借	83344900	

图6-152　应收账款总分类账

总 分 类 账

会计科目名称或编号 预付账款

2016年 月	日	凭证 种类	号数	摘要	借方	贷方	借或贷	余额	核对号
1	1			期初余额			平	0	
1	31	科汇	1	1-31汇总	7200000	6000000	借	1200000	
1	31			本月发生额及余额	7200000	6000000	借	1200000	
2	29	科汇	1	1-29汇总		240000	借	960000	
2	29			本月发生额及余额		240000	借	960000	
3	31	科汇	1	1-31汇总	12000000	240000	借	12720000	
3	31			本月发生额及余额	19200000	240000	借	12720000	
3	31			本季度发生额及余额	19200000	6480000	借	12720000	

图6-153　预付账款总分类账

总 分 类 账

会计科目名称或编号 其他应收款

2016年 月	日	凭证 种类	号数	摘要	借方	贷方	借或贷	余额	核对号
1	1			期初余额			借	19000000	
1	31	科汇	1	1-31汇总	100000		借	100000	
1	31			本月发生额及余额	100000		借	19100000	
				本季度发生额及余额	100000		借	19100000	

图6-154　其他应收款总分类账

总分类账

会计科目名称或编号 原材料

2016年 月	日	凭证 种类	号数	摘要	借方	贷方	借或贷	余额	核对号
1	1			期初余额			借	157750000	
1	31	科汇	1	1-31汇总	385400000	201368694	借	341781306	
1	31			本月发生额及余额	385400000	201368694	借	341781306	
2	29	科汇	1	1-29汇总	231000000	308459100	借	264322206	
2	29			本月发生额及余额	231000000	308459100	借	264322206	
3	31	科汇	1	1-31汇总	296537368	255126136	借	305733438	
3	31			本月发生额及余额	296537368	255126136	借	305733438	
				本季度发生额及余额	912937368	764953930	借	305733438	

图6-155　原材料总分类账

总分类账

会计科目名称或编号 库存商品

2016年 月	日	凭证 种类	号数	摘要	借方	贷方	借或贷	余额	核对号
1	1			期初余额			借	192000000	
1	31	科汇	1	1-31汇总	0	192000000	平	0	
1	31			本月发生额及余额	0	192000000	平	0	
2	29	科汇	1	1-29汇总	520041482	227111430	借	292930052	
2	29			本月发生额及余额	520041482	227111430	借	292930052	
3	31	科汇	1	1-31汇总	180835559	285006043	借	188759568	
3	31			本月发生额及余额	180835559	285006043	借	188759568	
3	31			本季度发生额及余额	700877041	704117473	借	188759568	

图6-156　库存商品总分类账

总分类账

会计科目名称或编号周转材料

2016年 月	日	凭证 种类	号数	摘要	借方	贷方	借或贷	余额	核对号
1	1			期初余额			借	2748000	
1	31	科汇	1	1-31汇总		650000	借	2098000	
1	31			本月发生额及余额		650000	借	2098000	
2	29	科汇	1	1-29汇总		641360	借	1456640	
2	29			本月发生额及余额		641360	借	1456640	
3	31	科汇	1	1-31汇总	1380000	2415000	借	421640	
3	31			本月发生额及余额	1380000	2415000	借	421640	
3	31			本季度发生额及余额	1380000	3706360	借	421640	

图6-157　周转材料总分类账

总 分 类 账

会计科目名称或编号 待处理财产损溢

2016年 月	日	凭证 种类	号数	摘要	借方	贷方	借或贷	余额	核对号
3	1			期初余额				0	
3	31	科汇	1	1-31汇总	56632	56632	平	0	
3	31			本月发生额及余额	56632	56632	平	0	
3	31			本季度发生额及余额	56632	56632	平	0	

图6-158　待处理财产损溢总分类账

总 分 类 账

会计科目名称或编号 固定资产

2016年 月	日	凭证 种类	号数	摘要	借方	贷方	借或贷	余额	核对号
1	1			期初余额			借	3950000000	
1	31	科汇	1	1-31汇总	10500000		借	3960500000	
1	31			本期发生额及余额	10500000		借	3960500000	
2	29	科汇	1	1-29汇总	10000000	10000000	借	3960500000	
2	29			本月发生额及余额	10000000	10000000	借	3960500000	
3	31			本季度发生额及余额	20500000	10000000	借	3960500000	

图6-159　固定资产总分类账

总 分 类 账

会计科目名称或编号 累计折旧

2016年 月	日	凭证 种类	号数	摘要	借方	贷方	借或贷	余额	核对号
1	1			期初余额			贷	1650000000	
1	31	科汇	1	1-31汇总	0	25000000	贷	1675000000	
1	31			本月发生额及余额	0	25000000	贷	1675000000	
2	29	科汇	1	1-29汇总	10000000	25175000	贷	1690175000	
2	29			本月发生额及余额	10000000	25175000	贷	1690175000	
3	31	科汇	1	1-31汇总		25168000	贷	1715343000	
3	31			本月发生额及余额		25168000	贷	1715343000	
3	31			本季度发生额及余额	10000000	75343000	贷	1715343000	

图6-160　累计折旧总分类账

总分类账

会计科目名称或编号 研发支出

2016年 月	日	凭证 种类	号数	摘要	借方 千百十万千百十元角分	贷方 千百十万千百十元角分	借或贷	余额 千百十万千百十元角分	核对号
3	1			期初余额				0	
3	31	科汇	1	1-31汇总	10000000	4000000	借	6000000	
3	31			本月发生额及余额	10000000	4000000	借	6000000	
3	31			本季度发生额及余额	10000000	4000000	借	6000000	

图6-161 研发支出总分类账

总分类账

会计科目名称或编码 应付票据

2016年 月	日	凭证 种类	号数	摘要	借方 千百十万千百十元角分	贷方 千百十万千百十元角分	借或贷	余额 千百十万千百十元角分	核对号
1	1			期初余额			贷	198700000	
1	31	科汇	1	1-31汇总		178659000	贷	377359000	
1	31			本月发生额及余额		178659000	贷	377359000	
3	31	科汇	1	1-31汇总		223470000	贷	600829000	
3	31			本月发生额及余额		223470000	贷	600829000	
3	31			本季度发生额及余额		402129000	贷	600829000	

图6-162 应付票据总分类账

总分类账

会计科目名称或编号 应付账款

2016年 月	日	凭证 种类	号数	摘要	借方 千百十万千百十元角分	贷方 千百十万千百十元角分	借或贷	余额 千百十万千百十元角分	核对号
1	1			期初余额			贷	870000000	
1	31		汇1	1-31汇总		2899390 0 2899380 0	贷	89899390 0 89899380 0	
1	31			本月发生额及余额	0	2899390 0 2899380 0	贷	89899390 0 89899380 0	
2	29		汇2	1-29汇总	62631400	64988000	贷	901350500	
2	29			本月发生额及余额	62631400	64988000	贷	901350500	
3	31		汇3	1-31汇总	295058000	12949725	贷	619242225	
3	31			本月发生额及余额	295058000	12949725	贷	619242225	
3	31			本季度发生额及余额	357689400	106931625	贷	619242225	

图6-163 应付账款总分类账

总分类账

会计科目名称或编号 在途物资

2016年 月	日	凭证 种类	号数	摘要	借方	贷方	借或贷	余额	核对号
1	1			期初余额			借	199500000	
1	31	科汇	1	1-31汇总		199500000	平	0	
1	31			本月发生额及余额		199500000	平	0	
3	31	科汇	1	1-31汇总	191000000	191000000	平	0	
3	31			本月发生额及余额	191000000	191000000	平	0	
3	31			本季度发生额及余额	191000000	390500000	平	0	

图6-164　在途物资总分类账

总分类账

会计科目名称或编号 应付职工薪酬

2016年 月	日	凭证 种类	号数	摘要	借方	贷方	借或贷	余额	核对号
1	1			期初余额			贷	33751125	
1	31	科汇	1	1-31汇总	32954950	21996300	贷	22792475	
1	31			本月发生额及余额	32954950	21996300	贷	22792475	
2	29	科汇	1	1-29汇总	21487320	31939950	贷	33245105	
2	29			本月发生额及余额	21487320	31939950	贷	33245105	
3	31	科汇	1	1-31汇总	30660120	32091000	贷	34675985	
3	31			本月发生额及余额	30660120	32091000	贷	34675985	
3	31			本季度发生额及余额	85102390	86027250	贷	34675985	

图6-165　应付职工薪酬总分类账

总分类账

会计科目名称或编号 短期借款

2016年 月	日	凭证 种类	号数	摘要	借方	贷方	借或贷	余额	核对号
3	1			期初余额			贷	50000000	
3	31	科汇	1	1-31汇总	50000000		平	0	
3	31			本月发生额及余额	50000000		平	0	
3	31			本季度发生额及余额	50000000	0		0	

图6-166　短期借款总分类账

总 分 类 账

会计科目名称或编号 应交税费

2016年 月	日	凭证 种类	号数	摘要	借方	贷方	借或贷	余额	核对号
1	1			期初余额			贷	25858700	
1	31		汇1	1-31汇总	65978700	53581975	贷	13461975	
1	31			本月发生额及余额	65978700	53581975	贷	13461975	
2	29		汇2	1-29汇总	58897875	59642495	贷	14206595	
2	29			本月发生额及余额	58897875	59642495	贷	14206595	
3	31		汇3	1-31汇总	72008295	70584021	贷	12782321	
3	31			本月发生额及余额	72008295	70584021	贷	12782321	
3	31			本季度发生额及余额	196884870	183808491	贷	12782321	

图6-167 应交税费总分类账

总 分 类 账

会计科目名称或编号 累计摊销

2016年 月	日	凭证 种类	号数	摘要	借方	贷方	借或贷	余额	核对号
1	1			期初余额			贷	18000000	
1	31		汇1	1-31汇总		1000000	贷	19000000	
1	31			本月发生额及余额		1000000	贷	19000000	
2	29		汇2	1-29汇总		1000000	贷	20000000	
2	29			本月发生额及余额		1000000	贷	20000000	
3	31		汇3	1-31汇总		1000000	贷	21000000	
3	31			本月发生额及余额		1000000	贷	21000000	
3	31			本季度发生额及余额		3000000	贷	21000000	

图6-168 累计摊销总分类账

总 分 类 账

会计科目名称或编号 长期借款

2016年 月	日	凭证 种类	号数	摘要	借方	贷方	借或贷	余额	核对号
3	1			期初余额			贷	100000000	
3	31	科汇	1	1-31汇总		1800000	贷	101800000	
3	31			本月发生额及余额		1800000	贷	101800000	
3	31			本季度发生额及余额		1800000	贷	101800000	

图6-169 长期借款总分类账

总分类账

会计科目名称或编号 本年利润

2016年 月	日	凭证 种类	号数	摘要	借方（千百十万千百十元角分）	贷方（千百十万千百十元角分）	借或贷	余额（千百十万千百十元角分）	核对号
1	31		汇1	1-31汇总	218100275	236000000	贷	17899725	
1	31			本月发生额及余额	218100275	236000000	贷	17899725	
2	29		汇2	1-29汇总	255388285	277270000	贷	39781440	
2	29			本月发生额及余额	255388285	277270000	贷	39781440	
3	31		汇3	1-31汇总	324544666	340010000	贷	55246774	
3	31			本月发生额及余额	324544666	340010000	贷	55246774	
3	31			本季度发生额及余额	798033226	853280000	贷	55246774	

图6-170　本年利润总分类账

总分类账

会计科目名称或编号 利润分配

2016年 月	日	凭证 种类	号数	摘要	借方（千百十万千百十元角分）	贷方（千百十万千百十元角分）	借或贷	余额（千百十万千百十元角分）	核对号
3	1			期初余额			贷	159690000	
3	31		汇1	1-31汇总	16574033		贷	143115967	
3	31			本月发生额及余额	16574033		贷	143115967	
3	31			本季度发生额及余额	16574033		贷	143115967	

图6-171　利润分配总分类账

总分类账

会计科目名称或编号 应付股利

2016年 月	日	凭证 种类	号数	摘要	借方（千百十万千百十元角分）	贷方（千百十万千百十元角分）	借或贷	余额（千百十万千百十元角分）	核对号
3	1			期初余额				0	
3	31		汇3	1-31汇总		11049355	贷	11049355	
3	31			本月发生额及余额		11049355	贷	11049355	
3	31			本季度发生额及余额		11049355	贷	11049355	

图6-172　应付股利总分类账

总分类账

会计科目名称或编号 盈余公积

2016年 月	日	凭证 种类	号数	摘要	借方（千百十万千百十元角分）	贷方（千百十万千百十元角分）	借或贷	余额（千百十万千百十元角分）	核对号
3	1			期初余额				80000000	
3	31		汇3	1-31汇总		5524678	贷	85524678	
3	31			本月发生额及余额		5524678	贷	85524678	
3	31			本季度发生额及余额		5524678	贷	85524678	

图6-173　盈余公积总分类账

总分类账

会计科目名称或编号 生产成本

2016年 月	日	凭证 种类	号数	摘要	借方	贷方	借或贷	余额	核对号
1	1			期初余额				0	
1	31	科汇	1	1-31汇总	238533894	0	借	238533894	
1	31			本月发生额及余额	238533894	0	借	238533894	
2	29	科汇	1	1-29汇总	355062800	520041482	借	73555212	
2	29			本月发生额及余额	355062800	520041482	借	73555212	
3	31	科汇	1	1-31汇总	301131736	180835559	借	193851389	
3	31			本月发生额及余额	301131736	180835559	借	193851389	
3	31			本季度发生额及余额	894728430	700877041	借	193851389	

图6-174 生产成本总分类账

总分类账

会计科目名称或编号 辅助生产成本

2016年 月	日	凭证 种类	号数	摘要	借方	贷方	借或贷	余额	核对号
1	1			期初余额				000	
1	31	科汇	1	1-31汇总	2448525	2448525	平	000	
1	31			本月发生额及余额	2448525	2448525	平	000	
2	29	科汇	1	1-29汇总	2901750	2901750	平	000	
2	29			本月发生额及余额	2901750	2901750	平	000	
3	31	科汇	1	1-31汇总	3682850	3682850	平	000	
3	31			本月发生额及余额	3682850	3682850	平	000	
3	31			本季度发生额及余额	9033125	9033125	平	0	

图6-175 辅助生产成本总分类账

总分类账

会计科目名称或编号 制造费用

2016年 月	日	凭证 种类	号数	摘要	借方	贷方	借或贷	余额	核对号
1	1			期初余额			平	0	
1	31	科汇	1	1-31汇总	22381325	22381325	平	0	
1	31			本月发生额及余额	22381325	22381325	平	0	
2	29	科汇	1	1-29汇总	25005500	25005500	平	0	
2	29			本月发生额及余额	25005500	25005500	平	0	
3	31	科汇	1	1-31汇总	25348600	25348600	平	0	
3	31			本月发生额及余额	25348600	25348600	平	0	
3	31			本季度发生额及余额	72735425	72735425	平	0	

图6-176 制造费用总分类账

总 分 类 账

会计科目名称或编号 主营业务收入

2016年 月	日	凭证 种类	号数	摘要	借方（千百十万千百十元角分）	贷方（千百十万千百十元角分）	借或贷	余额（千百十万千百十元角分）	核对号
1	1			期初余额			平	0	
1	31	科汇	1	1-31汇总	236000000	236000000	平	0	
1	31			本月发生额及余额	236000000	236000000	平	0	
2	29	科汇	1	1-29汇总	267270000	267270000	平	0	
2	29			本月发生额及余额	267270000	267270000	平	0	
3	31	科汇	1	1-31汇总	339010000	339010000	平	0	
3	31			本月发生额及余额	339010000	339010000	平	0	
3	31			本季度发生额及余额	842280000	842280000	平	0	

图6-177　主营业务收入总分类账

总 分 类 账

会计科目名称或编号 其他业务收入

2016年 月	日	凭证 种类	号数	摘要	借方（千百十万千百十元角分）	贷方（千百十万千百十元角分）	借或贷	余额（千百十万千百十元角分）	核对号
3	1			期初余额				0	
3	31	科汇	1	1-31汇总	1000000	1000000	平	0	
3	31			本月发生额及余额	1000000	1000000	平	0	
3	31			本季度发生额及余额	1000000	1000000	平	0	

图6-178　其他业务收入总分类账

总 分 类 账

会计科目名称或编号 主营业务成本

2016年 月	日	凭证 种类	号数	摘要	借方（千百十万千百十元角分）	贷方（千百十万千百十元角分）	借或贷	余额（千百十万千百十元角分）	核对号
1	1			期初余额			平	0	
1	31	科汇	1	1-31汇总	192000000	192000000	平	0	
1	31			本月发生额及余额	192000000	192000000	平	0	
2	29	科汇	1	1-29汇总	227111430	227111430	平	0	
2	29			本月发生额及余额	227111430	227111430	平	0	
3	31	科汇	1	1-31汇总	285006043	285006043	平	0	
3	31			本月发生额及余额	285006043	285006043	平	0	
3	31			本季度发生额及余额	704117473	704117473			

图6-179　主营业务成本总分类账

总 分 类 账

会计科目名称或编号 其他业务成本

2016年 月	日	凭证 种类	号数	摘要	借方	贷方	借或贷	余额	核对号
3	1			期初余额				0	
3	31	科汇	1	1-31汇总	1000000	1000000	平	0	
3	31			本月发生额及余额	1000000	1000000	平	0	
3	31			本季度发生额及余额	1000000	1000000	平	0	

图6-180 其他业务成本总分类账

总 分 类 账

会计科目名称或编号 税金及附加

2016年 月	日	凭证 种类	号数	摘要	借方	贷方	借或贷	余额	核对号
1	1			期初余额				0	
1	31	科汇	1	1-31汇总	673200	673200	平	0	
1	31			本月发生额及余额	673200	673200	平	0	
2	29	科汇	1	1-29汇总	616590	616590	平	0	
2	29			本月发生额及余额	616590	616590	平	0	
3	31	科汇	1	1-31汇总	740370	740370	平	0	
3	31			本月发生额及余额	740370	740370	平	0	
3	31			本季度发生额及余额	2030160	2030160	平	0	

图6-181 税金及附加总分类账

总 分 类 账

会计科目名称或编号 销售费用

2016年 月	日	凭证 种类	号数	摘要	借方	贷方	借或贷	余额	核对号
1	1			期初余额			平	0	
1	31		汇1	1-31汇总	5202600	5202600	平	0	
1	31			本月发生额及余额	5202600	5202600	平	0	
2	29		汇2	1-29汇总	6629430	6629430	平	0	
2	29			本月发生额及余额	6629430	6629430	平	0	
3	31		汇3	1-31汇总	12035335	12035335	平	0	
3	31			本月发生额及余额	12035335	12035335	平	0	
3	31			本季度发生额及余额	23867365	23867365	平	0	

图6-182 销售费用总分类账

总分类账

会计科目名称或编号 所得税费用

2016年 月	日	凭证 种类	号数	摘要	借方	贷方	借或贷	余额	核对号
1	1			期初余额			平	0	
1	31		汇1	1-31汇总	59665.75	59665.75	平	0	
1	31			本月发生额及余额	59665.75	59665.75	平	0	
2	29		汇2	1-29汇总	72939.05	72939.05	平	0	
2	29			本月发生额及余额	72939.05	72939.05	平	0	
3	31		汇3	1-31汇总	45551.11	45551.11	平	0	
3	31			本月发生额及余额	45551.11	45551.11	平	0	
3	31			本季度发生额及余额	178155.91	178155.91	平	0	

图6-183 所得税费用总分类账

总分类账

会计科目名称或编号 管理费用

2016年 月	日	凭证 种类	号数	摘要	借方	贷方	借或贷	余额	核对号
1	1			期初余额				0	
1	31	科汇	1	1-31汇总	142579.00	142579.00	平	0	
1	31			本月发生额及余额	142579.00	142579.00	平	0	
2	29	科汇	1	1-29汇总	136369.30	136369.30	平	0	
2	29			本月发生额及余额	136369.30	136369.30	平	0	
3	31	科汇	1	1-31汇总	181910.72	181910.72	平	0	
3	31			本月发生额及余额	181910.72	181910.72	平	0	
3	31			本季度发生额及余额	460859.02	460859.02	平	0	

图6-184 管理费用总分类账

总分类账

会计科目名称或编号 财务费用

2016年 月	日	凭证 种类	号数	摘要	借方	贷方	借或贷	余额	核对号
3	1			期初余额				0	
3	31	科汇	1	1-31汇总	22867.35	22867.35	平	0	
3	31			本月发生额及余额	22867.35	22867.35	平	0	
3	31			本季度发生额及余额	22867.35	22867.35	平	0	

图6-185 财务费用总分类账

总分类账

会计科目名称或编号 营业外支出

2016年 月	日	凭证 种类	号数	摘要	借方	贷方	借或贷	余额	核对号
3	1			期初余额			贷	0	
3	31	科汇	1	1-31汇总		730000	贷	730000	
3	31			本月发生额及余额		730000	贷	730000	
3	31			本季度发生额及余额		730000	贷	730000	

图6-186 营业外支出总分类账

6.3 财务报表的编制

6.3.1 编表前的准备工作

名师指导

为了保证会计信息的真实可靠，正确无误，编表前要完成对账和结账工作。

对账是会计人员对账簿记录与会计凭证之间、各种账簿之间的数字、账簿记录与实物及货币资金的实存数进行核对的工作，目的是为了保证账证、账账、账实相符。结账是会计人员在期末结算出各账户的本期发生额和期末余额，并将其余额转入按规定应转入的账户或结转至下期，从而根据账簿记录编制会计报表。

(1) 对账与结账

①对账

A．账证核对。月末会计人员张辉将本月日记账和明细账的有关记录与记账凭证及其所附的原始凭证逐一核对，经核对准确无误。

B．账账核对。

a．会计人员将库存现金日记账、银行存款日记账的期末余额与总账户的库存现金和银行存款账户的发生额与余额直接核对，经核对发现，银行存款日记账误将一笔金额为20 000元，记为2 000元。检查发现凭证无误，便采用划线更正法更正如下：

银行存款 日记账

2016年 月	日	凭证 种类	号数	摘要	对方科目	借方	贷方	借或贷	余额
				承前页		2763505 00	4563953 10	借	1979687 70
3	19	记	015	采购专户转账	其他货币资金		70000 00	借	1909687 70
3	22	记	018	采购专户购进材料余款转回	其他货币资金	9800 00		借	1919487 70
3	23	记	019	销售不需用材料	其他业务收入	11700 00		借	1931187 70
3	28	记	021	预付下月购货款	预付账款		20000 00	借	1911187 70
3	31	记	022	收到前欠货款	应收账款	4699080 00		借	6610267 70
3	2	记	023	购买办公用品	管理费用		1500 00	借	6608767 70
3	4	记	024	支付无形资产研发费用	研发支出		100000 00	借	6508767 70
3	5	记	025	预付明年广告费	预付账款		100000 00	借	6408767 70
3	6	记	026	支付本月业务招待费	管理费用		5000 00	借	6403767 70
3	18	记	029	生产车间耗用机物料	制造费用		1000 00	借	6402767 70
3	31	记	041	归还短期借款本息	短期借款等	张辉	507500 00	借	5895267 70
3	31	记	044	对外捐赠	营业外支出		20000 00 ~~2000 00~~	借	5875267 70 ~~5893267 70~~
				本月合计		7484085 00	5388953 10	借	5875267 70

图6—187　银行存款日记账

b．将总分类账户借方发生额合计数与贷方发生额合计数核对，双方合计数为39 258 005.51元。期末借方余额合计数与贷方余额合计数核对，双方余额均为56 663 613.05元。

c．编制总分类账户和明细分类账户发生额和余额对照表，核对各总分类账户发生额和余额与其所属明细分类账户的发生额和余额的记录是否相等，经核对准确无误。由于篇幅关系，在此略去各总分类账户和明细分类账户发生额和余额对照表的编制。

d．会计部门的财产物资明细账与财产物资保管部门的财产物资明细账核对后准确无误。

C．账实核对。

a．库存现金日记账的余额与库存现金实际数核对无误。

b．银行存款日记账的余额与银行对账单核对，一般通过编制银行存款余额调节表进行，编制结果双方余额相等，记账均正确无误。由于篇幅关系，在此略去银行存款余额调节表的编制过程。

c．财产物资明细账的结存数与财产物资实存数核对无误。

d．各种应收款项、应付款项明细账的余额与有关往来单位核对无误。

②结账

名师指导

结账就是会计人员在期末（月末、季末、年末）将一定时期内所发生经济业务全部登记入账的基础上，结算出各账户的本期发生额和期末余额，并将其余额转入按规定应转入的账户或结转至下期，从而根据账簿记录编制会计报表。

(2) 试算平衡表的编制

名师指导

为了保证会计报表中各个项目金额正确，就要先编制一张期末余额试算平衡表来检验一下。试算平衡表就是把各个账户的借方余额和贷方余额分别列示，并计算出合计数，如果账簿记录没问题，借贷两方数额相等。

表6-37 试算平衡表

2016年3月　　单位：元

科目名称	期初余额		本期发生额		期末余额	
	借方	贷方	借方	贷方	借方	贷方
库存现金	62.50				62.50	
银行存款	3 760 135.80		7 484 085.00	5 372 519.60	5 871 701.20	
其他货币资金	10 000.00		70 000.00	80 000.00		
应收账款	4 329 617.00		2 765 529.00	6 261 697.00	833 449.00	
应收票据	2 000 000.00				2 000 000.00	
预付账款	9 600.00		120 000.00	2 400.00	127 200.00	

续表

科目名称	期初余额		本期发生额		期末余额	
	借方	贷方	借方	贷方	借方	贷方
其他应收款	191 000.00				191 000.00	
原材料	2 643 222.06		2 965 373.68	2 551 261.36	3 057 334.38	
库存商品	2 929 300.52		1 808 355.59	2 850 060.43	1 887 595.68	
周转材料	14 566.40		13 800.00	24 150.00	4 216.40	
待处理财产损溢			566.32	566.32		
固定资产	39 605 000.00				39 605 000.00	
累计折旧		16 901 750.00		251 680.00		17 153 430.00
在建工程	457 020.00				457 020.00	
无形资产	600 000.00				600 000.00	
研发支出			100 000.00	40 000.00	60 000.00	
应付票据		3 773 590.00		2 234 700.00		6 008 290.00
应付账款		9 013 505.00	2 950 580.00	129 497.25		6 192 422.25
在途物资			1 910 000.00	1 910 000.00		
其他应付款		27 000.00				27 000.00
应付职工薪酬		332 451.05	306 601.20	320 910.00		346 759.85
短期借款		500 000.00	500 000.00			
应交税费		142 065.95	720 082.95	705 840.21		127 823.21
累计摊销		200 000.00		10 000.00		210 000.00
长期借款		1 000 000.00		18 000.00		1 018 000.00
实收资本		22 000 000.00				22 000 000.00
资本公积		600 000.00				600 000.00
本年利润		397 814.40	3 245 446.66	3 400 100.0		552 467.74
利润分配		1 596 900.00	165 740.33			1 431 159.67
应付股利				110 493.55		110 493.55
盈余公积		800 000.00		55 246.78		855 246.78
生产成本	735 552.12		3 011 317.36	1 808 355.59	1 938 513.89	
辅助生产成本			36 828.50	36 828.50		
制造费用			253 486.00	253 486.00		

续表

科目名称	期初余额		本期发生额		期末余额	
	借方	贷方	借方	贷方	借方	贷方
主营业务收入			3 390 100.00	3 390 100.00		
其他业务收入			10 000.00	10 000.00		
主营业务成本			2 850 060.43	2 850 060.43		
其他业务成本			10 000.00	10 000.00		
税金及附加			7 403.70	7 403.70		
销售费用			120 353.35	120 353.35		
所得税费用			45 551.11	45 551.11		
管理费用			181 910.72	181 910.72		
财务费用			22 867.35	22 867.35		
营业外支出			7 300.00	7 300.00		
合计	57 285 076.40	57 285 076.40	39 258 005.51	39 258 005.51	56 633 093.05	56 633 093.05

6.3.2 财务报表的编制

(1) 3 月份资产负债表的编制

名师指导

在试算平衡的基础上，编制资产负债表。按照资产负债表中各项目的顺序，对照试算平衡表逐项填列，有的项目要综合几个账户的数据来填列，如货币资金项目就要综合库存现金、银行存款和其他货币资金三个账户的数据合计填列；有的项目则要通过计算填列。利润表则要根据损益类账户的本年发生额逐项填列，现金流量表的填制较为复杂，在此不一一提及了。

表6-38 资产负债表

会小企01表

编制单位：山西兴华电机有限责任公司 编制日期2016年3月31日 单位：元

资产	期末余额	年初余额	负债和所有者权益	期末余额	年初余额
流动资产：			流动负债：		
货币资金	5 871 763.70	529 881.25	短期借款		500 000.00
短期投资			应付票据	6 008 290.00	1 987 000.00
应收票据	2 000 000.00	2 000 000.00	应付账款	6 192 422.25	8 700 000.00
应收账款	833 449.00	5 690 117.00	预收账款		
预付账款	127 200.00		应付职工薪酬	346 759.85	337 511.25
应收股利			应交税费	127 823.21	258 587.00
应收利息			应付利息		
其他应收款	191 000.00	190 000.00	应付利润	110 493.55	
存货	6 887 660.35	5 519 980.00	其他应付款	27 000.00	27 000.00
其中：原材料	3 057 334.38	3 572 500.00	其他流动负债		
在产品	1 938 513.89		流动负债合计	12 812 788.86	11 810 098.00
库存商品	1 887 595.68	1 920 000.00	非流动负债：		
周转材料	4 216.40	27 480.00	长期借款	1 018 000.00	1 000 000.00
其他流动资产			长期应付款		
流动资产合计	15 911 073.05	13 929 978.25	递延收益		
非流动资产：			其他非流动负债		
长期债券投资			非流动负债合计	1 018 000.00	1 000 000.00
长期股权投资			负债合计	13 830 788.86	12 810 098.25
固定资产原价	39 605 000.00	39 500 000.00	所有者权益（或股东权益）：		
减：累计折旧	17 183 430.00	16 500 000.00	实收资本（或股本）	22 000 000.00	22 000 000.00
固定资产账面价值	22 451 570.00	23 000 000.00	资本公积	600 000.00	600 000.00
在建工程	457 020.00	457 020.00	盈余公积	855 246.78	800 000.00
工程物资			未分配利润	1 983 627.41	1 596 900.00
固定资产清理			所有者权益（或股东权益）合计	25 438 874.19	24 996 900.00
生产性生物资产					
无形资产	390 000.00	420 000.00			
开发支出	60 000.00				
长期待摊费用					
其他非流动资产					
非流动资产合计	23 358 590.00	23 877 020.00			
资产总计	39 269 663.05	37 806 998.25	负债和所有者权益（或股东权益）总计	39 269 663.05	37 806 998.25

（2）3 月份利润表的编制

表6-39 利润表

会小企02表

编制单位：山西兴华电机有限责任公司　　编制日期2016年3月　　单位：元

项　目	本年累计金额	本月金额
一、营业收入	8 432 800.00	3 400 100.00
减：营业成本	7 051 174.73	2 860 060.43
税金及附加	20 301.60	7 403.70
其中：消费税		
城市维护建设税	14 211.12	5 182.59
资源税		
土地增值税		
城镇土地使用税、房产税、车船税、印花税		
教育费附加、矿产资源补偿费、排污费	6 090.48	2 221.11
销售费用	238 673.65	120 353.35
其中：商品维修费		
广告费和业务宣传费	49 575.25	49 575.25
管理费用	460 859.02	181 910.72
其中：开办费		
业务招待费		5 000
研究费用		40 000
财务费用	22 867.35	22 867.35
其中：利息费用（收入以“-”号填列）	21 750	21 750
加：投资收益（损失以“-”号填列）		
二、营业利润（亏损以“-”号填列）	638 923.65	207 504.45
加：营业外收入	100 000.00	
其中：政府补助		
减：营业外支出	8 300.00	7 300.00
其中：坏账损失		
无法收回的长期债券投资损失		
无法收回的长期股权投资损失		
自然灾害等不可抗力因素造成的损失		
税收滞纳金		
三、利润总额（亏损总额以“-”号填列）	730 623.65	200 204.45
减：所得税费用	178 155.91	45 551.11
四、净利润（净亏损以“-”号填列）	552 467.74	154 653.34

(3) 3月份现金流量表的编制

表6-40　现金流量表

会小企03表

编制单位：山西兴华电机有限责任公司　　编制日期2016年3月　　单位：元

项　　目	本年累计金额	本月金额
一、经营活动产生的现金流量：		
销售产成品、商品、提供劳务收到的现金	14 728 044.00	7 474 285.00
收到其他与经营活动有关的现金		
购买原材料、商品、接受劳务支付的现金	7 113 445.50	4 026 216.50
支付的职工薪酬	847 988.50	305 769.80
支付的税费	535 272.70	142 065.95
支付其他与经营活动有关的现金	200 737.50	153 800.00
经营活动产生的现金流量净额	6 030 599.80	2 666 432.75
二、投资活动产生的现金流量：		
收回短期投资、长期债券投资和长期股权投资收到的现金		
取得投资收益收到的现金		
处置固定资产、无形资产和其他非流动资产收回的现金净额	−1 000.00	
短期投资、长期债券投资和长期股权投资支付的现金		
购建固定资产、无形资产和其他非流动资产支付的现金	182 850.00	60 000.00
投资活动产生的现金流量净额	−183 850.00	−60 000.00
三、筹资活动产生的现金流量：		
取得借款收到的现金		
吸收投资者投资收到的现金		
偿还借款本金支付的现金	500 000.00	500 000.00
偿还借款利息支付的现金	4 867.35	4 867.35
分配利润支付的现金		
筹资活动产生的现金流量净额	−504 867.35	−504 867.35
四、现金净增加额	5 341 882.45	2 101 565.40
加：期初现金余额	529 881.25	3 770 198.30
五、期末现金余额	5 871 763.70	5 871 763.70

名师指导

按照《小企业会计准则》的规定，企业要编制的财务报表有资产负债表、利润表和现金流量表，编报期均为月报和年报，不需要编制季报和半年报，同时还要披露附注信息，具体需要披露的内容已在第二章介绍了。由于本书只反映了兴华公司三个月的经营状况，就不介绍公司报表附注披露的内容了。但是，为了让读者对整个财务处理过程有一个完整的了解和学习，我们在此把三个月作为一个会计期间，编制了第一季度的财务报表。季度报表的编制比较简单，将三个月月报中的各项目数据相加，即可求得季度的数字，列示在报表中。另外，由于资产负债表是静态报表，月报和季报、年报为同一张报表，在此，就不再重复列示了，只将利润表和现金流量表的季度报表列示反映。

表6-41　利润表

会小企02表

编制单位：山西兴华电机有限责任公司　　编制日期2016年第一季度　　单位：元

项　　目	本年累计金额	上年金额
一、营业收入	8 432 800.00	8 300 100.00
减：营业成本	7 051 174.73	6 950 618.00
税金及附加	20 301.60	24 980.00
其中：消费税		
城市维护建设税	14 211.12	17 486.00
资源税		
土地增值税		
城镇土地使用税、房产税、车船税、印花税		

续表

项　　目	本年累计金额	上年金额
教育费附加、矿产资源补偿费、排污费	6 090.48	7 494.00
销售费用	238 673.65	120 353.00
其中：商品维修费		
广告费和业务宣传费	49 575.25	85 000.00
管理费用	460 859.02	450 600.00
其中：开办费		
业务招待费		15 000.00
研究费用		
财务费用	22 867.35	20 850.00
其中：利息费用（收入以“-”号填列）	21 750.00	20 700.00
加：投资收益（损失以“-”号填列）		
二、营业利润（亏损以“-”号填列）	638 923.65	732 699.00
加：营业外收入	100 000.00	
其中：政府补助		
减：营业外支出	8 300.00	35 000.00
其中：坏账损失		
无法收回的长期债券投资损失		
无法收回的长期股权投资损失		
自然灾害等不可抗力因素造成的损失		
税收滞纳金		
三、利润总额（亏损总额以“-”号填列）	730 623.65	697 699.00
减：所得税费用	178 155.91	174 424.75
四、净利润（净亏损以“-”号填列）	552 467.74	523 274.35

表6-42　现金流量表

会小企03表

编制单位：山西兴华电机有限责任公司　　编制日期2016年第一季度　　单位：元

项目	本年累计金额	上年金额（略）
一、经营活动产生的现金流量：		
销售产成品、商品、提供劳务收到的现金	14 728 044.00	
收到其他与经营活动有关的现金		
购买原材料、商品、接受劳务支付的现金	7 113 445.50	
支付的职工薪酬	847 988.50	
支付的税费	535 272.70	
支付其他与经营活动有关的现金	200 737.50	
经营活动产生的现金流量净额	6 030 599.80	
二、投资活动产生的现金流量：		
收回短期投资、长期债券投资和长期股权投资收到的现金		
取得投资收益收到的现金		
处置固定资产、无形资产和其他非流动资产收回的现金净额	−1 000.00	
短期投资、长期债券投资和长期股权投资支付的现金		
购建固定资产、无形资产和其他非流动资产支付的现金	182 850.00	
投资活动产生的现金流量净额	−183 850.00	
三、筹资活动产生的现金流量：		
取得借款收到的现金		
吸收投资者投资收到的现金		
偿还借款本金支付的现金	500 000.00	
偿还借款利息支付的现金	4 867.35	
分配利润支付的现金		
筹资活动产生的现金流量净额	−504 867.35	
四、现金净增加额	5 341 882.45	
加：期初现金余额	529 881.25	
五、期末现金余额	5 871 763.70	

名师指导

利润表和现金流量表中“本年累计金额”反映各项目自年初起至报告期止的累计实际发生额。表中的“本月金额”反映各项目的本月实际数，在编制年度财务报表时，要将“本月金额”栏改为“上年金额”栏，填列上年全年实际发生额。这是年度报表与月份报表的不同之处，本书虽然反映的是第一季度的数字，但是也是按照年报的规范列示的。